La Dé

Bernal Díaz del Castillo

HISTOIRE VÉRIDIQUE DE LA CONQUÊTE DE LA NOUVELLE-ESPAGNE

Traduction de D. Jourdanet

Introduction et choix des textes par Bernard Grunberg

Cartes de Pierre Simonet

II

FRANÇOIS MASPERO
1, place Paul-Painlevé
PARIS Vᵉ
1980

ISBN 2-7071-1176-7

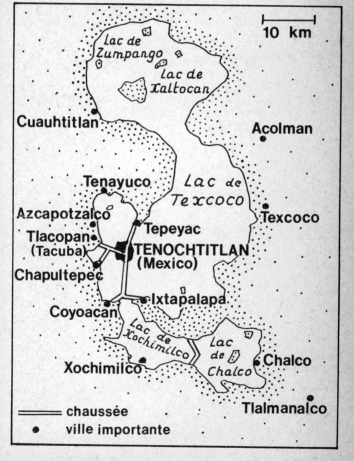

	chaussée
•	ville importante

LA CAPITALE AZTÈQUE ET SES ENVIRONS LORS DE LA CONQUÊTE

LXII

Nous partîmes de Castilblanco en nous tenant bien
sur nos gardes. Les éclaireurs marchaient en avant. Le
bon ordre régnait dans les rangs ; les fusiliers et les
arbalétriers se tenaient à leur place, et les cavaliers
avaient une tenue encore meilleure. Nous étions tous
revêtus de nos armes, selon notre habitude. Je parle
trop peut-être de cette précaution et je laisserais volontiers ce langage s'il n'importait de dire que nous étions
tellement sur nos gardes, le jour et la nuit, que, nous
eût-on fait entendre dix fois le cri d'alarme, on nous
eût toujours trouvés prêts, chaussés de nos sandales,
l'épée, la rondache et la lance bien sous la main. Ce fut
dans cet ordre que nous arrivâmes à un petit village de
Xalacingo. On nous y donna un collier d'or, des étoffes
et deux Indiennes.

De là, nous envoyâmes à Tlascala deux messagers
choisis parmi les gens de Cempoal, les chargeant de
remettre une lettre et un chapeau en feutre rouge de
Flandre, de mode en ce temps-là. Nous savions bien que
la lettre ne pourrait pas être lue ; mais nous espérâmes
qu'en voyant un papier différent du leur ils compren-
draient que c'était un message de nous. Ce que nous
fîmes dire par nos envoyés, c'est que nous nous proposions de nous rendre à leur ville et qu'ils voulussent bien
y consentir, attendu que nous n'y allions point pour
leur causer de l'ennui, mais pour nous en faire des alliés.

Nous agîmes ainsi parce que, dans la localité où nous étions, on nous assura que Tlascala tout entière était armée contre nous. On y avait su en effet que nous allions nous y rendre, et que nous amenions avec nous plusieurs alliés de Cempoal, de Zocotlan et d'autres villages par où nous avions passé, tous tributaires habituels de Montezuma. Les Tlascaltèques en conclurent que nous marchions dans l'intention d'attaquer leur ville, parce qu'ils tenaient pour ennemis ceux qui venaient avec nous. Comme, au surplus, différentes fois les Mexicains étaient entrés dans leur pays en ayant recours à des ruses et l'avaient saccagé, ils se persuadèrent qu'il en était de même actuellement. Il en résulta que aussitôt que nos messagers arrivèrent avec la lettre et le chapeau et commencèrent à conter le but de leur ambassade, on les arrêta sans continuer à les entendre. Nous attendîmes la réponse ce jour-là et le lendemain ; mais nous ne les vîmes pas revenir. Cortés s'adressa alors aux principaux habitants du village où nous étions et leur dit les choses qui convenaient le mieux au sujet de notre sainte foi, et comme quoi nous étions les vassaux de notre seigneur et Roi qui nous avait envoyés dans ce pays pour les empêcher de sacrifier, de tuer des hommes, de manger de la chair humaine et de commettre les turpitudes qui sont dans leurs habitudes. Il ajouta différentes autres choses que nous avions pris la coutume de dire dans tous les villages où nous passions. Il leur fit beaucoup de promesses, leur offrant de les aider au besoin, et il leur demanda vingt Indiens guerriers pour marcher avec nous, ce qu'ils nous accordèrent bien volontiers.

Nous livrant donc à notre bonne fortune et nous recommandant à Dieu, nous partîmes le lendemain pour Tlascala. Nous étions en route dans l'ordre que j'ai déjà dit lorsque nous rencontrâmes nos messagers qu'on avait retenus. Il paraît que, comme les Indiens qui étaient chargés de les garder ne pensaient qu'à se préparer à la guerre, ils manquèrent de soin, peut-être même traitèrent leurs prisonniers en amis et les laissèrent s'échapper. Nos envoyés revenaient si effrayés de ce qu'ils avaient vu et entendu qu'ils osaient à peine nous en instruire. Il paraît en effet que, pendant qu'ils étaient en prison, on leur adressait des menaces en disant : « C'est à présent que nous allons mettre à mort ces hommes que vous appelez des *teules*, et manger leur chair ; nous verrons bien s'ils sont si vigoureux que vous l'avez publié ; nous mangerons vos chairs aussi, car vous venez nous trahir en servant par des ruses les projets du traître Montezuma. » Les messagers avaient beau dire que nous étions contraires aux Mexicains, que nous tenions les Tlascaltèques pour frères, leurs assertions ne leur servaient à rien. Lorsque Cortés et nous tous apprîmes ces arrogants discours et comment on s'apprêtait à nous combattre, cela nous donna fort à penser ; mais nous nous écriâmes tous d'une voix : « Puisqu'il en est ainsi, à la bonne heure, et en avant ! » Nous nous recommandâmes à Dieu et déployâmes notre drapeau, qui était porté par l'alferez Corral ; car les Indiens du village où nous avions passé la nuit nous assurèrent qu'on viendrait au-devant de nous sur la route, pour nous empêcher d'entrer à Tlascala. Nos messagers de Cempoal nous avaient d'ailleurs déjà exprimé cette pensée, ainsi que je l'ai dit.

En avançant de la façon que j'ai expliquée, nous nous entretenions des soins à prendre pour que les cavaliers en chargeant et en reculant conservassent l'allure du demi-galop, la lance légèrement croisée, marchant de trois en trois, pour pouvoir mieux se venir en aide ; il était entendu que, lorsque nous chargerions les troupes ennemies, on balafrerait les figures avec la lance, sans s'arrêter à donner de la pointe, pour ne pas s'exposer à ce que l'ennemi y portât la main. Et s'il arrivait, malgré tout, qu'il pût s'en saisir, on aurait soin de retenir l'arme avec force, prenant un solide appui sous le bras. En cette position, il suffirait de donner un vigoureux coup d'éperon pour que l'élan du cheval parvînt à l'arracher ou à entraîner l'Indien qui la tiendrait. On me demandera maintenant à quoi bon tant de précautions sans nous voir menacés encore de l'attaque de nos adversaires. Je réponds à cela que Cortés avait l'habitude de dire : « Remarquez, chers camarades, que nous sommes bien peu nombreux ; nous devons être toujours sur nos gardes et aussi bien préparés que si nous voyions nos ennemis courir à l'attaque, et non seulement comme si nous les voyions arriver, mais comme si déjà nous étions avec eux au milieu de la bataille. Or il arrive alors souvent que l'ennemi met la main sur la lance, et c'est pour cela que nous devons avoir toujours l'habitude de la manœuvre nécessaire à cette défense. Et non seulement pour cela, mais pour tout autre accident du combat. Je sais bien du reste que, quand il s'agira de se battre, vous n'aurez guère besoin de mes conseils, parce que j'ai la conviction que, quelles que soient la valeur et l'importance de mes paroles, vous irez toujours au-delà dans l'action. »

Ce fut ainsi que nous marchâmes environ deux lieues. Nous rencontrâmes alors une redoute construite à chaux et à sable et consolidée avec un bitume si dur qu'il fallait le pic pour le détruire. Cette construction était faite, du reste, de telle façon qu'elle représentait une défense difficile à prendre. Nous nous arrêtâmes pour la considérer, et Cortés demanda aux Indiens de Zocotlan dans quel but on avait fait ce travail avec cette solidité. Ils répondirent que, comme les guerres étaient continuelles entre Montezuma et Tlascala, les Tlascaltèques avaient élevé cette défense pour mieux se protéger ; car nous étions là dans leurs terres. Nous réfléchîmes un moment, et il y avait bien de quoi le faire en présence de cette forteresse. Mais Cortés s'écria tout à coup : « Señores, suivons notre drapeau ; il porte le signe de la sainte croix ; par elle, nous vaincrons. » Nous répondîmes tous ensemble que nous marcherions ainsi sous bonne étoile et que Dieu est la force véritable. Nous commençâmes donc notre marche dans le bon ordre dont j'ai parlé. Nous n'étions pas arrivés bien loin lorsque nos éclaireurs aperçurent une trentaine d'Indiens placés en observation. Ils étaient armés d'épées à deux mains, de boucliers et de lances ; ils portaient à la tête un panache. Quant à leurs épées, elles sont faites en obsidienne, longues comme des espadons, tranchantes comme des rasoirs et montées de telle façon qu'elles ne peuvent se briser ni sortir de leur manche. Aussitôt que nos éclaireurs les eurent vus, ils se replièrent vers nous pour en donner avis. Cortés ordonna aux cavaliers de courir sur eux et de faire en sorte d'en prendre quelques-uns sans les blesser ; il fit partir presque aussitôt cinq autres cavaliers, afin que, si l'on tombait dans quelque embuscade, on pût mutuellement se venir en aide. En même temps, nous fîmes doubler le pas à toute notre armée, recommandant de marcher en bon ordre, parce que les alliés qui venaient avec nous assuraient que nous aurions affaire à un grand nombre de guerriers postés en embuscade. Or, lorsque les trente Indiens placés en observation virent que nos cavaliers couraient sur eux et les appelaient de la main, ils ne voulurent point attendre ; on put néanmoins les atteindre et essayer de s'en saisir. Mais ils se défendirent bravement et blessèrent nos chevaux avec leurs espadons. Les nôtres, voyant leur obstination au combat et les blessures de leurs chevaux, se préparèrent à faire honorablement leur devoir et réussirent à tuer cinq hommes à l'ennemi.

On en était là lorsqu'un bataillon de Tlascaltèques composé de trois mille hommes, qui s'était tenu caché, se précipita avec furie sur le lieu du combat. Ils commencèrent à cribler de leurs flèches nos cavaliers qui s'étaient déjà tous réunis, et la bataille s'engagea, car en ce moment même nous arrivâmes avec notre artillerie, nos escopettes et nos arbalètes. Insensiblement, l'ennemi se prit à reculer, mais en s'arrêtant de temps en temps pour combattre en bon ordre. Il nous blessa dans cette rencontre quatre soldats, dont l'un, ce me semble, mourut peu de jours après de ses blessures. Comme il était tard, les Tlascaltèques se retirèrent, et nous ne jugeâmes pas à propos de les suivre. Dix-sept d'entre eux restèrent morts sur le carreau, mais ils eurent peu de blessés.

Après avoir traversé des terrains accidentés, nous tombâmes en plaine et nous découvrîmes un grand nombre d'établissements destinés à la culture du maïs et du maguey, plante qui sert à faire le vin du pays. Nous passâmes la nuit sur le bord d'un ruisseau et, comme nous n'avions pas d'huile, nous pansâmes nos blessés avec la graisse d'un Indien tué dans le combat. Nous soupâmes très bien avec de petits chiens d'une espèce qu'on élève dans le pays. Toutes les maisons étaient abandonnées et les provisions enlevées, mais les chiens que les fuyards emmenaient avec eux revenaient la nuit dans les maisons, où nous avions l'adresse de les prendre car c'était un manger convenable. Nous passâmes toute la nuit en alerte, faisant des rondes, plaçant des hommes en observation et envoyant battre la campagne par des éclaireurs ; nos chevaux étaient sellés et bridés, de crainte que l'ennemi ne tombât sur nous. [...]

(Les conquistadores affrontent, le 2 septembre 1519, les Tlascaltèques dans une seconde grande bataille. Devant la menace indigène, les Espagnols tentent de négocier. Et, le 5 septembre, ils sont obligés d'affronter dans une troisième grande bataille les Tlascaltèques qui perdent leur combat par la mésentente de leurs chefs. Cortés, devant cette victoire inespérée, offre une nouvelle fois la paix à ses adversaires. Mais les dernières tentatives indigènes sont une suite d'échecs qui les conduisent à accepter la paix espagnole.)

LXXII

Comme quoi des envoyés de Montezuma, grand seigneur de Mexico, arrivèrent à notre camp ; du présent qu'ils apportèrent.

Dieu Notre Seigneur ayant employé sa grande miséricorde à permettre que nous fussions vainqueurs dans les batailles de Tlascala, la renommée fit voler nos hauts faits dans toutes ces contrées. Le grand Montezuma en fut donc instruit dans sa belle ville de Mexico, et si auparavant on nous avait tenus pour *teules*, comparables aux idoles, à présent on élevait plus haut encore notre réputation de puissants guerriers. On était en admiration dans tout le pays en considérant qu'étant si peu nombreux, tandis que les Tlascaltèques étaient si fortement organisés, nous eussions pu les vaincre d'abord et leur accorder ensuite une paix honorable. De sorte que Montezuma, grand seigneur de Mexico, soit bonté naturelle, soit crainte de nous voir prendre le chemin de sa capitale, envoya à Tlascala et à notre camp cinq personnages de distinction pour nous souhaiter la bienvenue et nous dire qu'il avait éprouvé une grande joie à la nouvelle de la victoire que nous avions remportée sur tant de guerriers ennemis. Il envoyait un présent d'une valeur d'environ mille piastres d'or, en joailleries fort riches et diversement gravées, accompagnées de vingt charges de fines étoffes de coton.

Il faisait dire qu'il voulait être le vassal de notre grand Empereur et qu'il se réjouissait de nous voir si près de sa capitale, à cause des bons sentiments qui l'animaient envers Cortés et tous les *teules* ses frères qui étaient avec lui ; que Cortés voulût dire combien nous désirions qu'il nous payât en tribut, chaque année, pour notre grand Empereur ; qu'on le donnerait en or, en argent, en joailleries et en étoffes, à la condition que nous n'irions point à Mexico ; ce qui ne voulait pas dire qu'il désirait notre départ, car il nous recevrait de grand cœur ; mais, considérant combien son pays était stérile et scabreux, il regretterait beaucoup nos fatigues s'il nous y voyait engagés, tandis qu'il serait dans l'impossibilité de porter remède à tous ces inconvénients aussi bien qu'il en aurait le désir.

Cortés lui répondit qu'il le remerciait de sa bonne volonté, du présent qu'il envoyait et de l'offre qu'il faisait de payer tribut à Sa Majesté. Il pria ensuite les messagers de ne pas partir avant d'être allés à la capitale de Tlascala ; c'était là qu'il les expédierait, tandis qu'on pourrait voir le résultat de nos batailles. Il ne lui était pas possible d'ailleurs de s'occuper en cet instant de leur donner sa réponse, parce qu'il s'était purgé la veille avec une sorte de petites pommes qu'il avait apportées de Cuba et qui sont excellentes pour qui sait en faire bon usage.

LXXIII

Comme quoi Xicotenga, capitaine général de Tlascala, vint traiter de la paix, de ce qu'il nous dit et de ce qui advint.

Tandis que Cortés était en conférence avec les ambassadeurs de Montezuma et qu'il désirait se reposer, parce qu'atteint de fièvres il s'était purgé la veille, on vint lui dire que le capitaine Xicotenga arrivait avec un grand nombre de caciques et de capitaines, tous revêtus de *mantas* blanches et rouges, je veux dire moitié blanches, moitié rouges, parce que telles étaient les couleurs de sa livrée. Son maintien était très pacifique et les personnages distingués qui lui tenaient compagnie n'étaient pas moins de cinquante. Arrivé en présence de Cortés, il lui fit ses très respectueuses révérences, selon l'usage du pays, et il donna l'ordre de brûler du copal en abondance. Cortés le fit asseoir près de lui avec beaucoup d'amabilité.

Xicotenga lui dit qu'ils venaient de la part de son père, de Maceescaci et de tous les caciques et sujets de la république de Tlascala, pour nous prier de les admettre dans notre amitié ; ils voulaient, du reste, jurer obéissance à notre seigneur et Roi et nous demander pardon pour avoir pris les armes et combattu contre nous ; s'ils avaient agi ainsi, c'est parce qu'ils ignoraient qui nous étions, ayant tenu pour certain que nous venions de la part de leur ennemi Montezuma, dont les troupes avaient souvent recours à des ruses et à des tromperies pour entrer dans leurs pays, les voler, les mettre à sac, calamité dont ils se crurent menacés lors de notre arrivée ; c'est pour cela qu'ils s'étaient efforcés de défendre leurs personnes et leur patrie, chose qu'ils ne pouvaient faire sans livrer bataille ; étant très pauvres, il leur était impossible de se procurer de l'or, de l'argent, des pierres précieuses, des étoffes de coton, ni même du sel pour leurs aliments, parce que Montezuma ne leur permettait pas de sortir de leur pays pour aller acquérir ces objets ; s'il était vrai que leurs aïeux eussent possédé quelque or et quelques pierres de valeur, tout avait été livré à Montezuma en gage de paix ou d'armistice pour obtenir de ne pas être massacrés, et cela à des époques fort éloignées de la présente ; il en résultait qu'aujourd'hui ils n'avaient rien à donner ; que Cortés le leur pardonnât, la pauvreté de leurs ressources, et non leurs sentiments, les empêchant seule de mieux faire. Xicotenga et les autres chefs se plaignirent beaucoup de Montezuma et de ses alliés qui tous étaient contre eux et leur faisaient la guerre ; ils dirent que jusqu'à présent on s'était bien défendu ; qu'ils avaient voulu se défendre de même contre nous, mais qu'ils n'avaient pas obtenu de résultat, malgré leur triple attaque au moyen de tous leurs guerriers ; que nos personnes étant invincibles et eux l'ayant reconnu, ils voulaient être nos alliés et les vassaux du grand Empereur don Carlos, certains qu'étant à nos côtés leurs personnes, leurs femmes et leurs fils seraient en sûreté ; qu'alors ils ne seraient pas continuellement en sursaut au sujet des traîtres Mexicains. Il ajouta beaucoup d'autres paroles tendant à nous offrir leur ville et leurs personnes.

Xicotenga avait une stature élevée, de larges épaules, le corps bien fait, le visage ovale, les joues creuses et néanmoins dénotant la santé ; il paraissait avoir trente-cinq ans et son maintien était grave. Cortés le remercia vivement, lui faisant gracieux accueil et lui disant qu'il les recevait pour nos alliés et pour vassaux de notre Roi et seigneur. Xicotenga repartit qu'il nous priait d'aller à la ville, parce que tous les vieux caciques et les papes nous attendaient avec des préparatifs de réjouissances. Cortés lui promit d'y aller bientôt, ajoutant qu'il partirait même tout de suite s'il n'avait à s'occuper maintenant de ses affaires avec le grand Montezuma ; qu'il se

LXXIV

Comme quoi les vieux caciques de Tlascala vinrent à notre camp pour prier Cortés et nous tous de ne plus tarder d'aller à la ville, et ce qui arriva à ce sujet.

Voyant que nous n'allions pas à Tlascala, les vieux caciques de la province convinrent de faire eux-mêmes le voyage, les uns en litière, les autres en hamac, portés sur les épaules des Indiens ; quelques-uns marchaient à pied. Ces personnages étaient ceux-là mêmes que j'ai déjà nommés : Maceescaci, le vieux Xicotenga, qui était aveugle, Guaxolacima, Chichimecatecle et Tecapaneca, de Topeyanco. Ils arrivèrent à notre camp en nombreuse compagnie d'hommes de distinction. Ils s'humilièrent devant Cortés et devant nous tous en faisant trois révérences ; ils brûlèrent du copal, appliquèrent la main sur le sol et baisèrent la terre. Puis Xicotenga, le vieux, prit la parole en ces termes :

« Malinche, Malinche, déjà plusieurs fois nous t'avons fait prier de nous pardonner de t'avoir déclaré la guerre ; nous t'avons aussi exposé les raisons qui excusent notre conduite, en t'affirmant surtout qu'en agissant ainsi nous pensions nous défendre contre le malfaisant Montezuma et ses forces considérables, car nous vous prenions tous pour des hommes de sa bande et ses confédérés. Mais si nous avions su ce dont nous ne pouvons plus douter aujourd'hui, j'assure que non seulement nous aurions marché à votre rencontre chargés de provisions, mais encore que nous eussions balayé les chemins par où vous passiez ; nous nous fussions même transportés au-devant de vous jusqu'à la mer, où vous aviez vos habitations, c'est-à-dire vos navires. Maintenant que vous nous avez pardonné, ce que nous venons vous demander, moi et tous ces caciques, c'est que vous entriez à l'instant avec nous dans notre capitale ; nous vous y ferons part de ce que nous possédons et nous mettrons à votre service nos personnes et nos biens. Et, vois-tu bien, Malinche, ne décide pas autre chose que de t'en venir tout de suite avec nous, car nous craignons que ces Mexicains ne te disent quelques-unes de ces faussetés, de ces mensonges qu'ils ont coutume d'avancer quand ils parlent de nous ; mais ne les crois pas, ne les écoute point ; ils sont faux en tout ce qu'ils disent. Nous ne serions du reste pas surpris que telle fût la cause qui t'a empêché de venir dans notre capitale. »

Cortés répondit d'un ton joyeux que, bien des années avant de venir dans ce pays, nous avions appris qu'ils étaient bons ; nous étions donc tombés dans l'ébahissement en voyant qu'ils ne cessaient de nous faire la guerre ; que, du reste, les Mexicains ici présents attendaient nos dépêches pour leur seigneur Montezuma ; que, relativement à leur invitation d'aller tout de suite à leur capitale, et pour ce qui regardait les provisions qu'ils avaient soin de nous fournir, nous en témoignions notre grande reconnaissance en faisant la promesse de le leur rendre en bons offices ; que, du reste, nous nous serions déjà transportés à la ville si nous avions eu à notre disposition des hommes pour traîner les *tepustles* (c'est ainsi qu'on appelait les bombardes). En entendant ces paroles, les Tlascaltèques en éprouvèrent tant de joie qu'elle apparaissait sur leurs visages ; ils s'empressèrent de dire à Cortés : « Comment ; c'est cela qui t'a empêché, et tu ne l'as pas dit ? » Et, en moins d'une demi-heure, ils amenèrent environ cinq cents Indiens porteurs. Aussi, le lendemain de bonne heure, nous mîmes-nous en route pour la capitale de Tlascala en faisant régner le plus grand ordre dans l'artillerie, les chevaux, les escopettes, les arbalètes et tout le reste, comme nous en avions l'habitude. Cortés avait prié les messagers de Montezuma de venir avec nous, pour voir où aboutiraient nos affaires avec Tlascala, en promettant de les dépêcher de cette ville. Il était convenu d'ailleurs qu'ils resteraient dans nos quartiers, afin qu'ils ne fussent pas exposés à recevoir quelque injure, ainsi que leur méfiance des Tlascaltèques le leur faisait craindre.

Avant de passer outre, je veux dire comme quoi, dans tous les villages que nous avions déjà traversés et dans d'autres où l'on avait de nos nouvelles, on appelait Cortés « Malinche », et c'est du reste ainsi que je l'appellerai moi-même désormais, à propos de toutes les conférences que nous aurons avec les Indiens tant dans cette province que dans la ville de Mexico. Je ne l'appellerai Cortés que dans les circonstances où il conviendra de le faire. Le motif qui lui fit appliquer ce nom, c'est que, comme notre interprète doña Marina était toujours avec lui, surtout lorsqu'il venait des ambassadeurs ou des messagers de caciques, comme aussi c'était elle qui transmettait tous les discours en langue mexicaine, pour cette raison on s'habitua à appeler Cortés le capitaine de Marina, et bientôt, par corruption, on le nomma Malinche. Ce même nom fut appliqué à un certain Juan Perez de Arteaga, habitant de Puebla, parce qu'il était toujours dans la compagnie de doña Marina et de Geronimo de Aguilar pour apprendre la langue. Ce fut le motif qui le fit appeler Juan Perez Malinche ; car nous n'avons su que depuis deux ans son véritable nom d'Arteaga. J'ai voulu faire mention de cette particularité, quoique cela ne fût pas bien nécessaire, afin qu'on comprît à l'avenir le nom de Cortés quand on l'appellera Malinche.

Je veux dire aussi que, depuis que nous arrivâmes au pays de Tlascala jusqu'à notre entrée dans sa capitale, il se passa vingt-quatre jours. Nous y entrâmes le 23 septembre 1519.

LXXV

Comment nous fûmes à la ville de Tlascala et de ce que firent les vieux caciques. — D'un présent qu'on nous offrit, et comme quoi ils nous présentèrent leurs filles et leurs nièces, et de ce qui arriva encore.

Lorsque les caciques virent que nos équipages commençaient à cheminer vers la capitale, ils prirent les devants afin de donner leurs ordres et de veiller à ce que tout fût prêt pour nous recevoir, et nos logements ornés de rameaux. Nous n'étions plus qu'à un quart de lieue de la ville lorsque ces mêmes caciques vinrent au-devant de nous, amenant avec eux leurs filles et leurs nièces, entourés d'un grand nombre de personnages distingués disposés par groupes de parenté, de catégories et de districts ; car il y avait dans la province quatre districts différents, sans compter ceux de Tecapaneca, seigneur de Topeyanco, qui en formaient cinq. Là se pressaient les citoyens des différents lieux, se distinguant par la variété de leurs costumes, lesquels, quoique étant de tissu de *henequen*, étaient de bonne qualité et de dessins remarquables. Pour ce qui est du coton, il leur était impossible de s'en procurer. Bientôt arrivèrent les papes de toute la province. Ils étaient fort nombreux, à cause de la grande quantité de temples qu'ils possédaient, sous la dénomination de *cues*, pour l'adoration des idoles et pour leurs sacrifices. Ces papes portaient des cassolettes allumées, au moyen desquelles ils nous parfumèrent tous. Quelques-uns d'entre eux étaient couverts de vêtements blancs très longs, en forme de surplis, avec des capuchons qui simulaient ceux de nos chanoines. Leurs cheveux étaient longs et tellement emmêlés qu'on n'eût pu les séparer autrement qu'en les coupant ; le sang qui en découlait sortait aussi de leurs oreilles, dénotant qu'ils avaient fait des sacrifices ce jour-là même. Les ongles de leurs doigts étaient très longs. En nous voyant, ils baissèrent la tête en signe d'humilité. Nous entendîmes dire que ces papes passaient pour être pieux et de bonne conduite.

Plusieurs personnages de distinction s'étaient rangés à côté de Cortés pour lui faire honneur. A notre entrée dans la ville, les Indiens et Indiennes, qui s'empressaient pour nous voir, étaient de gai visage et si nombreux qu'ils ne tenaient plus dans les rues et sur les terrasses des maisons. Ils apportaient environ vingt bouquets formés de roses du pays et d'autres fleurs odorantes de couleur variée ; on les offrit à Cortés et à plusieurs d'entre nous qui leur parurent des chefs, surtout à nos cavaliers. Nous arrivâmes à de grandes places autour desquelles étaient disposés nos logements. Xicotenga, le vieux, et Maceescaci prirent Cortés par la main et le firent entrer dans les maisons. Ils y avaient disposé pour chacun de nous, conformément à leurs usages, des sortes de lits formés de nattes et d'étoffes d'aloès. Nos amis de Cempoal et de Cocotlan se logèrent aussi près de nous. Cortés donna l'ordre de placer les messagers mexicains à côté de son appartement. Quoique, en arrivant, nous eussions reconnu que nous ne pouvions douter du bon vouloir des Tlascaltèques ainsi que de leur désir de paix, nous n'abandonnâmes pas pour cela le soin d'être sur nos gardes, comme nous en avions l'habitude. Mais il paraît que l'officier à qui incombait le soin d'entretenir les coureurs, les sentinelles et les gardes dit à Cortés : « Il me semble, señor, que ces gens-ci sont bien pacifiques et que nous n'avons plus besoin de tant de vigilance et d'être aussi bien gardés que de coutume. » Cortés repartit : « Voyez-vous, señores, j'ai bien remarqué ce que vous dites ; mais je suis d'avis que, pour n'en pas perdre l'habitude, nous devons continuer à nous garder. Les Tlascaltèques sont sans doute très bons, mais, sans refuser d'ajouter foi à leurs sentiments pacifiques, nous devons nous conduire comme s'ils devaient nous attaquer et comme si nous les voyions fondre sur nous. En aucun temps, il n'a manqué de capitaines qui ont été mis en déroute pour avoir eu trop de confiance et pas assez de soin. Et quant à nous, voyant le petit nombre que nous sommes et remarquant l'avis que nous a transmis le grand Montezuma, fût-il peu sincère ou même absolument faux, il nous convient d'être toujours sur le qui-vive. »

Cessons de parler de l'exécution de certaines minuties, et du soin que nous mettions à assurer la garde du camp ; revenons à dire comme quoi Xicotenga, le vieux, et Maceescaci, les grands caciques, se fâchèrent vraiment avec Cortés et lui firent dire par nos interprètes : « Malinche, ou tu nous crois encore tes ennemis, ou bien tes actions le feraient supposer ; tu ne parais pas avoir confiance en nous, ni croire à la sincérité de la paix à laquelle nous nous sommes engagés les uns envers les autres. Nous te disons cela parce que nous voyons que vous vous méfiez et que vous allez par nos chemins en vous tenant sur vos gardes, comme lorsque vous marchiez sur nos bataillons ; et cela, Malinche, nous croyons que tu le fais à cause des trahisons et des méchancetés dont les Mexicains t'ont parlé en secret afin de te tenir mal avec nous ; juge-nous mieux et ne les crois pas. Maintenant que tu es ici, sache bien que nous te donnerons tout ce que tu voudras, même nos personnes et celles de nos enfants ; nous sommes prêts à mourir pour vous tous ; c'est pour cela que nous te supplions de prendre en otages tous ceux que tu pourras désirer. »

Cortés et nous tous fûmes émerveillés de la dignité avec laquelle furent dites ces paroles. Notre général répondit aux caciques, au moyen de doña Marina, qu'il les croyait certainement, qu'il n'avait pas besoin d'otages et qu'il lui suffisait d'être convaincu de leur bon vouloir ; que, pour ce qui est de nous tenir sur nos gardes, la chose nous était habituelle et ne devait pas exciter leur méfiance ; que d'ailleurs, quant à leurs offres, nous nous en trouvions honorés et saurions les reconnaître dans l'avenir. Après ce discours, on vit venir plusieurs autres personnages accompagnés de porteurs avec

26

des poules, des pains de maïs, des figues de Barbarie, des légumes et autres vivres du pays, dont ils approvisionnèrent notre quartier très convenablement. Pendant les vingt jours que nous passâmes en ce lieu, tout nous y fut donné en abondance. Nous entrâmes dans cette ville le 23 du mois de septembre de l'an 1519.

LXXVI

Comme quoi l'on dit la messe en présence de plusieurs chefs, et d'un présent que les vieux caciques apportèrent.

Le lendemain de bonne heure, Cortés ordonna la construction d'un autel afin qu'on y dît la messe ; car nous avions reçu du vin et des hosties. Elle fut dite par le prêtre Juan Diaz, attendu que le père de la Merced avait les fièvres et était tombé dans une très grande faiblesse. Maceescaci, le vieux Xicotenga et d'autres caciques y assistèrent. Après la messe, Cortés se rendit à son logement, et avec lui une partie des soldats qui avaient l'habitude de l'accompagner. Les deux vieux caciques et nos interprètes l'y suivirent. Xicotenga lui dit qu'il désirait lui offrir un présent. Cortés, qui les traitait d'une manière fort aimable, répondit que ce serait quand ils voudraient. On étendit alors sur le sol des nattes recouvertes d'étoffes ; on y plaça six ou sept petits poissons en or, quelques pierreries de peu de valeur et un certain nombre de charges d'étoffes d'aloès, le tout fort pauvre et ne dépassant pas vingt piastres. En le donnant, les caciques dirent en riant : « Malinche, il est très possible que, comme c'est fort peu de chose, tu ne le reçoives pas bien volontiers ; mais souviens-toi que nous t'avons fait dire que nous sommes pauvres, que nous n'avons ni or ni richesses d'aucune sorte ; la raison en est que ces méchants traîtres de Mexicains, et Montezuma qui est leur empereur, nous ont tout enlevé à propos de paix et armistices que nous leur demandions dans notre désir de voir finir la guerre. Ne considère pas le peu de prix que cela vaut, mais reçoit-le de bon cœur comme venant d'amis et serviteurs que nous désirons être. » Après cela, ils apportèrent aussi séparément beaucoup de provisions. Cortés reçut le tout avec joie et il leur dit que, parce que ces objets venaient de leur part et étaient offerts de bon cœur, il en faisait plus de cas que si d'autres lui présentaient une maison entière remplie d'or en grains ; qu'il les recevait donc avec plaisir... Et, là-dessus, il leur témoigna beaucoup d'amitié.

Il paraît, au surplus, qu'entre eux tous les caciques avaient convenu de nous donner leurs filles et leurs nièces, choisies parmi les plus belles des jeunes filles non mariées. Xicotenga dit à Cortés à ce propos : « Malinche, pour que vous voyiez plus clairement à quel point nous vous affectionnons et désirons en tout vous satisfaire, nous voulons vous donner nos filles pour que vous en fassiez vos femmes et en ayez des enfants, tant il est vrai que nous aspirons à vous avoir pour frères, vous ayant connus si bons et si valeureux. J'ai une fille fort belle qui n'a jamais été mariée, c'est à vous que je la donne. » Maceescaci et la plupart des caciques dirent aussi qu'ils amèneraient leurs filles, nous priant de les recevoir pour femmes. Ils firent encore beaucoup d'autres offres. Maceescaci et Xicotenga ne quittaient pas Cortés un seul instant, et comme le vieux Xicotenga était aveugle, il portait la main sur la tête de notre général en tâtonnant, faisant de même sur sa barbe, sur son visage et sur tout son corps. Cortés lui répondit, au sujet des femmes, que lui et tous les siens nous en étions très honorés et que nous le leur rendrions en bons services dans le cours du temps. Comme d'ailleurs le père de la Merced était présent, Cortés ajouta : « Mon père, il me semble que l'occasion est bonne pour dire un mot à ces caciques au sujet de l'abandon de leurs idoles et de leurs sacrifices, car ils me paraissent prêts à faire tout ce que nous ordonnerons à cause de la grande frayeur que les Mexicains leur inspirent. » Le père lui répondit : « C'est bien, señor ; mais réservons cela pour le moment où ils amèneront leurs filles ; l'opportunité viendra alors de ce que vous refuserez de les recevoir jusqu'à ce qu'elles aient promis de ne plus sacrifier ; si le moyen réussit, cela sera bien, et, dans le cas contraire, nous ferons notre devoir. » De façon que cela fut renvoyé au jour suivant.

LXXVII

Comme quoi les caciques présentèrent leurs filles à Cortés et à nous tous. — Ce que l'on fit à ce sujet.

Le lendemain, les vieux caciques nous amenèrent cinq belles Indiennes non mariées et fort jeunes, et il faut dire que, pour les Indiennes, elles n'avaient pas mauvais visage. Elles étaient bien ornées et chacune d'elles en amenait une autre pour son service. Elles étaient toutes filles de caciques et, à leur propos, Xicotenga dit à Cortés : « Malinche, celle-ci est ma fille ; elle n'a point été mariée et elle est vierge ; prenez-la pour vous. » Il lui présenta sa main et, passant aux autres, il le pria de les donner à ses capitaines. Cortés lui en témoigna de la gratitude. Prenant d'ailleurs un air joyeux, il répondit qu'il les acceptait et les tenait pour compagnes, mais que pour le moment il désirait qu'elles restassent encore chez leurs pères. Les caciques demandèrent alors pour quel motif nous ne les gardions pas dès à présent. Cortés repartit : « C'est parce que je veux faire d'abord ce que commande Notre Seigneur Dieu en qui nous croyons et que nous adorons, et encore ce que notre Roi m'a ordonné d'exiger, c'est-à-dire que vous abandonniez vos idoles, que vous ne sacrifiiez plus, que vous ne tuiez plus vos semblables, que vous ne fassiez plus les saletés qui sont dans vos habitudes et que vous croyiez comme nous en un seul Dieu véritable. » On leur dit encore plusieurs choses relatives à notre sainte foi, fort convenablement exprimées ; car doña Marina et Aguilar, nos interprètes, étaient déjà si experts qu'ils savaient leur faire tout comprendre avec perfection. On leur fit voir une image de Notre Dame avec son précieux Fils dans les bras. On leur donna à entendre que cette image représente Notre Dame, appelée sainte Marie, qui se trouve au plus haut des cieux et est la Mère de Notre Seigneur, ce même petit Jésus qu'elle tient dans ses bras ; qu'elle le conçut par la grâce de l'Esprit saint, en restant vierge avant, pendant et après l'enfantement ; que cette grande Dame adresse ses prières pour nous tous à son précieux Fils qui est notre Seigneur et notre Dieu...

On ajouta grand nombre d'autres vérités qu'il convenait de dire au sujet de notre sainte foi. On leur dit encore que s'ils voulaient être nos frères et se lier avec nous d'une amitié véritable, s'ils voulaient aussi que nous prissions plus volontiers leurs filles pour leur donner le titre de nos femmes, ils devaient abandonner au plus vite leurs mauvaises idoles et adorer Dieu Notre Seigneur comme nous l'adorions nous-mêmes ; qu'ils verraient le bien qui leur en résulterait, car, outre une bonne santé et des saisons heureuses, toutes choses prospéreraient pour eux et, quand ils mourraient, leurs âmes s'envoleraient au ciel pour y jouir de la gloire éternelle ; que s'ils faisaient les sacrifices dont ils ont l'habitude à leurs idoles qui sont de vrais démons, ceux-ci les emporteraient aux enfers où ils brûleraient pour toujours au milieu de vives flammes. Comme, dans d'autres conférences, on leur avait déjà parlé d'abandonner leurs idoles, on ne leur en dit pas davantage en ce moment.

Ils répondirent d'ailleurs à toutes ces choses : « Malinche, nous t'avons entendu déjà d'autres fois avant e jour ; nous croyons bien que votre Dieu et cette grande Dame sont excellents ; mais considère bien que tu viens d'arriver dans ce pays et dans ces habitations ; avec le temps, nous parviendrons à comprendre mieux et plus clairement les choses qui vous concernent ; nous verrons ce qu'elles sont et nous ferons ce qui conviendra. Mais comment veux-tu que nous abandonnions nos *teules* que depuis tant de temps nos aïeux ont pris pour des dieux, qu'ils ont adorés et auxquels ils ont fait des sacrifices ? Quand même, nous qui sommes déjà vieux, nous le voudrions faire pour te complaire, que diraient tous nos papes, tous les jeunes hommes et tous les enfants de cette province ? Ne se lèveraient-ils pas contre nous en considérant que les papes ont déjà interrogé nos *teules* et en ont obtenu pour réponse que nous ne devions point omettre de leur sacrifier des hommes et de pratiquer tout ce dont nous avons l'habitude, sans quoi la famine, la peste et la guerre détruiraient toute la province ? » Ils ajoutèrent que nous pouvions perdre le souci de leur parler à cet égard, car, dût-on les tuer, ils ne cesseraient pas de sacrifier à leurs dieux.

Lorsque nous entendîmes cette réponse, faite sincèrement et sans peur, le père de la Merced, qui était homme entendu et bon théologien, dit à Cortés : « Seigneur, ne vous donnez plus la peine de les importuner à ce sujet ; il n'est pas juste que nous en fassions des chrétiens par la force. Je ne voudrais pas que, comme à Cempoal, on détruisît leurs idoles avant qu'elles aient eu occasion de connaître notre sainte foi. A quoi sert, en effet, d'enlever les idoles d'un temple et d'un oratoire s'ils doivent ensuite les transporter dans d'autres ? Il est bon qu'ils s'habituent à entendre nos sermons, qui sont saints et bons, afin qu'ils comprennent peu à peu les utiles conseils que nous leur donnons. » Les mêmes choses furent dites à Cortés par trois caballeros, Pedro de Alvarado, Juan Velasquez de Leon et Francisco de Lugo : « Le père a fort bien dit, reprirent-ils, et Votre Seigneurie a accompli son devoir en ce qu'elle a fait ; mais qu'on ne moleste plus ces caciques à ce sujet. » La conclusion fut qu'on agirait ainsi. Mais nous priâmes nos nouveaux alliés de débarrasser un temple neuf qui était près de là, d'en enlever les idoles, de le nettoyer et de le blanchir à la chaux, pour que nous y pussions placer une croix et l'image de Notre Dame. Ils le firent à l'instant. On y dit la messe et les jeunes filles caciques y furent baptisées. La fille de Xicotenga y prit le nom de doña Luisa. Cortés, la prenant par la main, la donna à Pedro de Alvarado, disant à Xicotenga que celui à qui il la donnait était son frère et son capitaine et qu'il voulût bien y consentir, dans la confiance qu'elle serait bien traitée. Xicotenga s'en montra satisfait. La fille, ou nièce, de Maceescaci prit le nom de doña Elvira ; elle était fort belle. Il me semble qu'elle fut donnée à Juan Velasquez de Leon. Les autres prirent aussi leur nom de baptême avec la particule nobiliaire *doña*. Cortés les donna à Christoval de Oli, à Gonzalo de Sandoval et à Alonso de Avila. Après cela, on leur expliqua pour quel motif on avait élevé deux croix : que c'était pour en effrayer leurs idoles ; que, partout où nous nous arrêtions pour passer la nuit, nous en placions sur le chemin. Nos auditeurs furent très attentifs à ces explications.

Avant d'aller plus loin, je veux dire que cette cacique, fille de Xicotenga, qu'on appela doña Luisa et qui fut donnée à Pedro de Alvarado, devint l'objet des plus grandes manifestations de respect dans tout Tlascala, aussitôt que cette union y fut connue. Tous la tenaient pour leur maîtresse et lui faisaient des présents. Pedro de Alvarado, étant garçon, en eut un fils qui fut appelé don Pedro et une fille nommée doña Leonor. Celle-ci est aujourd'hui la femme de don Francisco de la Cueva, bon caballero, cousin du duc d'Albuquerque. Il est issu de ce mariage quatre ou cinq fils, excellents caballeros. Doña Leonor est une femme supérieure, comme on devait s'y attendre de la fille d'un tel père, qui fut commandeur de Santiago, adelantado et gouverneur de Guatemala ; petite-fille aussi de Xicotenga, grand seigneur de Tlascala, personnage élevé à l'égal d'un roi. Laissons ces récits et revenons à Cortés pour dire qu'il s'informa très minutieusement auprès des caciques de ce qui concernait Mexico.

LXXVIII

Comme quoi Cortés demanda à Maceescaci et à Xicotenga des renseignements sur Mexico, et du récit qu'on lui fit.

Cortés prit à part les caciques et leur demanda des détails minutieux sur Mexico. Xicotenga, qui était le plus avisé d'entre eux et plus grand seigneur que les autres, prit d'abord la parole. Maceescaci, grand personnage aussi, venait de temps en temps à son aide. Ils dirent que Montezuma disposait d'une si puissante armée que, quand il voulait prendre un grand village ou s'introduire par la force dans une province, il entrait en campagne avec cent mille hommes, chose qu'on ne savait que trop à Tlascala par expérience, à cause des guerres et des animosités qui régnaient entre les deux pays depuis plus de cent ans. Cortés leur dit alors : « Comment se fait-il donc qu'avec tant de guerriers qui tombaient sur vous on n'ait jamais pu vous vaincre d'une manière définitive ? » Ils répondirent qu'ils étaient à la vérité défaits bien souvent ; qu'on leur tuait et qu'on enlevait pour les sacrifier beaucoup de leurs concitoyens ; mais que, d'autre part, un grand nombre de leurs ennemis restaient morts sur le champ de bataille et d'autres étaient emmenés prisonniers ; qu'ils ne venaient d'ailleurs pas tellement à l'improviste qu'on n'en eût absolument aucun avis ; que, dès lors, on préparait toutes les forces et, avec l'aide des habitants de Guaxocingo, on se défendait et on courait même à l'offensive ; comme au surplus toutes les provinces et tous les villages dont Montezuma s'était emparé, pour en augmenter ses domaines, étaient au plus mal avec les Mexicains, et que cependant on leur faisait faire campagne malgré eux, ils ne combattaient pas avec un véritable entrain ; c'était d'eux au contraire que les Tlascaltèques recevaient leurs avis, services qu'on avait soin de reconnaître en ménageant leur pays. Les caciques ajoutaient que d'où le mal leur était venu avec le plus de continuité, c'était d'une ville très étendue, appelée Cholula, éloignée de là d'une journée de marche ; que c'étaient des gens très perfides au milieu desquels Montezuma envoyait secrètement ses capitaines, et comme alors ils ne se trouvaient pas éloignés, ils faisaient irruption pendant la nuit dans le pays de Tlascala.

Maceescaci dit au surplus que Montezuma entretenait dans toutes les provinces des garnisons nombreuses, sans compter le grand nombre d'hommes qu'il levait dans la ville ; que toutes ces provinces lui payaient des tributs en or, en argent, en plumes, en pierres précieuses, en étoffes de coton et en Indiens ou Indiennes destinés à être sacrifiés ou à servir comme esclaves ; Montezuma était puissant à ce point qu'il avait tout ce qu'il désirait et que ses palais étaient pleins de trésors, de pierres précieuses *chalchihuis* volées ou prises par force à qui ne voulait pas donner de bonne volonté ; enfin, à vrai dire, toutes les richesses du pays se trouvaient entre ses mains. Les caciques racontèrent aussi l'état de sa maison. Je n'en finirais pas si je devais ici tout répéter : comme, par exemple, le grand nombre de femmes qu'il possédait et dont il mariait quelques-unes ; et puis les fortes défenses de la place, la forme, l'étendue et la profondeur de la lagune ; les chaussées par où l'on est obligé de passer pour arriver à la ville, les ponts de bois qui se trouvent sur toutes ces chaussées, jetés sur des tranchées qui font communiquer les eaux de toutes parts. Ils expliquaient comment, en levant n'importe lesquels de ces ponts, on pouvait se trouver engagé entre eux sans avoir accès vers la capitale ; comme quoi la plus grande partie de la ville est construite dans la lagune même, de sorte qu'on n'y peut passer de maison en maison, si ce n'est au moyen des ponts-levis qu'on y entretient, ou dans des bateaux. Toutes les maisons sont bâties en terrasses, au-dessus desquelles on a construit des sortes de parapets qui permettent de les employer à combattre. Ils dirent aussi la manière de pourvoir la ville d'eau douce grâce à une source appelée Chapultepeque, distante de la capitale d'environ une demi-lieue, l'eau coulant par des aqueducs et étant ensuite transportée et vendue par les rues au moyen de canots. Ils décrivirent aussi les armes dont on fait usage ; les piques doublement dentelées qu'on lance avec des machines et qui traversent n'importe quelle défense ; les archers adroits et très nombreux ; les lanciers armés de lances d'obsidienne, avec des couteaux longs d'une brasse et affilés de telle sorte qu'ils coupent mieux que des rasoirs ; les rondaches, les défenses de coton ; les hommes armés de frondes avec des pierres roulées ; d'autres lances encore plus longues et les grands espadons à deux mains. Les caciques firent voir, sur des pièces d'étoffes d'aloès, la représentation en peinture des batailles qu'ils avaient soutenues contre eux, avec la manière de combattre.

Arrivés à ce point, comme notre chef et nous tous étions déjà informés de ce que les caciques racontaient, Cortés leur coupa la parole pour pénétrer plus avant dans nos investigations. Il demanda donc comment ils étaient venus eux-mêmes peupler Tlascala, et de quel point ils avaient procédé pour pouvoir être si différents et si ennemis des Mexicains, quoique leurs pays fussent actuellement si près l'un de l'autre. Ils répondirent qu'ils avaient su par leur aïeux que, dans les temps anciens, avaient vécu au milieu d'eux des hommes et des femmes d'une stature très élevée, possédant des os d'une grande longueur ; comme d'ailleurs ils étaient fort méchants et avaient de mauvaises habitudes, on en fit périr la majeure partie dans les combats et ceux qui restèrent finirent par s'éteindre. Pour que nous pussions juger de leur taille, ils nous présentèrent un fémur d'homme de cette race. Il était très gros et sa longueur dénotait un homme de haute stature. Il était bien conservé depuis le genou jusqu'à la hanche ; je le mesurai sur moi et je reconnus qu'il représentait ma taille, qui est des plus avantagées. On apporta d'autres fragments d'os, mais ils étaient déjà rongés et défaits. Nous restâmes d'ailleurs fort surpris à leur vue et nous fûmes convaincus que ce pays avait été habité par des géants. Cortés nous dit qu'il serait convenable d'envoyer ce grand os en Castille pour le faire voir à Sa Majesté. Il y fut, en effet, adressé par l'intermédiaire des premiers commissaires qui firent le voyage.

Les caciques dirent aussi avoir appris de leurs aïeux qu'une de leurs idoles, pour laquelle ils avaient une très grande dévotion, leur avait assuré qu'il viendrait des hommes de pays lointains, du côté où le soleil se lève, pour les subjuguer et les tenir sous leur empire ; que s'il s'agissait de nous, ils s'en réjouiraient puisque nous étions si bons ; qu'en traitant de la paix ils pensaient à cette prophétie de leur idole et c'était la raison qui les avait poussés à nous donner leurs filles, afin d'avoir des parents qui les défendissent contre les Mexicains. La fin de cette conversation nous rendit pensifs, et nous nous demandions si par hasard ce qu'ils venaient de dire ne deviendrait pas une vérité. Notre capitaine Cortés leur répondit que certainement nous venions d'où le soleil se lève, et que la raison qui poussa notre seigneur et Roi à nous envoyer, après avoir su de leurs nouvelles, ce fut le désir qu'ils devinssent nos frères, espérant qu'il plairait à Dieu de nous faire la grâce qu'ils se sauvassent par nos mains et par notre intercession ; et nous dîmes tous ensemble : *Amen !*

Les caballeros qui me liront se fatigueront sans doute d'entendre tant de raisonnements et de causeries entre nous et les Tlascaltèques. Malgré mon désir d'en finir, je dois forcément employer un moment encore pour raconter ce qui nous advint au milieu d'eux : c'est que le volcan qui s'élève près de Guaxocingo vomissait, pendant notre séjour à Tlascala, beaucoup plus de flammes que de coutume. Cortés et nous tous, qui n'avions rien vu de pareil, en fûmes saisis d'admiration. Un de nos capitaines, appelé Diego de Ordas, eut envie d'aller voir ce que c'était et demanda à notre général la permission d'y monter. Cortés la lui donna, et même il lui en fit un ordre. Ordas emmena avec lui deux de nos soldats et un certain nombre de personnages indiens de Guaxocingo. Ceux-ci cherchaient à lui inspirer de la frayeur en lui disant que, lorsqu'il serait à moitié chemin du Popocatepetl (c'est ainsi qu'on appelle le volcan), il ne pourrait résister aux secousses du sol, aux flammes, aux pierres et au cendres qui s'en échappaient ; que, quant à eux, ils ne se hasarderaient pas à dépasser les temples d'idoles qu'ils appellent les *teules* du Popocatepetl. Malgré tout, Diego de Ordas et ses deux compagnons poursuivirent leur chemin jusqu'au bout, tandis que les Indiens restèrent en bas. Ordas et les deux soldats s'aperçurent en montant que le volcan commençait à lancer de grandes bouffées de flammes et des pierres légères à demi brûlées, accompagnées d'une grande quantité de cendres. Toute la sierra tremblait autour d'eux ; ils s'arrêtèrent, n'osant faire un pas de plus, jusqu'à ce qu'au bout d'une heure ils se fussent aperçus que les flammes s'étaient apaisées et que les cendres ainsi que la fumée diminuaient. Ils montèrent alors jusqu'à l'ouverture du cratère qui était ronde et présentait un diamètre d'environ un quart de lieue. De là s'apercevaient la grande ville de Mexico, et toute la lagune, et tous les villages qui s'y trouvent bâtis. Ce volcan est éloigné de Mexico d'environ douze ou treize lieues.

Après avoir joui de ce spectacle, Ordas, plein de joie et d'admiration pour avoir vu Mexico et les villes qui l'entourent, revint à Tlascala avec ses compagnons et les Indiens de Guaxocingo. Les habitants de Tlascala qualifièrent le fait de grande hardiesse. Lorsqu'il le raconta à Cortés et à nous tous, nous fûmes saisis d'admiration. Nous n'avions alors ni vu ni entendu dire encore ce que nous savons maintenant très bien, car plusieurs Espagnols, et même des frères franciscains, sont montés jusqu'au cratère. Lorsque Diego de Ordas revint en Castille, il demanda à Sa Majesté le droit de s'en faire un écusson. Ce sont ces mêmes armoiries que possède un de ses neveux qui demeure maintenant à Puebla. Depuis lors, nous n'avons jamais vu le Popocatepetl lancer tant de feu ni faire un aussi grand bruit. Il passa même un certain nombre d'années sans vomir de flammes, jusqu'en 1539 où il y eut une forte éruption de feu, de pierres et de cendres. Cessons de raconter les choses du volcan. Maintenant que nous savons ce que c'est et que nous en avons bien vu d'autres, comme sont ceux du Nicaragua et de Guatemala, je me figure que j'aurais bien pu passer sous silence celui de Guaxocingo.

Je dois dire aussi comme quoi nous trouvâmes dans cette ville de Tlascala de petites cases construites avec des barreaux en bois. Elles étaient remplies d'Indiens et d'Indiennes qu'on y tenait enfermés pour les engraisser, attendant qu'ils fussent à point pour être sacrifiés et mangés. Nous brisâmes et défîmes ces prisons pour que les malheureux qui s'y trouvaient prissent la fuite. Mais ces pauvres Indiens n'osaient s'en aller dans aucune direction ; ils restaient avec nous, après avoir ainsi conservé leurs existences. Dorénavant, dans tous les villages où nous entrions, le premier ordre donné par notre capitaine était de briser ces affreuses cages qu'on voyait dans presque tout le pays et de mettre les prisonniers en liberté. Après que nous eûmes été témoins de cette grande cruauté, Cortés s'en montra très irrité contre les caciques de Tlascala ; il leur en fit de sévères remontrances. De leur côté, ils parurent se soumettre en promettant qu'à l'avenir ils ne tueraient ni ne mangeraient plus d'Indiens de cette manière. Et moi je dirai : que gagnions-nous à ces promesses ?... A peine avions-nous tourné la tête qu'on recommençait les mêmes cruautés.

LXXIX

Comme quoi notre capitaine Fernand Cortés convint avec tous nos autres capitaines et soldats que nous irions à Mexico. — De ce qui advint à ce propos.

Voyant que depuis dix-sept jours nous ne faisions que nous reposer à Tlascala, comme d'ailleurs nous entendions parler des grandes richesses de Montezuma et des prospérités de sa capitale, Cortés se résolut à prendre conseil de tous ceux d'entre nous auxquels il supposait le bon désir de marcher en avant, et nous convînmes ensemble que le départ s'effectuerait le plus tôt possible. Il y eut à ce propos, dans notre quartier, beaucoup de conférences contraires au projet, quelques-uns disant qu'il était téméraire de penser à s'introduire dans une ville si bien fortifiée, tandis que nous étions nous-mêmes si peu nombreux ; ils appuyaient leur opinion sur la grande puissance de Montezuma. Cortés répondit qu'il n'y avait pas possibilité de faire autre chose ; que d'ailleurs notre aspiration et notre plan avaient toujours été de voir Montezuma, et que par conséquent tout autre avis était déplacé. Quand on vit le ton résolu de cette réponse, quand les opposants comprirent la fermeté de la détermination et qu'au reste plusieurs d'entre nous appuyaient Cortés de leur adhésion en criant : « A la bonne heure et en avant ! », les contradicteurs gardèrent le silence. Les adversaires du plan de Cortés étaient ceux-là mêmes qui avaient des possessions à Cuba. Quant à moi et à d'autres pauvres soldats, nous avions fait pour toujours l'offre de nos âmes à Dieu qui les a créées, vouant en même temps nos corps aux blessures et à la fatigue, jusqu'à mourir au service de Notre Seigneur et de Sa Majesté.

Lorsque Xicotenga et Maceescaci, seigneurs de Tlascala, virent que nous voulions réellement aller à Mexico, ils en éprouvèrent un profond regret. Ils ne cessaient de prier Cortés de ne pas penser à entreprendre cette marche, disant qu'il ne devait avoir nulle confiance en Montezuma ni en aucun Mexicain ; qu'il ne fît pas cas de ces grandes révérences, ni de ces paroles humbles et courtoises, ni des présents qu'on lui avait offerts, ni de nulle autre sorte de promesses ; que tout cela n'était qu'un ensemble de manœuvres traîtresses ; qu'en une heure on nous reprendrait tout ce qu'on nous aurait donné ; qu'il se gardât jour et nuit, parce que leur conviction était qu'on nous attaquerait aussitôt que nous aurions cessé d'être sur nos gardes ; que si, du reste, nous en venions aux prises avec les guerriers mexicains, nous ne devions faire grâce de la vie à personne : ni aux jeunes hommes, pour qu'ils ne prissent plus les armes, ni aux vieillards, pour qu'ils ne donnassent plus de mauvais conseils. A tout cela les caciques ajoutèrent beaucoup d'autres avis, auxquels notre capitaine répondit qu'il en avait de la reconnaissance, et il témoigna de sa vive sympathie par des offres et des présents qu'il fit au vieux Xicotenga, à Maceescaci et à la plupart des autres caciques. Il leur donna une grande partie des fines étoffes que Montezuma lui avait envoyées et il dit qu'il serait bon de traiter de la paix entre eux et les Mexicains, afin de vivre à l'avenir en bonne harmonie et qu'ils pussent acquérir du sel, du coton et autres denrées. Mais Xicotenga répondit que songer à la paix était chose inutile, l'inimitié restant enracinée dans les cœurs et les Mexicains étant ainsi faits que, sous les apparences les plus pacifiques, ils tramaient les plus grandes trahisons et ils n'accomplissaient jamais leurs promesses. Les caciques ajoutèrent que Cortés ne devait plus songer à cette réconciliation et ils le supplièrent encore de ne pas se mettre entre les mains de pareils hommes.

On parla alors du chemin qu'il conviendrait de suivre pour aller à Mexico. Les ambassadeurs de Montezuma, qui étaient avec nous et qui devaient nous servir de guides, disaient que la meilleure route serait par Cholula, parce que ses habitants étaient les vassaux de Montezuma et que nous y recevrions par conséquent de véritables services. Il nous parut à tous convenable en effet de passer par cette ville. Mais les caciques de Tlascala devinrent fort tristes quand ils surent que nous voulions suivre la route qui nous était indiquée par les Mexicains. Ils nous dirent qu'en tout état de choses il serait mieux de passer par Guaxocingo, dont les habitants étaient leurs parents et nos amis, et nullement par Cholula qu'ils regardaient comme le chef-lieu des manœuvres secrètes et perfides de Montezuma. Les caciques eurent beau faire pour nous convaincre de ne pas entrer dans cette ville, notre général, d'accord avec notre avis bien raisonné, continua à vouloir passer par Cholula. Les uns donnèrent pour raison que c'était une grande ville, très bien pourvue de tours et de temples fort élevés, assise sur une belle plaine où de loin elle nous faisait réellement l'effet de notre grande Valladolid de la Vieille-Castille. D'autres s'appuyaient sur le motif que c'était le centre de villages importants ; que ses ressources étaient considérables et que nous y aurions pour ainsi dire sous la main nos amis de Tlascala, lorsque nous exécuterions le projet de nous y fixer jusqu'à ce que nous eussions bien éclairci tous les moyens d'arriver à Mexico sans combattre, attendu que la grande puissance des Mexicains était propre à inspirer la crainte. Il paraissait évident en effet que nous ne pourrions jamais y entrer si Dieu Notre Seigneur n'intervenait de sa main divine et de sa miséricorde, qui nous avaient aidés et toujours fortifiés jusqu'alors. Après de nombreux débats et avis divers, il fut convenu que nous passerions par Cholula.

Cortés envoya donc des messagers pour demander aux habitants comment il se faisait qu'étant si près de nous ils ne nous eussent pas fait rendre visite et témoigner de leur respect, ainsi qu'ils auraient dû s'y croire obligés envers nous, les envoyés d'un grand seigneur et Roi qui étions venus avec la mission de les sauver. Il ajoutait qu'il les priait d'envoyer les caciques et les papes de cette ville pour nous visiter et jurer obéissance à notre seigneur et Roi ; faute de quoi, il leur supposerait des intentions mauvaises. On en était là de ces conférences, avec addition de bien d'autres choses qu'il convenait de faire dire dans les circonstances où nous nous trouvions, lorsqu'on vint annoncer à Cortés quatre ambassadeurs du grand Montezuma avec des présents en or ; car, d'après ce que nous avons su, jamais il n'en envoyait sans présents ; il eût considéré comme une offense d'expédier des messagers sans que quelques dons les accompagnassent.

LXXX

Comment le grand Montezuma envoya quatre personnages de grande distinction avec un présent en or et des étoffes. — De ce qu'ils dirent à notre capitaine.

Tandis que Cortés conférait avec nous tous et avec les caciques de Tlascala au sujet de notre départ et sur des questions de guerre, on vint lui dire que quatre ambassadeurs de Montezuma, hauts personnages de distinction, porteurs de présents, venaient d'arriver dans cette ville. Cortés donna l'ordre qu'on les lui amenât. Quand ils furent en sa présence, il lui firent, ainsi qu'à nous tous, de grandes démonstrations respectueuses. Ils offrirent le présent, consistant en bijoux d'or sous des formes variées, d'une valeur d'environ dix mille piastres, accompagnés de dix charges de *mantas* tissues de plumes et brodées de dessins remarquables. Cortés les reçut avec des manières affables. Les ambassadeurs dirent alors à notre général que leur seigneur Montezuma était fort surpris que nous pussions rester si longtemps au milieu de ces pauvres gens, mal policés, qui ne sont même pas bons pour être esclaves, étant à ce point méchants, traîtres et voleurs que si nous cessions d'être sur nos gardes, de jour et de nuit, ils nous assassineraient pour nous piller. Il nous priait d'aller le plus tôt possible à sa capitale, ajoutant qu'il nous y donnerait de ce qu'il possédait, quoiqu'en restant au-dessous de ses désirs et de nos mérites ; que d'ailleurs, rien ne venant que par transports dans la ville, il prendrait des mesures pour nous approvisionner le mieux qu'il lui serait possible.

Montezuma adoptait cette conduite pour nous faire sortir de Tlascala, parce qu'il sut que nous avions fait alliance avec ses habitants, ainsi que je l'ai dit dans le chapitre qui en a traité, et qu'au surplus nous avions scellé notre amitié par le don de leurs filles, que les Tlascaltèques offrirent à Malinche. Montezuma avait compris en effet qu'il ne résulterait aucun bien pour lui de cette alliance. C'est pour cette raison qu'il nous comblait de son or et de ses présents, espérant que nous irions dans ses domaines, ou que du moins nous sortirions de Tlascala. Revenons aux ambassadeurs. Les gens de Tlascala, qui les reconnurent fort bien, dirent à notre capitaine qu'ils étaient seigneurs de villages et possédaient des vassaux, et que Montezuma avait l'habitude de les employer à des négociations de grande importance. Cortés remercia beaucoup les messagers, les comblant de démonstrations amicales. Il leur répondit qu'il irait bientôt rendre visite à leur seigneur Montezuma et les pria de rester quelques jours avec nous. C'est que, dans ce même temps, Cortés avait résolu que deux de nos chefs les plus distingués iraient rendre visite et parler au grand Montezuma pour examiner la capitale de Mexico, ses puissantes défenses et ses forteresses. Pedro de Alvarado et Bernardino Vasquez de Tapia étaient déjà en route avec cette mission et quelques-uns des messagers de Montezuma, qui déjà auparavant étaient nos hôtes, marchaient en leur compagnie, tandis que les quatre qui venaient d'apporter le présent restèrent avec nous comme otages. En ce moment-là, j'étais fort mal de mes blessures ; la fièvre me tenait et j'avais assez à faire de m'occuper à me soigner. Je ne me rappelle donc pas jusqu'où nos messagers allèrent ; mais je sais bien que, en apprenant que Cortés avait ainsi envoyé ces deux caballeros à l'aventure, nous réprouvâmes la mesure prise par lui et l'en dissuadâmes en disant que les envoyer ainsi, seulement pour voir la ville et ses défenses, ce n'était pas une mesure bien sensée ; qu'il serait mieux de les rappeler et qu'ils n'allassent pas plus avant.

Cortés leur écrivit donc de revenir sur-le-champ.

D'ailleurs, Bernardino Vasquez de Tapia avait déjà souffert de la fièvre en route. Au reçu de ces lettres, nos messagers s'empressèrent de regagner Tlascala, tandis que les ambassadeurs qui les accompagnaient furent rendre compte de l'événement à Montezuma. Il leur demanda quels étaient l'aspect du visage et la proportion du corps de ces deux *teules* qui venaient à Mexico, et s'ils étaient capitaines. Il paraît qu'il fut répondu que Pedro de Alvarado avait gentille grâce sur sa figure et dans sa personne ; ils le comparaient au soleil et le disaient capitaine. Au surplus, on rapportait un dessin qui le représentait fort au naturel. Depuis lors, les Mexicains lui appliquèrent le surnom de Tonatio, qui signifie « soleil », « fils du soleil » ; et c'est ainsi qu'on l'appela désormais. Ils dirent aussi que Bernardino Vasquez de Tapia était un homme robuste et bien pris, également capitaine. Montezuma regretta qu'ils fussent revenus sur leurs pas. Ces ambassadeurs du reste les apprécièrent justement tous deux, tant au sujet de leur figure que pour l'aspect de leurs personnes ; car Pedro de Alvarado avait bonne tournure ; il était fort agile ; ses traits, son aspect, son visage, son expression en parlant, tout était plein de grâce et comme accompagné d'un continuel sourire. Bernardino Vasquez de Tapia était un peu gros, mais de belle prestance.

Quand ils furent de retour à notre quartier, nous nous livrâmes ensemble à la joie et nous convînmes que ce que Cortés leur avait ordonné n'était pas chose bien raisonnable.

LXXXI

Comment les gens de Cholula envoyèrent quatre Indiens d'un rang peu distingué pour se disculper de ne pas être venus à Tlascala. — De ce qui arriva à ce sujet.

J'ai dit dans le chapitre qui précède que notre capitaine avait envoyé des messagers à Cholula pour demander qu'on vînt nous voir à Tlascala. Lorsque les caciques de cette ville eurent entendu ce que Cortés leur faisait prescrire, il leur parut qu'il serait bon d'envoyer quatre Indiens de peu d'importance pour les disculper en disant que la maladie les empêchait de venir eux-mêmes. Ces envoyés n'apportaient du reste ni provisions ni quoi que ce fut et ils se contentèrent de donner sèchement cette réponse. Or, quand ils se présentèrent, les caciques de Tlascala se trouvaient avec Cortés. Ils lui dirent que c'était pour le railler, ainsi que nous tous, que les habitants de Cholula envoyaient ces Indiens, pris parmi les gens de basse condition. Cortés résolut alors de les renvoyer avec quatre Indiens de Cempoal pour dire aux Choultèques d'expédier sous trois jours des personnages plus distingués, ce qui leur serait facile puisque la distance n'était que de cinq lieues ; et que s'ils ne venaient pas, il les tiendrait pour rebelles ; que du reste, s'ils obéissaient, il se proposait de leur expliquer des choses utiles au salut de leurs âmes et à la régularité de leur vie. Il ajouta qu'il les voulait pour nos alliés et nos frères, comme l'étaient déjà leurs voisins les habitants de Tlascala, mais que s'ils décidaient autre chose et refusaient notre amitié, nous n'en prendrions nullement sujet pour chercher à leur déplaire et à leur causer de l'ennui. Ayant reçu cette ambassade amicale, ils répondirent qu'ils ne viendraient pas à Tlascala, parce que ses habitants étaient leurs ennemis et qu'on n'ignorait pas le mal qu'ils avaient dit d'eux et de leur seigneur Montezuma ; que, quant à nous, nous pouvions prendre le chemin de la ville, et si, lorsque nous serions sortis des limites de Tlascala, ils ne s'empressaient pas de faire leur devoir à notre égard, nous pourrions justement les qualifier comme nous le leur avions déjà fait dire. Notre capitaine comprit que l'excuse était juste, et nous résolûmes d'aller nous-mêmes à Cholula.

Lorsque les caciques de Tlascala virent que décidément notre voyage se ferait par Cholula, ils dirent à Cortés : « Eh quoi ! c'est ainsi que tu crois aux Mexicains et non à nous qui sommes tes amis ! Nous t'avons déjà dit plusieurs fois que tu dois te tenir en garde contre les gens de Cholula et contre la puissance de Mexico ; pour que tu puisses mieux compter sur notre appui, nous avons apprêté dix mille hommes de guerre pour vous accompagner. » Cortés les en remercia beaucoup, mais il nous consulta sur le point de savoir s'il conviendrait d'aller avec tant de guerriers dans un pays dont nous recherchions l'amitié. Il fut résolu que nous en emmènerions seulement deux mille. C'est ce nombre que Cortés demanda, ajoutant que les autres resteraient chez eux.

LXXXII

Comment nous fûmes à la ville de Cholula, et de la réception
que l'on nous y fit.

Un matin, nous entreprîmes notre marche vers la
ville de Cholula. Nous cheminions dans le plus grand
ordre, parce que, comme j'ai déjà eu occasion de le
dire, partout où nous craignions qu'il pût y avoir des
troubles ou des attaques, nous nous tenions davantage sur nos gardes. Nous passâmes la nuit sur le bord
d'une rivière qui coule à une petite lieue de Cholula et
sur laquelle existe aujourd'hui un pont de pierre. On
nous y construisit des cabanes et des abris. Ce fut là que,
cette nuit même, les caciques de Cholula envoyèrent, en
qualité de messagers, quelques personnages de distinction
pour nous donner la bienvenue sur leur territoire. Ils
apportaient des provisions en poules et en pain de maïs ;
ils nous dirent que, le lendemain matin, tous les caciques
et tous les papes iraient nous recevoir en s'excusant de
ne pas être venus plus tôt. Cortés leur répondit, au
moyen de nos interprètes doña Marina et Aguilar, qu'il
leur était reconnaissant tant pour les provisions qu'ils
avaient apportées que pour le bon vouloir dont ils faisaient preuve. Nous nous reposâmes là cette nuit, sous
la garde de bonnes sentinelles et de nos coureurs. Aussitôt que le jour parut, nous prîmes le chemin de la ville.
Nous poursuivions notre route et étions déjà près du
but lorsque vinrent à notre rencontre les caciques, les
papes et un grand nombre d'autres Indiens. La plupart
étaient revêtus d'un costume en coton imitant les
marlottes moresques, à la manière des Indiens Zapo-

tèques. Ceux qui ont résidé dans cette province savent bien, en effet, que c'est ainsi que l'on s'y habille. Ils nous abordèrent, du reste, de l'air le plus pacifique et avec les meilleurs témoignages de bon vouloir. Les papes avaient des cassolettes avec lesquelles ils encensèrent notre capitaine, ainsi que tous les soldats qui étaient près de lui ; mais lorsque les papes et les personnages distingués aperçurent les Indiens Tlascaltèques qui venaient avec nous, ils prièrent doña Marina de dire à Cortés que ce n'était pas bien de faire entrer ainsi leurs ennemis armés dans la ville. Sur cette observation, Cortés donna l'ordre à nos chefs, aux soldats et aux équipages d'arrêter et, lorsqu'il nous vit immobiles et tous réunis, il nous dit : « Il me semble qu'avant d'entrer à Cholula il nous importe de sonder ces caciques et ces papes pour connaître ce qu'ils désirent, car ils murmurent contre nos amis de Tlascala, et j'avoue que leur plainte n'est pas dénuée de raison. Je veux donc leur expliquer sincèrement les motifs qui nous font passer par leur capitale. Or vous savez bien ce que les Tlascaltèques nous ont dit de leur humeur tracassière ; il sera donc utile, avant tout, qu'ils se prêtent volontairement à jurer obéissance à Sa Majesté. »

Il donna par conséquent l'ordre à doña Marina d'appeler les caciques et les papes, les invitant à venir à l'endroit où il se tenait à cheval au milieu de nous tous. Trois personnages et deux papes se présentèrent et s'exprimèrent comme il suit : « Malinche, pardonnez-nous si nous n'avons pas été vous faire visite à Tlascala et vous y porter des vivres ; ce n'a pas été par mauvaise volonté, mais bien parce que Maceescaci, Xicotenga et tous les Tlascaltèques sont nos ennemis et qu'ils vous ont dit beaucoup de mal de nous et du grand Montezuma notre seigneur ; et ce n'est pas assez pour eux de nous avoir offensés par ce langage, il faut encore qu'ils aient la grande hardiesse de se couvrir de votre protection pour venir armés dans notre ville. Nous demandons donc en grâce qu'on les renvoie en leur pays ou que, du moins, ils restent en rase campagne et n'entrent pas ainsi dans notre capitale. Quant à vous, à la bonne heure, entrez-y dès que bon vous semblera. » Cortés comprit fort bien qu'ils avaient raison. Il s'empressa d'ordonner à Pedro de Alvarado et au mestre de camp Christoval de Oli de prier les Tlascaltèques de s'établir au milieu des champs et de ne pas pénétrer avec nous dans la ville, en exceptant ceux qui traînaient l'artillerie et nos amis de Cempoal ; du reste, disait-il, le motif de cette mesure venait de ce que les caciques et les papes se méfiaient d'eux ; au surplus, lorsqu'il s'agirait de passer de Cholula à Mexico, il les ferait appeler, espérant qu'ils ne garderaient aucun ressentiment de la mesure qu'on prenait aujourd'hui.

En recevant communication de cet ordre, les habitants de Cholula nous parurent plus tranquilles et Cortés crut opportun de leur adresser la parole, en disant que notre Roi et seigneur, dont nous sommes les sujets, commande de puissantes armées et tient sous ses ordres bon nombre de princes et caciques ; qu'il nous envoyait dans ces pays pour les requérir de ne plus adorer les idoles, de ne pas sacrifier des hommes ni manger de leur chair, de ne plus se livrer à toutes sortes d'immoralités et de turpitudes ; que, devant aller à Mexico pour parler à Montezuma, et considérant que le plus court et le meilleur chemin était celui que nous suivions, nous nous étions vus dans la nécessité de passer par leur capitale, où nous attirait en outre le désir de les compter eux-mêmes au nombre de nos frères ; que d'ailleurs, d'autres grands caciques ayant déjà juré obéissance à Sa Majesté, il serait bien qu'ils fissent comme eux. Ils répondirent en s'étonnant qu'à peine entrés dans leur pays déjà nous leur donnions l'ordre d'abandonner leurs *teules*, chose qu'ils ne feraient certainement jamais ; que, quant à jurer obéissance à notre Roi, cela leur agréait et qu'ils en donnaient leur parole. C'est ainsi que les choses se passèrent et ce fut sans l'intervention du notaire. Nous commençâmes à marcher vers la ville. La multitude qui nous voulait voir était si considérable que les rues et les terrasses des maisons en étaient remplies ; ce qui ne doit pas surprendre, puisqu'ils n'avaient jamais vu ni chevaux ni hommes comme nous. On nous fit loger dans de grandes salles où nous nous réunîmes tous, même nos amis de Cempoal, ainsi que les Tlascaltèques qui avaient porté nos équipages. On nous donna à manger, ce jour-là et le suivant, fort bien et en abondance.

LXXXIII

Comme quoi dans la ville de Cholula on avait formé le projet de nous massacrer par ordre de Montezuma, et de ce qui nous arriva à ce sujet.

Notre réception fut solennelle et très certainement faite de bon cœur. Cependant, ainsi que nous le sûmes plus tard, Montezuma avait déjà envoyé des ordres aux ambassadeurs qui étaient avec nous pour qu'ils traitassent avec les habitants de Cholula et qu'on mît à profit une armée de vingt mille hommes qui s'y trouvait réunie, afin que, à peine entrés dans la ville, on nous fît la guerre nuit et jour et qu'on amenât à Mexico, bien attachés, tous ceux d'entre nous que l'on pourrait prendre vivants. Ce prince fit aussi de grandes promesses à ses ambassadeurs et leur envoya beaucoup de bijoux, des étoffes et un tambour en or. On devait assurer aux papes de cette ville qu'il leur serait donné vingt d'entre nous pour être sacrifiés à leurs idoles. Tout était bien concerté : les guerriers envoyés par Montezuma étaient à une demi-lieue de la ville dans des fermes et dans des ravins ; d'autres se trouvaient déjà établis dans les maisons mêmes de la capitale, avec leurs armes bien à point ; des parapets étaient construits sur les terrasses, tandis qu'on avait pratiqué des tranchées et des barricades dans les rues pour que les chevaux n'y pussent pas circuler. Ils avaient même des maisons pleines de longues piques et de colliers en cuir, avec des cordes, qui devaient servir à nous attacher pour nous emmener à Mexico. Mais le bon Dieu fit mieux les choses, et tout se déroula au rebours de leurs projets. Nous n'en parlerons pas pour à présent, afin de dire qu'ils nous logèrent et nous donnèrent parfaitement à manger les premiers jours, comme je l'ai déjà expliqué. Du reste, quoique nous les vissions très tranquilles, nous ne cessions pas de nous tenir sur nos gardes à cause de la bonne habitude que nous en avions contractée. Mais, dès le troisième jour, on ne nous apporta plus de vivres ; les caciques ne paraissaient point et l'on ne voyait pas davantage les papes. Si quelques Indiens nous venaient voir, ils se tenaient à une certaine distance de nous en riant comme pour nous railler.

Notre chef, voyant cette conduite, ordonna à doña Marina et à Aguilar, nos interprètes, de dire aux ambassadeurs du grand Montezuma, qui étaient là, qu'ils ordonnassent aux caciques de nous envoyer des vivres. Malgré tout, on ne nous apportait que de l'eau et du bois ; les vieillards que l'on employait à ce travail nous disaient qu'il n'y avait plus de maïs. Au surplus, ce jour-là même, arrivèrent d'autres messagers de Montezuma, qui se joignirent à ceux qui étaient déjà au milieu de nous. Ils disaient, sans la moindre retenue et sans aucun signe de respect, que leur seigneur les envoyait pour nous avertir de ne pas aller à sa capitale, parce qu'il n'avait pas de vivres à nous donner ; ils ajoutaient qu'ils devaient, sans retard, repartir pour Mexico avec notre réponse. Cortés n'augura rien de bon de ce message. Il employa de douces paroles pour dire aux ambassadeurs qu'il était surpris qu'un grand seigneur tel que Montezuma changeât ainsi de résolutions, et qu'il les priait de ne pas partir encore parce qu'il avait projeté de se mettre en marche dès le lendemain pour rendre visite à Montezuma et se soumettre à ses ordres. Il me semble que notre chef accompagna ces paroles du don de quelques verroteries. Les ambassadeurs, du reste, assurèrent qu'ils attendraient.

Cela fait, Cortés nous réunit pour nous dire : « Je vois du trouble parmi les gens qui nous entourent ; soyons sur le qui-vive ; ils trament certainement quelque méchanceté. » Il fit appeler sur-le-champ le principal cacique, dont je ne me rappelle pas le nom, ou, à son défaut, les personnages qu'il enverrait à sa place. Il répondit qu'il était malade et que ni lui ni les autres ne pouvaient venir. Alors notre chef donna l'ordre de lui amener deux papes d'un grand temple où plusieurs se trouvaient réunis, recommandant de bons procédés à leurs égards. Nous en amenâmes deux, sans les maltraiter. Cortés leur fit donner à chacun un *chalchihui*, pierre précieuse qu'ils ont en grande estime et qui simule nos émeraudes. Il leur dit ensuite, en leur parlant très affectueusement, qu'il voudrait bien savoir pourquoi le cacique, les personnages de distinction et tous les papes paraissaient troublés ; qu'il les avait envoyé chercher et qu'ils s'étaient refusés à venir. Or il paraît qu'un de ces papes était d'une haute catégorie dans son ordre, ayant sous son autorité la plus grande partie des temples de la ville : c'était quelque chose comme un évêque parmi les siens et il inspirait un grand respect à ses ministres. Il dit à Cortés que, pour ce qui était des papes, ils n'avaient nullement peur de nous ; que si le cacique et les autres personnages ne voulaient point venir, il s'emploierait à les aller chercher, crtain que, dès qu'il leur aurait parlé, ils ne décideraient rien autre chose que d'obéir sur-le-champ. Cortés lui répondit que c'était bien et qu'il y allât, tandis que son confrère attendrait là son retour.

Le pape fut donc les appeler et il en résultat qu'ils vinrent immédiatement avec lui au logement de Cortés, qui s'empressa de leur demander, au moyen de nos interprètres, pourquoi ils avaient peur et pour quel motif on ne nous donnait plus à manger ; il dit que s'ils éprouvaient du regret de nous voir dans la ville, ils devaient se tranquilliser par la pensée que nous voulions partir pour Mexico le lendemain de bonne heure, dans le but de rendre visite et de parler au seigneur Montezuma ; qu'on voulût bien réunir des *tamemes* pour porter nos bagages et traîner les bombardes ; et qu'au surplus on ne tardât pas à apporter des vivres. Le cacique était si troublé qu'il ne parvenait pas à prendre la parole : il dit enfin qu'ils allaient réunir des vivres. Mais que leur seigneur Montezuma leur afait fait parvenir l'ordre de n'en plus donner et de ne pas nous laisser aller plus avant.

Les conférences en étaient là lorsque se présentèrent trois Indiens de nos amis de Cempoal. Ils dirent secrètement à Cortés que, tout près de l'endroit où nous étions logés, ils avaient découvert des tranchées pratiquées dans les rues, recouvertes avec du bois et de la terre et tellement arrangées qu'il était impossible de les apercevoir si l'on n'y portait beaucoup d'attention ; que, ayant pris soin d'écarter la terre qui couvrait une de ces tranchées, ils y avaient aperçu des pieux très bien aiguisés pour faire périr les chevaux qui viendraient tomber dessus ; que toutes les terrasses des maisons étaient garnies de pierres et de parapets construits en briques séchées au soleil ; que certainement les habitants s'étaient bien préparés, parce que dans une autre rue on avait vu des palissades faites de gros madriers. En même temps se présentaient aussi huit Indiens Tlascaltèques, de ceux qui étaient restés dans la campagne. Ils dirent à Cortés : « Fais attention, Malinche ; cette ville est fort mal disposée, car nous savons que cette nuit on a sacrifié à l'idole de la guerre sept personnes, dont cinq enfants, pour obtenir la victoire contre vous. Nous avons vu aussi que les habitants font sortir leurs biens avec leurs femmes et leurs enfants. »

Cortés, les ayant entendus, les dépêcha à l'instant pour qu'ils fussent prier leurs capitaines tlascaltèques de se tenir prêts, en cas que nous les fissions appeler. D'autre part, il reprit la conversation avec les papes et personnages de Cholula, les priant de ne pas avoir peur et de ne point se montrer si troublés ; qu'ils se rappelassent l'obéissance qu'ils avaient jurée ; qu'ils eussent soin de n'y pas manquer, de crainte d'en recevoir châtiment ; que déjà il leur avait annoncé son départ pour le lendemain ; qu'il lui fallait deux mille hommes de guerre de cette ville pour marcher avec nous comme les Tlascaltèques, parce qu'ils deviendraient peut-être nécessaires en route. Les Cholultèques répondirent qu'ils donneraient aussi bien les hommes de guerre que ceux destinés aux transports. Ils demandèrent ensuite la permission d'aller à l'instant les préparer.

Ils partirent fort contents, croyant qu'avec les guerriers qu'ils devaient nous donner et les capitaineries de Montezuma qui étaient cachées dans les ravins nous ne pourrions pas échapper et que nous tomberions morts ou prisonniers entre leurs mains, vu surtout l'impossibilité où seraient nos chevaux de courir. Les caciques firent d'ailleurs circuler l'avis, parmi les hommes qui constituaient la garnison, de former comme des ruelles étroites avec des palissades, au moyen desquelles il leur serait facile de nous empêcher de passer. Ils firent savoir que nous devions partir le lendemain ; que l'on se préparât avec soin dans l'espoir que si nous n'étions pas bien sur nos gardes, grâce aux deux mille hommes de guerre qui allaient être fournis, il deviendrait facile aux uns et aux autres de s'emparer de leur proie et de nous garotter ; qu'ils eussent à tenir ces choses pour certaines, parce que leurs idoles de la guerre, auxquelles ils avaient fait des sacrifices, leur promettaient la victoire. Arrêtons-nous là en constatant qu'ils pensaient réellement que les choses se passeraient ainsi et revenons à notre capitaine Cortés, qui voulut savoir toutes les circonstances de la conspiration et ce qui se passait à son sujet.

Il pria donc doña Marina, qui n'était pas timide, d'aller porter d'autres pierreries aux deux papes auxquels il avait parlé d'abord, et de leur adresser des paroles affectueuses pour obtenir qu'ils vinssent avec elle se présenter à Malinche. Doña Marina y fut à l'instant ; elle leur parla de telle manière, comme elle le savait très bien faire d'ailleurs, et elle leur offrit des dons avec tant de grâce qu'ils se résolurent tout de suite à la suivre. Cortés les reçut en les priant de dire la vérité en tout ce qui serait à leur connaissance, leur faisant d'ailleurs observer qu'en leur qualité de principaux ministres des idoles le mensonge leur devait être inconnu ; qu'au surplus ce qu'ils nous découvriraient ne serait jamais divulgué par aucun moyen, puisque nous devions partir le lendemain. Son dernier argument fut qu'il leur donnerait une grande quantité d'étoffes.

Ils répondirent qu'en réalité Montezuma, ayant su que nous devions aller dans sa capitale, s'était mis avec eux en rapports journaliers à ce sujet, mais sans déterminer nettement ce qu'il désirait ; qu'un jour il leur faisait ordonner que si nous venions à Cholula, on nous y rendît tous les honneurs en nous guidant vers Mexico ; qu'un autre jour il leur mandait qu'il ne voulait plus que nous fussions dans sa capitale ; et qu'enfin, tout récemment, ses dieux Tezcatepuca et Huichilobos, en qui il avait la plus grande confiance, lui avaient conseillé de nous faire tous tuer à Cholula ou d'obtenir qu'on nous y garrottât pour nous amener vivants à Mexico. Les prêtres ajoutèrent qu'il avait envoyé la veille vingt mille hommes de guerre dont la moitié se trouvait déjà dans la ville, tandis que les autres se cachaient dans des ravins à peu de distance, qu'on avait déjà à Mexico l'avis de notre départ pour le jour suivant ; on y connaissait aussi les soins qu'on avait pris, à Cholula, d'élever des palissades, non moins que la promesse de nous donner deux mille Indiens. Les prêtres dirent enfin qu'eux-mêmes, d'après les conventions faites, devaient recevoir vingt de nos hommes pour les sacrifier aux idoles de Cholula. En apprenant tous ces projets, Cortés leur fit donner des étoffes très bien travaillées, les priant de ne rien dire, car s'ils divulguaient cette conversation, nous les punirions de mort à notre retour de Mexico ; il dit aussi que nous voulions partir le lendemain de bonne heure ; qu'on fît venir tous les caciques pour qu'il leur parlât, ainsi qu'il leur en avait déjà témoigné le désir.

Cortés passa la nuit à prendre nos avis sur la conduite à suivre, car il n'ignorait pas qu'il avait à ses côtés des hommes solides et de bon conseil. Ainsi qu'il arrive d'ailleurs en pareil cas, les uns disaient qu'il serait convenable de faire un détour en nous en allant par Guaxocingo ; d'autres voulaient qu'on s'efforçât de conserver la paix par tous les moyens et que nous revinssions à Tlascala. Nous fûmes quelques-uns à prétendre que si nous laissions passer ces trames sans châtiment, on en ourdirait de pires en tous lieux où nous irions ; que, puisque nous étions dans cette grande ville où les provisions ne manquaient pas, nous devrions avertir les Tlascaltèques de venir à notre aide et attaquer les traîtres dans leur capitale même, avec l'espoir qu'ils nous redouteraient plus dans leurs maisons qu'en rase campagne. Ce fut enfin à ce plan que tout le monde s'arrêta.

Il fut donc résolu que, puisque Cortés leur avait déjà annoncé notre départ pour le lendemain, nous feindrions de faire nos paquets — qui n'étaient pas lourds — et que, dans l'intérieur même des vastes places entourées de palissades où nous avions établi notre camp, nous tomberions à l'improviste sur les Indiens guerriers, qui l'avaient certes bien mérités. En attendant, Cortés crut devoir recourir à la dissimulation vis-à-vis des ambassadeurs de Montezuma et il leur dit que ces maudits Cholultèques avaient voulu nous rendre victimes de leur trahison en en faisant faussement peser toute la responsabilité sur Montezuma et sur eux-mêmes, à titre d'ambassadeurs ; que nous n'avions nullement cru à l'existence de cet accord ; qu'on les priait de rester dans le logement de Cortés et de ne plus avoir de communications avec les gens de la ville, afin que nous ne pussions concevoir aucun soupçon de leur connivence et qu'ainsi ils fussent aptes à partir avec nous pour Mexico et nous servir de guides.

Ils répondirent que ni eux ni leur seigneur Montezuma ne savaient absolument rien de ce que nous venions de dire. Cela n'empêcha pas que, malgré leurs protestations, nous les fîmes garder à vue pour qu'il ne leur fût point possible de s'échapper sans notre permission, et qu'ainsi Montezuma ne pût apprendre que nous connaissions ses ordres contre nous.

Nous passâmes la nuit sur le qui-vive, bien armés, les chevaux prêts, ayant de bonnes rondes et de bons veilleurs, dans la pensée que toutes les forces des Mexicains et des Cholultèques tomberaient sur nous cette nuit même. Cependant, une vieille Indienne, femme d'un cacique, bien au courant de la trame ourdie contre nous, vint trouver secrètement doña Marina. Sa jeunesse, sa beauté et ses riches parures l'avaient séduite ; l'Indienne lui conseilla de se réfugier dans sa maison si elle tenait à la vie, attendu que très certainement on devait tous nous massacrer cette nuit ou le lendemain ; l'ordre en était donné, disait-elle, par le grand Montezuma lui-même, et il était convenu que les habitants de cette ville se réuniraient aux Mexicains pour qu'aucun de nous n'eût la vie sauve ou pour qu'on nous emmenât garrottés à Mexico. La vieille ajoutait que, sachant tous ces secrets et pressée par un remords à l'endroit de doña Marina, elle venait l'en avertir afin qu'elle prît tout son avoir et se réfugiât chez elle, où elle avait formé le dessein de la marier avec un de ses fils, frère du jeune homme qui l'accompagnait en ce moment. A peine doña Marina, qui était fort rusée, eut-elle entendu ce discours qu'elle s'écria : « O ma mère, combien je vous dois de reconnaissance pour ce que vous me dites là ! Je partirais dès à présent ; mais je n'ai personne qui m'inspire confiance pour porter mes étoffes et mes bijoux, qui sont considérables. Pour Dieu, mère, attendez quelques instants avec votre fils ; nous partirons cette nuit même ; mais vous voyez qu'en cet instant les *teules* veillent et qu'ils pourraient nous apercevoir. »

La vieille ajouta foi à ces paroles et continua à causer avec elle. Marina lui demanda de quelle manière on devait attenter à nos vies, et quand et comment on en avait formé le plan. La vieille dit ni plus ni moins tout ce que les papes avaient déjà avoué. « Mais comment, répartit doña Marina, la chose étant si secrète, avez-vous pu parvenir à la savoir ? » Elle répondit qu'elle avait appris le complot par son mari, capitaine d'un quartier de la ville, qui, en cette qualité, se trouvait actuellement avec les hommes de guerre, donnant des ordres pour qu'ils fissent leur jonction dans les ravins avec les bataillons de Montezuma ; qu'elle croyait du reste la jonction déjà opérée et les hommes attendant notre passage pour tomber sur nous et nous massacrer ; qu'elle avait connaissance de cet accord depuis trois jours, parce qu'un tambour en or avait été envoyé de

Mexico à son mari, en même temps que des étoffes riches et des bijoux pour les capitaineries qui devaient être chargées de nous amener prisonniers à Montezuma. Doña Marina sut très bien dissimuler ses sentiments en entendant ces révélations. « Oh ! dit-elle, combien je me réjouis en apprenant que votre fils, à qui vous destinez ma main, est un des principaux personnages du lieu !... Mais nous avons parlé trop longtemps ; je ne voudrais pas qu'on nous aperçût : aussi vous prierai-je, ma mère, de m'attendre en cet endroit ; je commencerai à y apporter ce que je possède ; comme je ne le pourrais faire en une seule fois, vous vous chargerez de tout surveiller, vous et votre fils, et nous partirons ensuite tous ensemble. » La vieille s'y laissa très bien prendre. En compagnie de son fils, elle s'assit tranquillement et attendit, tandis que Marina se rendait près de Cortés et lui racontait tout ce qui s'était passé avec l'Indienne. Notre chef la fit venir à l'instant et s'empressa de l'interroger sur les plans de la conspiration. Elle dit ni plus ni moins ce que les papes avaient déjà révélé. On la garda à vue pour qu'elle ne pût disparaître.

Le jour se leva ; il fut alors fort curieux de voir les éclats de rire, les démonstrations de joie des caciques et des papes, courant parmi les Indiens guerriers. On eût dit qu'ils nous tenaient déjà dans leurs pièges et dans leurs filets. Ils nous amenèrent, du reste, encore de nouveaux Indiens, de ceux que nous leur avions déjà demandés ; ce fut même à ce point qu'ils ne tenaient plus dans notre vaste enceinte, qui était cependant très étendue, ainsi qu'on peut s'en assurer encore, car on l'a conservée telle qu'elle était alors par respect pour la mémoire de cet événement. Les Cholultèques eurent beau choisir la première heure du jour pour s'approcher de nous avec les gens de guerre, nous étions déjà prêts pour exécuter nos résolutions. Nos soldats, pourvus d'épées et de boucliers, se tenaient postés à l'entrée de la grande cour pour ne plus laisser sortir aucun Indien armé. Notre capitaine était à cheval, entouré de plusieurs des nôtres qui formaient sa garde. Quand il vit que les caciques et les papes, ainsi que les gens en armes, se présentaient de si bonne heure, il dit : « Remarquez l'envie que ces traitres ont de nous voir arriver dans les ravins pour se rassasier de nos chairs meurtries ; le bon Dieu fera mieux les choses, je l'espère. » Il demanda où étaient les papes qui avaient découvert la conspiration. On lui répondit qu'ils se trouvaient près de la porte de la cour, priant qu'on les laissât entrer. Cortés donna l'ordre à Aguilar de leur dire qu'ils retournassent en leurs maisons et qu'on n'avait nul besoin d'eux en ce moment. Il se conduisit ainsi en considération du service qu'ils nous avaient rendu, désirant qu'ils ne fussent pas compris dans le massacre sans l'avoir mérité.

Notre chef, à cheval, avec doña Marina à ses côtés, demanda alors aux caciques et aux papes comment il se faisait qu'ils eussent voulu nous massacrer la nuit dernière sans que nous leur eussions causé aucun mal ; que, pour nous attirer ces trahisons, nous n'avions pas fait autre chose que ce qui était notre coutume dans tous les endroits où nous passions : leur recommander de ne plus être de méchantes gens, de ne plus sacrifier des hommes, de ne pas adorer leurs idoles, de ne point manger la chair de leurs semblables, de ne pas avoir de vices honteux et de suivre les pratiques d'une bonne vie. Nous leur avions prêché les vérités relatives à notre sainte foi, sans les opprimer en quoi que ce fût. Pourquoi donc avaient-ils préparé récemment de longs pieux, des colliers en cuir, une grande quantité de cordes, remisés dans un de leurs temples ? Pourquoi, dans ces trois derniers jours, élever des palissades dans les rues, creuser des tranchées et accumuler des provisions de guerre sur les terrasses de leurs maisons ? Pourquoi aussi faire sortir de la ville leurs enfants, leurs femmes et leurs biens ? Cortés ajouta qu'on avait déjà pu voir leurs mauvaises dispositions et leurs intentions traîtresses lorsqu'ils refusaient de nous donner à manger et n'apportaient que de l'eau et du bois, prétendant n'avoir plus de maïs ; il n'ignorait pas du reste qu'il y avait, non loin de là, dans les ravins, plusieurs bataillons de guerriers nous attendant, et prêts à agir en traîtres avec les autres gens de guerre qui s'étaient joints à eux cette nuit même, dans la croyance que nous devions passer par ce chemin pour aller à Mexico ; eux, en retour de notre désir de les avoir pour frères et de leur dire ce qui plaît à notre Dieu et à notre Roi, ils voulaient maintenant nous tuer et manger nos chairs et avaient pris soin d'apprêter les grandes jarres qui devaient nous recevoir, avec l'assaisonnement de sel, d'ail et de tomates dont ils font usage ; au lieu de ces horreurs, ils auraient dû nous attaquer en rase campagne, comme des hommes de valeur et de bons guerriers, ainsi que l'avaient fait leurs voisins les Tlascaltèques. Notre général leur dit aussi qu'il savait à n'en pas douter tous les projets qu'on avait formés dans la ville, la promesse faite à leur dieu de la guerre de lui sacrifier vingt d'entre nous, de même que trois nuits auparavant on lui avait fait le sacrifice de sept Indiens pour en obtenir la victoire contre nos armes ; que ce résultat leur avait été en effet garanti par leur fausse divinité, mais que cette idole n'avait que sa haine et nullement un pouvoir réel contre nos forces ; qu'enfin toutes les trames et les mauvaises actions qu'ils avaient ourdies retomberaient sur eux.

Doña Marina était chargée de leur transmettre ce discours et elle s'en faisait très bien comprendre. Les papes, les caciques et les capitaines répondirent que ce qu'ils venaient d'entendre était la vérité, mais qu'ils n'étaient nullement responsables de ce dont on les accusait, parce que l'ordre leur en avait été donné par les ambassadeurs, d'après les instructions de Montezuma lui-même. Cortés leur dit alors que les lois de notre pays exigeaient que de pareilles trahisons ne restassent pas sans châtiment et que le crime qu'ils avaient commis méritait la mort. A peine avait-il prononcé ces paroles qu'il donna l'ordre de tirer un coup d'escopette. C'était le signal convenu. On tomba donc sur eux et on leur donna une leçon qui ne pourra jamais s'oublier dans le pays, car on en tua un grand nombre, et d'autres furent brûlés vivants, sans que les promesses de leurs faux dieux pussent leur être d'aucun secours. Nos amis les Tlascaltèques, que nous avions laissés dans la campagne, ne tardèrent pas plus de deux heures à venir. Ils combattirent vaillamment dans les rues occupées par d'autres capitaineries ennemies qui devaient nous en interdire l'accès. Nos alliés, après les avoir mises en déroute, parcoururent la ville en pillant et en faisant des prisonniers, sans qu'il nous fût possible d'y mettre obstacle. Les jours suivants arrivèrent des villages de la province de Tlascala d'autres bataillons qui, ayant eu déjà des démêlés avec Cholula, firent le plus de mal possible à cette ville. Témoins de ces horreurs, Cortés, nos capitaines et nous tous, nous prîmes des Cholultèques en pitié et nous empêchâmes les Tlascaltèques de continuer à les maltraiter. Notre chef donna l'ordre à Pedro de Alvarado et à Christoval de Oli de lui amener tous les capitaines de Tlascala pour qu'il leur parlât. Ils ne tardèrent pas à venir. On leur enjoignit de rallier tout le monde et de se retirer dans la campagne, chose qu'ils exécutèrent sans retard ; de manière qu'il ne resta avec nous que les Cempoaltèques.

En ce moment se présentèrent à nous certains caciques et papes cholultèques qui habitaient des faubourgs où l'on n'avait pas prêté la main à la trahison, où du moins ils le prétendirent ; on le put croire du reste, car, la ville étant très étendue, ils appartenaient à un quartier qui faisait pour ainsi dire bande à part. Ils prièrent Cortés et nous tous de mettre fin à la colère que nous avait causée la conjuration, attendu que les traîtres avaient payé leur crime de la vie. Les papes nos amis — ceux qui nous avaient découvert le secret des conspirateurs —, ainsi que la vieille Indienne, femme d'un capitaine, qui avait prétendu à être la belle-mère de doña Marina, se présentèrent à leur tour, et tous ensemble demandèrent à Cortés l'oubli et le pardon. Notre chef, en les entendant, se montra très irrité. Il envoya quérir les ambassadeurs de Montezuma qui étaient enfermés dans nos logements ; il leur dit que la ville avait mérité la destruction et la mort de ses habitants ; mais, considérant qu'ils étaient les sujets de Montezuma, à qui nous avions voué le plus grand respect, il pardonnait à tout le monde, dans l'espérance qu'ils seraient meilleurs à l'avenir ; au surplus, ajouta-t-il, s'il leur arrivait de se conduire comme ils venaient de faire, ils seraient tous massacrés. Il manda ensuite les caciques de Tlascala cantonnés dans la campagne pour leur donner l'ordre de mettre en liberté les hommes et les femmes qu'ils retenaient captifs, leur disant que les maux qu'ils avaient causés devaient suffire. Quoi qu'il en soit, cette restitution n'était pas de leur goût : ils prétendaient que leurs voisins méritaient pis encore, à cause des trahisons dont ils s'étaient toujours rendus coupables à leur égard. Cependant, par respect pour l'ordre de Cortés, ils rendirent beaucoup de monde ; mais, malgré tout, ils restèrent fort riches en or, en étoffes, en coton, en sel et en esclaves.

Cortés sur retirer des événements un résultat heureux, car il obligea les Tlascaltèques à devenir les alliés de Cholula. Je crois même, d'après ce que j'ai vu et su par la suite, que jamais cette alliance n'a été rompue depuis lors. Au surplus, il donna l'ordre aux papes et aux caciques de repeupler la ville et d'ouvrir de nouveau les marchés, assurant qu'on ne devait avoir aucune crainte et qu'il ne ferait de mal à personne. Ils répondirent que dans le délai de cinq jours ils ramèneraient dans la ville les habitants qui, pour la plupart, s'étaient enfuis dans les bois de la montagne et ils témoignèrent leur embarras au sujet de la nomination d'un nouveau cacique, attendu que celui qui l'était auparavant avait été compris dans le massacre de la place ; mais notre chef demanda à qui l'emploi devait revenir de droit. On l'informa que c'était à un frère du défunt. C'est précisément celui-là que Cortés désigna pour gouverneur, jusqu'à ce qu'il en fût autrement ordonné.

Lorsque nous vîmes que la ville était repeuplée et la sécurité revenue dans tous les marchés, Cortés convoqua une réunion de tous les papes, de tous les capitaines et des principaux personnages de la ville. Là, on leur expliqua avec clarté les vérités relatives à notre sainte foi, et comme quoi ils devaient abandonner leurs idoles, ne plus sacrifier, ne pas manger de la chair humaine, ne point se voler les uns les autres et mettre fin aux turpitudes qu'ils commettaient entre eux. On les pria de considérer que leurs idoles les trompaient, qu'elles sont pleines de méchanceté et ne disent que des mensonges, la preuve en étant que, cinq jours auparavant, elles leur avaient promis la victoire lorsqu'on leur fit le sacrifice de sept personnes ; que, du reste, tout ce que ces idoles disent aux papes et à eux tous est plein de malice. On les priait en conséquence de les détruire et de les mettre en morceaux sur-le-champ, ajoutant que nous offrions de le faire nous-mêmes dans le cas où ils s'y refuseraient personnellement. Nous les suppliâmes encore de blanchir à la chaux un de leurs oratoires, où nous placerions une croix. Ils exécutèrent sur-le-champ ce qui était relatif à la croix et répondirent qu'ils s'occuperaient aussi d'enlever leurs idoles. Mais on eut beau le leur rappeler à diverses reprises, ils différaient toujours de le faire. Le père de la Merced dit alors que ce serait une mesure inopportune que de leur enlever leurs idoles avant qu'ils comprissent mieux les choses, et qu'on pût voir ce qui résulterait de notre entrée à Mexico ; que le temps nous indiquerait ce que nous aurions à faire, et que, pour le moment, il fallait se contenter des sermons qu'on leur avait adressés et de l'érection de la sainte croix.

J'abandonnerai ce sujet pour dire que cette ville est située sur une plaine où se trouvaient en même temps beaucoup de villes et villages peu éloignés, comme Tepeaca, Tlascala, Chalco, Tecamachalco, Guaxocingo et bien d'autres, si nombreux que je ne pourrais les énumérer ici. Le pays produit beaucoup de maïs, de légumes et d'*azi* [1]. On y voit une grande abondance de magueys, qui servent à faire leur vin [2]. On y fabrique de bonne vaisselle rouge, de couleur foncée, et blanche, à dessins très variés, qui se vend à Mexico et dans toutes les provinces environnantes, comme cela se voit, en Castille, pour Talavera et Palencia. La ville comptait alors environ cent tours très élevées formant les temples et les oratoires où se trouvaient les idoles. Le grand temple dépassait même en élévation celui de Mexico,

1. Sorte de piment.
2. Le pulque.

quoique ce dernier fût déjà très haut et très remarquable. On y voyait encore cent préaux disposés pour le service des temples. Nous apprîmes qu'on y adorait une grande idole, dont je ne me rappelle pas le nom, pour laquelle existait une telle dévotion qu'on venait de beaucoup d'endroits lui faire des sacrifices et des neuvaines, y ajoutant l'offrande de différents objets qu'on possédait. Je me représente maintenant le moment où nous entrâmes dans cette ville ; la vue de tant de tours blanchies nous fit l'effet de Valladolid.

Cessons de parler de la cité et de tout ce qui nous y arriva pour porter notre attention sur les bataillons que le grand Montezuma avait envoyés et qui se trouvaient près de la ville dans les ravins, derrière leurs parapets, dans leurs ruelles, disposées pour que les chevaux n'y pussent pas pénétrer. A peine eurent-ils connaissance des événements qu'ils reprirent en toute hâte la route de Mexico, où ils firent à Montezuma le récit de ce qui était arrivé. Hommes et choses marchèrent si rapidement que nous ne tardâmes pas à savoir, par l'entremise de deux personnages qui étaient avec nous et dont le voyage s'était fait rapidement, que, lorsque Montezuma fut instruit de ce qui s'était passé, il en éprouva de l'irritation et une grande douleur. Il fit sacrifier quelques Indiens à Huichilobos, qui était son dieu de la guerre, afin d'en obtenir la révélation de ce qui devait arriver relativement à notre voyage à Mexico et de s'éclairer sur la question de notre entrée dans la ville. Nous sûmes même qu'il s'enferma pendant deux jours dans le temple avec dix des principaux papes pour y faire ses dévotions et ses sacrifices. La réponse de ces idoles, qu'ils honoraient comme leurs dieux, fut qu'on devait envoyer des messagers pour les disculper des événements de Cholula et prendre la résolution pacifique de nous laisser entrer à Mexico, tout en conservant l'espoir que, une fois dans l'intérieur de la ville, il suffirait de nous refuser les vivres et l'eau et de lever quelques-uns des ponts pour assurer notre perte ; que d'ailleurs, si on voulait se résoudre à nous combattre, en une seule journée pas un de nous ne resterait vivant ;

que ce serait alors qu'on pourrait nous sacrifier à Hui-chilobos, auteur de ce conseil, ainsi qu'à Tezcatepuca, le dieu de l'enfer, et se rassasier de nos membres, en réservant les intestins, le tronc et tout le reste pour les serpents et les tigres qu'on entretenait dans des cages de bois, comme j'aurai l'occasion de le dire en son lieu.

Finissons-en avec ce que Montezuma ressentit à cette nouvelle et disons comme quoi les événements de Cholula et le châtiment qui les suivirent furent portés à la connaissance des provinces de la Nouvelle-Espagne. Or, si auparavant nous avions eu la réputation d'hommes valeureux et si l'on nous appelait *teules* à la suite de ce qu'on avait su des guerres de Potonchan, de Tabasco, de Cingapacinga et de Tlascala, à l'avenir on nous respecta comme devins, et l'on disait qu'il était impossible de nous cacher aucune méchanceté ourdie contre nous, que tout arrivait à notre connaissance ; et c'est pour cela qu'ils témoignaient de leur bon vouloir vis-à-vis de nous.

Je crois bien que les curieux lecteurs seront fatigués d'entendre ce récit de Cholula et je voudrais bien moi-même avoir fini de l'écrire ; mais je ne saurais m'empêcher de faire mémoire de certaines cages en gros madriers que nous y trouvâmes. Elles étaient pleines d'Indiens et d'enfants mis à l'engrais pour qu'on se repût de leur chair, après qu'ils auraient été sacrifiés. Nous mîmes ces cages en morceaux et Cortés renvoya les prisonniers aux lieux où ils étaient nés. Il donna l'ordre, accompagné de menaces, aux capitaines et aux papes de ne pas enfermer d'Indiens de la sorte et de ne point manger de chair humaine. Ils s'empressèrent de le promettre ; mais à quoi cela servait-il puisqu'ils ne faisaient jamais ce qu'ils avaient promis ? Nous passerons outre pour dire que telles furent ces grandes cruautés écrites et répétées à satiété par monseigneur l'évêque de Chiapa, Bartolomé de Las Casas, qui affirme que, sans motif aucun et seulement par caprice et pour notre passe-temps, nous avions infligé ce grand châtiment à Cholula.

Je veux rappeler aussi que quelques bons religieux franciscains, les premiers que Sa Majesté envoya dans la Nouvelle-Espagne, furent à Cholula après la prise de Mexico, que je raconterai bientôt. Leur but était d'ouvrir une enquête pour arriver à savoir comment s'était exercée notre vengeance et quel en avait été le vrai motif. Ces recherches se firent au moyen des papes et des anciens de la ville. Or, d'après leurs propres dépositions, les religieux constatèrent que l'événement s'était passé, ni plus ni moins, comme je viens de l'écrire. On en put conclure que si ce châtiment n'avait pas été appliqué, nos vies eussent couru le plus grand danger au milieu de ces bataillons de guerriers mexicains et de naturels de Cholula, qui étaient là réunis à l'abri de leurs palissades et pourvus d'une grande quantité de moyens d'attaque. Si, pour notre malheur, on nous eût massacrés en ce moment, la Nouvelle-Espagne n'aurait pas été si vite conquise. Peut-être une autre flotte ne se serait-elle pas hasardée à venir, ou, fût-elle venue, les difficultés auraient été des plus grandes, parce que les habitants eussent mieux défendus leurs ports, et, pour résultat final, ils seraient restés idolâtres. J'ai entendu dire par un Frère Franciscain, de conduite irréprochable, appelé Fray Torribio Motolinia, que si cette vengeance eût pu s'éviter et que les Cholultèques n'y eussent pas donné lieu par leur conspiration, cela eût mieux valu pour la morale ; mais puisque l'événement avait été inévitable, il fallait le considérer comme louable, en ce sens que les Indiens de toutes les provinces de la Nouvelle-Espagne y purent voir que ces idoles, et n'importe quelles autres, sont trompeuses et de méchante nature. Il en dut résulter qu'en voyant tout se passer au rebours de leurs promesses les Indiens abandonnassent leur dévotion pour ces divinités. La vérité est que désormais on cessa de faire des sacrifices à Cholula et qu'on n'y vint plus en grande foule comme on en avait auparavant l'habitude. Cette fameuse idole ne reçut plus les mêmes soins ; on l'enleva même du principal temple où elle se trouvait. Qu'on la cachât ou qu'on la brisât, le fait est qu'on ne la vit plus et qu'on la remplaça par une autre. [...]

LXXXVIII

De la solennelle réception que le grand Montezuma nous fit, à Cortés et à nous tous, lors de notre entrée dans sa capitale de Mexico.

Le lendemain, nous partîmes d'Iztapalapa accompagnés des grands caciques dont je viens de parler. Nous marchions par la chaussée, qui est d'une largeur de huit pas et tellement en droite ligne sur Mexico qu'on ne la voit dévier nulle part. Malgré sa largeur, elle était absolument couverte de gens qui sortaient de Mexico et d'autres qui y revenaient, dans un continuel mouvement qui avait pour but de voir nos personnes. La foule était telle qu'il nous devenait impossible de garder nos rangs. D'autre part, les tours, les temples, les embarcations de la lagune, tout était plein de monde. Nous n'en devons pas être surpris, puisque jamais les habitants du pays n'avaient vu ni chevaux ni hommes comme nous. Quant à nous, en présence de cet admirable spectacle, nous ne savions que dire, sinon nous demander si tout ce que nous voyions était la réalité. D'une part, en effet, il y avait de grandes villes et sur terre et sur la lagune ; tout était plein d'embarcations ; la chaussée coupée de distance en distance par des tranchées que des ponts recouvraient ; devant nous s'étalait la grande capitale de Mexico... Tandis que, d'autre part, nous, nous n'arrivions pas au nombre de quatre cents cinquante hommes et nous n'avions rien oublié des conversations et des avis de nos alliés de Guaxocingo, de Tlascala et de Talmanalco ; nous avions présents à la mémoire leurs conseils de ne pas entrer à Mexico où l'on devait tous nous massacrer. Que les curieux lecteurs veuillent bien voir si dans ce que j'écris ici il serait possible d'exagérer l'éloge ; y a-t-il jamais eu dans le monde des hommes qui aient fait preuve d'une égale hardiesse ?

Continuons ; avançons sur notre route. Nous atteignîmes un point où s'embranchait une autre petite chaussée qui conduisait à la ville de Cuyoacan, et où l'on voyait plusieurs grandes tours appartenant à des oratoires. De là nous arrivèrent plusieurs personnages et des caciques couverts de riches étoffes, différemment galonnées pour distinguer les catégories de chacun d'eux. La chaussée était remplie de tout ce monde et de ces grands caciques que Montezuma lui-même avait envoyés pour nous recevoir. En arrivant devant Cortés, ils lui donnèrent la bienvenue et, en signe de paix, ils touchèrent la terre avec la main, qu'ils portaient ensuite à leurs lèvres. Après un moment de halte, Cacamatzin, seigneur de Texcuco, les seigneurs d'Iztapalapa, de Tacuba et de Cuyoacan prirent les devants pour aller à la rencontre de Montezuma qui s'avançait dans une riche litière en compagnie d'autres seigneurs et caciques entourés de leurs vassaux. Nous étions tout près de Mexico. Alors, en un point où s'élevaient de petites tourelles, le grand Montezuma sortir de sa litière ; les caciques les plus distingués prirent son bras et le conduisirent sous un dais merveilleusement orné : ses draperies, tissues de plumes vertes, étaient ornementées de dessins en fil d'or ; des plaques d'argent, des perles, des *chalchihuis* rehaussaient luxueusement une large bordure bien digne d'admiration.

Le grand Montezuma s'avançait, superbement vêtu, comme il en avait l'habitude. Ses pieds étaient chaussés de sandales aux semelles d'or et enrichies de pierreries. Les quatre seigneurs qui se tenaient à ses côtés étaient aussi très brillamment vêtus (ils avaient sans doute pris en route les riches vêtements dont ils étaient ornés pour aborder Montezuma et venir avec lui, car nous les avions vus autrement habillés lorsqu'ils marchaient en notre compagnie). Outre ces seigneurs, d'autres grands caciques s'occupaient à porter le dais qui recouvrait leurs têtes, tandis que quelques-uns encore s'avançaient devant Montezuma en balayant le sol sur lequel ses pieds devaient se poser, prenant soin de le couvrir de tapis afin qu'il ne foulât jamais la terre. Aucun de ces grands seigneurs n'osait lever les yeux sur lui ; ils marchaient le regard baissé en affectant le plus profond respect, excepté cependant ses quatre parents et neveux qui se tenaient à ses côtés ou lui donnaient le bras.

Cortés, prévenu que le seigneur Montezuma était proche, descendit de cheval, et quand ils furent en présence, ils se livrèrent l'un envers l'autre à de grandes démonstrations de respect. Montezuma s'empressa de donner à Cortés la bienvenue, et notre chef employa doña Marina pour lui traduire son compliment. Il me semble que Cortés voulut placer Montezuma à sa droite et que celui-ci refusa, offrant à notre chef cette place d'honneur. En cet instant, Cortés prit un collier de pierres marguerites enfilées dans un cordon en fil d'or et parfumé de musc ; il s'empressa de le passer au cou de Montezuma, et il s'apprêtait en même temps à lui donner l'embrassade lorsque les grands seigneurs qui étaient à ses côtés lui retinrent le bras, car ils considèrent cet acte comme un signe de mépris. Cortés alors lui dit, au moyen de doña Marina, que son cœur était au comble de la joie pour avoir vu un si grand prince ; que Montezuma lui faisait beaucoup d'honneur en venant personnellement le recevoir, et qu'il ressentait les sentiments de la plus sincère gratitude pour les faveurs qu'il en recevait sans cesse. Le prince lui répondit par des politesses de circonstance et il ordonna à ses deux neveux, les seigneurs de Texcuco et de Cuyoacan, qui lui donnaient le bras, d'aller avec nous jusqu'à nos logements, tandis que lui, accompagné de ses deux autres parents, Coadlavaca et le seigneur de Tacuba, revenait immédiatement à la ville. Il fut suivi par la grande foule de caciques et de personnages de distinction qui l'avait accompagné. Nous remarquâmes encore à quel point, en le suivant, ils baissaient les yeux vers la terre sans le regarder, s'éloignant le plus possible vers les murs latéraux avec les signes du plus grand respect.

De cette façon, nous pûmes entrer dans les rues de Mexico avec moins d'embarras. Et cependant qui pourrait dire la multitude d'hommes, de femmes, d'enfants qui se tenaient, à notre passage, sur les terrasses des maisons et dans les canots des *acequias* [1] pour nous contempler ? C'était une admirable chose ! Et maintenant que je l'écris, je vois tout passer devant mes yeux comme si c'était un événement d'hier ; je sens en même temps la grande faveur que Notre Seigneur Jésus-Christ nous fit en nous donnant l'habileté et la force nécessaires pour entrer dans une telle ville, et aussi en m'y préservant de tant de périls de mort, comme on va bientôt le voir. Je lui en rends les grâces les plus sincères et, de plus, je le remercie d'avoir assez prolongé ma vie pour que je puisse écrire ces événements, quoique je le fasse d'une façon inférieure à ce que le sujet réclamerait. Mais soyons plus avare de paroles ; les actes rendent suffisamment témoignage de ce que j'avance.

Revenons à notre entrée dans la capitale. On nous conduisit dans de grandes bâtisses où il y avait du logement pour nous tous. Ces maisons avaient appartenu au père du grand Montezuma, nommé Axayaca. Pour le moment, Montezuma y avait établi les oratoires de ses idoles et il y entretenait une chambre très secrète, pleine de joailleries d'or ; c'était le trésor qu'il avait hérité de son père et auquel il ne touchait jamais. On choisit ces maisons pour nous loger parce que, en notre qualité de *teules* (ils nous tenaient pour tels), nous nous trouverions au milieu de leurs idoles, c'est-à-dire des divinités qu'ils y entretenaient. Quoi qu'il en soit, on y avait préparé de grands salons et des boudoirs tapissés de belles étoffes du pays pour notre capitaine ; et, quant à nous, on avait formé des lits au moyen de nattes avec de petits baldaquins au-dessus ; il n'eût pas

1. Canaux creusés artificiellement pour divers usages.

été possible de nous en donner d'autres, quelque grands seigneurs que nous eussions été, parce qu'on n'en fait pas usage dans la contrée. Ces constructions étaient très brillantes, blanchies à la chaux, bien balayées et ornées de rameaux.

Lorsque nous arrivâmes à une grande cour, Montezuma, qui avait été nous y attendre, prit notre général par la main et l'introduisit dans l'appartement qu'il devait occuper ; il était très richement orné, eu égard aux habitudes du pays. Le prince avait fait apporter un magnifique collier en or, d'un travail merveilleux. Il le prit et le passa au cou de notre chef, grand honneur qui excita l'attention de tous les capitaines indiens. Cortés, en le recevant, employa ses interprètes pour témoigner sa gratitude. Montezuma lui dit alors : « Malinche, vous êtes chez vous et dans vos maisons, prenez-y du repos en compagnie de vos frères. » Et il s'éloigna immédiatement pour regagner son palais qui était près de là. Quant à nous, nous partageâmes les logements entre nos compagnies ; notre artillerie fut placée en un lieu convenable ; on convint minutieusement de l'ordre qui devait être gardé et du soin de rester sur le qui-vive, aussi bien les cavaliers que tous les autres soldats. On nous avait préparé un somptueux repas, selon leur usage, et nous le mîmes à profit sans retard. Cette entrée heureuse et hardie dans la capitale de Tenustitlan-Mexico eut lieu le huitième jour du mois de novembre de l'an de Notre Seigneur Jésus-Christ 1519. Grâces soient rendues à Notre Seigneur Jésus-Christ pour toutes choses ! Qu'on me pardonne de ne pas mettre ici d'autres détails qu'il serait bon peut-être d'y placer : pour à présent, je ne saurais mieux dire ; nous en reparlerons en temps opportun.

LXXXIX

Comment le grand Montezuma vint nous visiter dans nos logements avec plusieurs caciques. — De la conversation qu'il eut
avec notre général.

Lorsque nous eûmes terminé notre repas, Montezuma, qui en avait été prévenu et qui avait lui-même
fini de dîner, vint en grande pompe nous rendre visite
dans nos quartiers, accompagné d'une quantité de personnages appartenant à sa parenté.

Cortés, averti de son arrivée, s'empressa de faire la
moitié du chemin de ses appartements pour le recevoir.
Montezuma le prit par la main. On apporta des sièges
à la mode du pays, fort riches et luxueusement orne-
mentés de dorures. Le prince invita notre chef à s'asseoir
et ils s'assirent en même temps chacun de son côté.
Montezuma lui adressa un éloquent discours, disant
qu'il se réjouissait vivement de posséder dans sa maison
et dans son royaume des chevaliers aussi valeureux que
l'étaient le capitaine Cortés et nous tous ; que, deux ans
auparavant, il avait reçu des nouvelles relatives à un
de nos capitaines qui était venu à Champoton ; que
même, un an plus tard, on lui avait parlé d'un autre
qui s'était présenté avec quatre navires ; que son désir
avait été de les voir, et qu'il était heureux maintenant
de nous tenir en sa compagnie pour nous offrir de tout
ce qu'il possédait ; que certainement nous étions ceux-là
mêmes que ses aïeux avaient prédits en disant qu'il
viendrait des hommes d'où le soleil se lève pour régner
sur ces contrées ; que sans aucun doute il s'agissait
bien de nous, puisque nous nous étions si bien battus

avec tant de valeur dans les affaires de Potonchan, de Tabasco et de Tlascala, affaires et batailles dont on lui avait présenté la peinture prise sur le vif des événements.

Cortés lui répondit, par l'entremise de nos interprètes et surtout de doña Marina, qu'il ne savait comment payer, pour lui et pour ses camarades, les grandes faveurs reçues chaque jour ; que certainement nous venions d'où le soleil se lève, étant les vassaux et serviteurs d'un grand seigneur appelé l'Empereur don Carlos, qui compte parmi ses sujets un grand nombre de princes ; que des nouvelles lui étaient venues concernant le monarque qui gouvernait ces pays et lui apprenant combien il était grand prince ; qu'il nous avait donc envoyés pour lui rendre visite et le prier, lui et les siens, de se faire chrétien, ainsi que l'était notre Empereur et que nous l'étions nous-mêmes ; qu'ils sauveraient ainsi leurs âmes par des pratiques dont il lui donnerait plus tard les détails, lui déclarant en même temps comme quoi nous adorons un seul Dieu véritable, et lui expliquant quel est ce Dieu et quelles sont aussi d'autres vérités déjà prêchées à ses envoyés Tendidle, Pitalpitoque et Quintalbor, lorsque nous étions sur la plage de sable.

Le colloque étant fini, le grand Montezuma remit à notre général plusieurs joyaux d'or fort riches et diversement travaillés. Il donna aussi à nos capitaines différents objets en or, avec deux charges d'étoffes ornées de riches dessins en plumes. Il répartit également entre les soldats deux charges d'étoffes pour chacun, avec les manières aimables d'un véritable grand seigneur. Quand il eut achevé ce partage, il demanda à Cortés si nous étions tous frères et sujets de notre grand Empereur ; à quoi notre chef répondit que nous étions frères en effet par les sentiments et par l'amitié, tous gens de distinction et serviteurs de notre grand Roi et Seigneur. Montezuma et Cortés échangèrent encore quelques paroles de bonne politesse ; mais comme cette entrevue était la première, afin de ne pas la rendre fastidieuse on mit fin à tous les discours. Montezuma avait donné des ordres à ses majordomes pour que nous fussions pourvus de tout, conformément à nos usages : de maïs, de pierres et d'Indiennes pour faire le pain, de poules, de fruits et d'herbages en abondance pour nos chevaux. Le monarque prit congé de notre général et de nous tous avec la plus grande courtoisie. Nous l'accompagnâmes jusqu'à la rue, et Cortés nous recommanda d'avoir, pour le moment, à ne pas trop nous éloigner des logements, jusqu'à ce que nous eussions pu mieux nous rendre compte de ce qu'il convenait de faire.

XC

Comme quoi, dès le lendemain, notre général fut rendre visite à Montezuma, et des conversations qu'ils eurent ensemble.

Le jour suivant, Cortés fut d'avis de se rendre au palais de Montezuma. Mais, avant tout, il s'informa de ce qu'il y avait à faire et comment nous devions nous présenter. Il emmena avec lui ses quatre capitaines, Pedro de Alvarado, Juan Velasquez de Leon, Diego de Ordas, Gonzalo de Sandoval, et cinq de nos soldats. Montezuma, l'ayant su, fit la moitié du chemin dans ses appartements pour nous recevoir. Il était accompagné de ses neveux, car aucune autre personne ne pouvait entrer ni communiquer avec lui, sinon pour des affaires d'une haute importance. Après s'être adressé mutuellement des démonstrations de respect, ils se prirent par la main, et Montezuma, faisant franchir son estrade à Cortés, l'invita à s'asseoir à sa droite. Puis il nous fit signe de prendre aussi les sièges qu'il avait fait apporter. Cortés prit la parole au moyen de nos interprètes doña Marina et Aguilar et dit que, puisqu'il avait eu le bonheur de se trouver en présence d'un si grand seigneur et de lui parler, il pouvait enfin rester en repos et nous tous avec lui, attendu qu'il avait atteint le but du voyage et accompli le désir de notre grand Roi et Seigneur ; que ce qu'avant tout nous voulions lui dire de Notre Seigneur Dieu, il l'avait déjà su par les rapports que ses messagers Tendidle, Pitalpitoque et Quintalbor lui firent, à la suite du présent qui figurait la lune en argent et le soleil en or et qui nous fut offert sur les sables de la plage ; il apprit alors comme quoi nous avions dit que nous sommes chrétiens et adorons un seul Dieu véritable, appelé Jésus-Christ, qui souffrit mort et passion pour nous sauver ; et que, quand ces messagers nous avaient demandé pourquoi nous adorions la croix, nous leur avions répondu que c'était en représentation d'une autre semblable, sur laquelle Notre Seigneur fut crucifié pour notre rédemption ; que, cette mort et cette passion, Dieu les voulut pour les faire servir à sauver tout le genre humain, jusqu'alors condamné ; que ce Dieu ressuscita le troisième jour et qu'il est maintenant dans les cieux ; que c'est lui-même qui fit le ciel, la terre, les mers et créa tout ce qui est dans le monde ; que ni les pluies ni la rosée, que rien enfin ne se fait sans l'intervention de sa volonté, que c'est en lui que nous croyons, lui que nous adorons ; que ces choses qu'eux, Indiens, tenaient pour des divinités ne l'étaient nullement, mais bien des démons, c'est-à-dire de mauvaises créatures dont les actes sont encore plus horribles que leurs figures ; qu'ils voulussent bien considérer que ces dieux étaient si mauvais et de si peu de valeur que, partout où nous placions des croix — les messagers l'avaient vu —, ils étaient saisis de frayeur et n'en osaient pas soutenir la présence, ainsi que le temps le ferait encore mieux voir.

Cortès ajouta que ce qu'il demandait en grâce, c'était que le prince daignât écouter encore ses paroles. Et alors il lui dit, en termes très compréhensibles, nos croyances sur la création du monde ; comme quoi nous sommes tous frères, fils du même père et de la même mère appelés Adam et Eve ; et c'est en cette qualité de frères que notre grand Empereur, affligé de la perte de tant d'âmes que leurs idoles emportent en enfer où elles brûlent au milieu de vives flammes, nous a envoyés pour qu'on remédie à ce triste état de choses, qu'on n'adore plus ces idoles et que des Indiens ne leur soient plus sacrifiés ; et, puisque nous sommes tous frères, qu'on n'autorise plus les actes crapuleux et les vols ; que, dans des temps prochains, notre Seigneur et Roi enverra des hommes meilleurs que nous, qui vivent saintement dans nos pays, pour qu'ils leur expliquent ces vérités et les leur fassent comprendre ; que, quant à nous, nous venons seulement en donner la nouvelle. Cortés ajouta enfin qu'il demandait en grâce qu'on accomplît ce qu'il venait de dire. Comme il parut que Montezuma voulait répondre, Cortés cessa de parler, se retournant pour nous dire, à nous qui étions avec lui, que pour une première fois cela devait suffire à l'accomplissement de notre devoir.

Montezuma répondit : « Seigneur Malinche, j'étais au courant de vos conversations et de vos discours antérieurs adressés à mes serviteurs sur la plage de sable, relativement à votre Dieu. Nous ne vous avons rien dit ni sur la croix ni sur ce que vous avez prêché dans tous les villages où vous êtes passés ; nous n'avons fait de réponse à aucune de ces choses parce que, depuis le commencement du monde, nous adorons nos dieux et nous les croyons bons ; les vôtres le sont sans doute aussi, mais ne prenez plus le soin de nous parler d'eux. Pour ce qui est de la création du monde, nous le croyons de même depuis les temps les plus reculés. La foi qui accompagne nos croyances nous fait d'ailleurs accepter comme certain que vous êtes ces mêmes hommes dont nos aïeux ont dit qu'ils viendraient d'où le soleil se lève. Quant à votre grand Roi, je suis son serviteur et je me tiens prêt à lui faire part de ce que je possède. Il y a deux ans, j'ai reçu la nouvelle que d'autres capitaines étaient venus avec des vaisseaux par la route que vous avez suivie, et ils se prétendaient les sujets de ce grand Roi que vous dites. Je voudrais savoir si vous êtes tous les mêmes. »

Cortés lui dit que oui, que nous étions tous les vassaux de notre Empereur ; que nos précédesseurs étaient venus reconnaître les chemins, les mers et les ports pour que nous pussions mieux y venir comme nous avions fait. Montezuma voulait parler de Francisco Hernandez de Cordova et de Juan de Grijalva, au sujet de notre premier voyage. Il ajouta du reste que, dès lors, il eut la pensée de voir quelques-uns de ces hommes qui étaient arrivés pour leur rendre les honneurs et les avoir dans ses royaumes et dans ses villes ; que, puisque ses dieux avaient exaucé ses bons souhaits et que nous étions dans ses palais que nous pouvions regarder comme nôtres, nous ne devions penser qu'au repos et à la jouissance, certains que nous y serions servis à souhait en toutes choses ; que s'il nous avait plusieurs fois envoyé dire de ne pas venir dans sa capitale, telle n'était pas sa volonté, mais ses sujets étaient effrayés de la foudre et des éclairs qu'on disait que nous lancions, non moins que des chevaux avec lesquels, prétendait-on, nous massacrions beaucoup d'Indiens, car on nous prenait pour des dieux, et autres enfantillages semblables. Aujourd'hui, après avoir vu, par nos personnes, que nous étions gens de chair et d'os et de raison élevée, en même temps que des guerriers valeureux, il nous estimait encore plus qu'auparavant et, pour toutes ces raisons, il nous ferait part de ses richesses.

Cortés et nous tous répondîmes que nous étions pleins de reconnaissance pour son bon vouloir. Alors Montezuma se prit à rire, car il était d'humeur très joviale dans son noble parler de grand seigneur. « Malinche, dit-il, je sais bien que les gens de Tlascala, avec lesquels vous vous êtes liés de tant d'amitié, t'ont dit que je suis l'égal d'un dieu, ou *teule,* et que tout ce qu'il y a dans mes palais n'est qu'or, argent et pierres précieuses. J'entends bien qu'en gens d'esprit vous n'en aviez rien cru et que vous preniez cela pour raillerie ; c'était bien justement pensé, seigneur Malinche, puisque vous voyez maintenant que mon corps est de chair et d'os, comme les vôtres, et que mes maisons et mes palais sont en pierre, en chaux et en boiserie. Que je sois un grand roi, oui certainement je le suis ; que j'aie reçu des richesses de mes aïeux, oui j'en ai ; mais il n'y a là rien qui ressemble aux folies et aux mensonges qu'on vous a dits de moi ; prenez-les donc pour moquerie, comme je le fais moi-même au sujet de vos tonnerres et de vos éclairs. » Cortés lui dit, en riant aussi, que c'est la coutume des ennemis de médire et de s'écarter de la vérité au sujet de ceux qu'ils haïssent ; que nous avions bien compris que, dans ces contrées, on ne saurait voir une magnificence égale à la sienne, et que ce n'était pas sans raison qu'il était si renommé auprès de notre Empereur.

On en était là des pourparlers lorsque Montezuma dit à un grand cacique son neveu, là présent avec les autres, qu'il ordonnât à ses majordomes d'apporter certaines pièces d'or qu'on avait sans doute déjà choisies pour Cortés et dix charges de fines étoffes. Il partagea l'or et les étoffes entre notre général et les quatre capitaines. Quant à nous, les soldats, il nous donna à chacun deux colliers en or d'une valeur de dix piastres l'un et deux charges d'étoffes. Tout l'or qu'il répartit en ce moment valait bien environ mille piastres ; il le donnait avec le visage joyeux d'un généreux et grand seigneur. Comme il était plus de midi, Cortés, ne voulant pas être importun, dit : « Le seigneur Montezuma continue, selon son habitude, de renchérir sur les faveurs que chaque jour il nous prodigue ; mais il est déjà l'heure du dîner de Votre Majesté. » Montezuma répondit qu'au contraire c'était nous qui lui avions fait honneur en le visitant. C'est ainsi que nous prîmes congé de lui avec de grandes cérémonies. Nous revînmes à nos logements en nous entretenant de ce ton d'homme bien élevé que le prince avait en toutes choses, nous promettant de le combler de nos respects et de ne jamais passer devant lui sans quitter nos bonnets matelassés que nous portions comme armure défensive ; et nous ne manquions pas de le faire.

XCI

Des manières et de la personne de Montezuma, et comme quoi c'était un grand seigneur.

Le grand Montezuma avait environ quarante ans ; il était d'une stature au-dessus de la moyenne, élancé, un peu maigre, avec de l'harmonie dans les formes. Son teint n'était pas très foncé et ne s'éloignait nullement de la couleur habituelle de l'Indien. Il portait les cheveux peu longs, descendant seulement de manière à couvrir les oreilles. Il avait la barbe rare, noire et bien plantée. Son visage était gai et d'un ovale un peu allongé. Son regard avait de la dignité, témoignant d'ordinaire des sentiments de bienveillance et prenant de la gravité lorsque les circonstances l'exigeaient. Il était propre et bien mis ; il se baignait tous les jours une fois, dans l'après-midi. Il avait un grand nombre de concubines, filles de grands seigneurs, et deux caciques de distinction pour femmes légitimes, avec lesquelles il n'avait de communications intimes que par des voies très secrètes, au point que quelques serviteurs seulement le pouvaient savoir. Il n'avait point de vices crapuleux. D'après ses habitudes de toilette, un vêtement dont il avait fait usage un jour n'était repris que quatre jours plus tard. Sa garde se composait d'environ deux cents personnages de distinction qui occupaient de vastes salles à côté de ses salons ; tous n'étaient pas admis à lui parler, mais bien quelques-uns seulement, et quand ils s'approchaient de lui, ils devaient enlever leurs riches habits et se couvrir de vêtements de peu de valeur et d'une grande propreté. Ils entraient nu-pieds, les yeux baissés vers la terre, sans jamais les lever sur son visage ; ils avançaient en faisant trois révérences, disant à chacune d'elles : « Seigneur, mon seigneur, grand seigneur. » Il répondait en peu de mots aux rapports qu'on lui présentait ; et lorsque le visiteur prenait congé, il devait se tenir toujours les yeux baissés, sans lever la tête et sans tourner le dos, jusqu'à ce qu'il fût sorti du salon de réception.

Lorsque d'autres grands seigneurs venaient de provinces éloignées pour des affaires ou des procès, ils étaient obligés, avant d'entrer aux appartements du grand Montezuma, de se déchausser, de se vêtir pauvrement et de ne pas s'introduire en droite ligne dans le palais, mais bien de faire un détour sur les côtés de l'édifice ; y entrer sans façon passait pour inconvenance. Pour son dîner, ses cuisiniers lui servaient, à leur façon, une trentaine de plats ; on les plaçait sur de petits réchauds pour empêcher qu'ils se refroidissent. Mais, d'une manière générale, à propos de son manger, on préparait des vivres pour plus de trois cents couverts, et on peut dire mille, en ajoutant ce qui était destiné à sa garde. Lorsque l'heure du dîner arrivait, Montezuma allait quelquefois voir ses cuisiniers avec ses familiers et ses majordomes ; on lui signalait ce qui était jugé le meilleur, en lui disant quel oiseau ou quelle autre chose en formait la base ; d'habitude, c'était cela même qu'il choisissait pour son repas ; mais il faut avouer qu'il faisait rarement ces sortes de visites préparatoires. J'entendis dire dans des conversations oiseuses que ses cuisiniers avaient l'habitude de lui accommoder des chairs d'enfants de l'âge le plus tendre. Comme d'ailleurs on lui servait des plats si divers, à base si compliquée, nous ne distinguâmes pas si c'était de la chair humaine ou autre chose. Ce qui est certain, c'est qu'on lui donnait chaque jour des poules, des coqs d'Inde, des faisans, des perdrix du pays, des cailles, des canards sauvages et domestiques, du chevreuil, du sanglier, des pigeons, des lièvres, des lapins, une grande variété d'oiseaux, et tant d'autres denrées que produit la contrée que je n'achèverais pas de les énumérer. Cette complication des mets nous empêchait de distinguer s'il en était ainsi ; mais ce que je sais, c'est que, depuis les représentations de notre général au sujet des sacrifices et de l'usage de la chair humaine, Montezuma avait ordonné qu'on ne lui servît plus un pareil manger.

Mais disons comment se pratiquait son service de table. S'il faisait froid, on lui allumait du feu avec de petits morceaux d'une écorce d'arbre qui ne produisait pas de fumée et qui répandait une odeur agréable ; pour que ce foyer ne lui envoyât pas plus de chaleur qu'il ne désirait, on plaçait par devant une sorte d'écran émaillé d'or, représentant comme des images d'idoles. Il s'asseyait sur un siège bas, riche et douillet ; la table était basse aussi et travaillée comme les sièges ; on étendait par dessus des nappes blanches et quelques petites serviettes allongées faites de la même toile. Quatre femmes, fort belles et proprement vêtues, lui apportaient des lavabos profondément creusés, nommés *xicales* en leur langue ; on plaçait au-dessous de grands plateaux pour recevoir l'eau qui tombait. On lui présentait en même temps ses essuie-mains, et tout aussitôt deux autres femmes lui offraient des galettes de pain de maïs. Au moment où il commençait son repas, on mettait devant lui comme une espèce de paravent orné de dorures afin qu'on ne pût le voir manger. Les quatre femmes s'écartaient et, à leur place, quatre grands seigneurs âgés se tenaient debout à côté de Montezuma qui de temps en temps leur adressait la parole, s'informant de différentes choses ; et parfois il daignait faire la faveur, à chacun de ces vieillards, d'un plat de sa table. On disait que ces serviteurs âgés étaient ses proches parents, ses conseillers, et qu'ils jugeaient dans les grands procès. Du reste, c'est debout qu'ils mangeaient le plat que Montezuma leur avait donné, conservant un air respectueux et toujours sans regarder son visage. Le service se faisait avec de la vaisselle rouge et brune de Cholula.

Pendant que Montezuma dînait, on ne devait ni faire du bruit ni parler à haute voix dans les salles de sa garde, qui se trouvait dans les pièces voisines. On lui servait de toutes sortes de fruits du pays, mais il en mangeait fort peu. De temps en temps, on lui apportait des tasses d'or très fin, contenant une boisson fabriquée avec du cacao ; on disait qu'elle avait des vertus aphrodisiaques, mais alors nous ne faisions pas attention à ce détail. Ce que je vis réellement, c'est qu'on servit environ cinquante grands pots d'une boisson faite de cacao avec beaucoup d'écume ; c'est de cela qu'il buvait, et les femmes le lui présentaient avec le plus grand respect. Quelquefois, pendant le dîner, on faisait venir des Indiens bossus, très laids, de petite taille, qui remplissaient leur rôle de bouffons. D'autres Indiens, espèces de truands, étaient chargés de lui dire des paroles plaisantes ; quelques-uns chantaient et dansaient, car Montezuma aimait les plaisirs et les chansons. C'est à ces gens-là qu'il faisait donner les reliefs et des pots de cacao. Ensuite, les mêmes femmes enlevaient les nappes et présentaient de nouveau, avec le plus grand respect, l'eau et les essuie-mains. Montezuma parlait encore un moment, avec les quatre vieillards, de quelques points qui l'intéressaient, puis il leur donnait congé et se livrait un instant au sommeil.

Après le repas du monarque commençait celui des soldats de sa garde et des autres gens à son service. C'était une affaire d'environ mille couverts, servis avec les mets dont j'ai déjà parlé. On y employait plus de deux mille pots de cacao avec son écume, comme on a l'habitude de le faire entre Mexicains. On servait aussi une quantité infinie de fruits. Certainement que, pour ses femmes, ses servantes, ses boulangères, ses échansons, la dépense devait être très considérable.

Mais cessons de nous entretenir de la dépense et des repas de la maison de Montezuma et parlons des majordomes, des trésoriers, des offices, des dépôts de vivres et des employés à la manutention du maïs... Je dis qu'à ce sujet il y aurait tant à écrire, en prenant chaque chose en particulier, que je ne saurais par où commencer, et je dois me borner à affirmer que nous fûmes tous remplis d'admiration en voyant l'abondance et l'ordre qu'il y avait en toutes choses. Mais je m'aperçois que j'ai fait un oubli, et il vaut bien la peine que je revienne un peu en arrière pour le réparer : c'est que, lorsque Montezuma était assis à table pour prendre ses repas, deux femmes fort gracieuses lui servaient des tortillas de maïs dont la pâte était préparée aux œufs, avec addition d'autres produits substantiels. Ces tortillas, d'une grande blancheur, lui étaient apportées dans des assiettes couvertes d'un linge très propre. On lui servait aussi d'autres pains allongés, faits d'une masse combinée avec des substances nutritives. Puis venait encore une sorte de pain, nommé *pachol* en indien, qui est aplati comme des oublies. On présentait encore sur sa table trois cylindres, peints et dorés, remplis de liquidambar mélangé avec une plante nommée *tabaco*. Lorsque, après son dîner, il avait assisté aux chants et à la danse, et que la table était desservie, il avait l'habitude de prendre un de ces cylindres et il en aspirait un instant la fumée, qui l'aidait à s'endormir... Mais laissons ce sujet du service de la table et reprenons notre récit. Je me rappelle qu'un grand cacique était alors le premier majordome. Nous l'avions surnommé Tapia. Il tenait la comptabilité de tous les tributs qu'on payait à Montezuma, se servant de livres faits avec un papier que dans le pays on appelle *amatl* et dont il avait une maison pleine.

Cessons de parler de livres et de comptabilité, puisque cela nous écarte de notre récit, et disons comme quoi Montezuma avait des maisons remplies de toutes sortes d'armes. Quelques-unes étaient richement ornées de pierres précieuses et d'or fin : c'étaient des sortes de rondaches grandes et petites ; des casse-tête, des espadons à deux mains, formés de lames en obsidienne qui coupaient mieux que nos épées ; des lances plus longues que les nôtres, dont le couteau avait bien une brasse, et si résistantes au choc qu'elles ne se brisaient ni ne s'ébréchaient en frappant sur des boucliers ou sur des rondaches. Elles étaient si bien affilées, du reste, qu'elles coupaient comme des rasoirs, au point d'être utilisées pour raser la tête. On y voyait des arcs et des flèches excellents ; des piques, les unes simples, les autres à deux dents, avec la machine qui s'est à les lancer [1] ; beaucoup de frondes, avec leurs pierres arrondies, façonnées à la main. On y remarquait aussi une sorte de bouclier si artistement fait qu'on le peut plier au-dessus de la tête, afin d'en être moins embarrassé alors qu'on n'a pas à se battre, tandis qu'au moment du combat, quand on en a besoin, on le laisse s'ouvrir et on a le corps presque couvert du haut en bas. Il y avait aussi des armures matelassées en coton, très richement ouvragées à l'extérieur avec des plumes de couleurs variées formant comme des devises et des dessins capricieux. Nous y vîmes encore des cabassets, quelques casques en bois et d'autres en os, très bien ornés de plumes. Nous remarquâmes, au surplus, des armes de bien d'autres formes, mais que je ne décrirai pas afin d'éviter de m'étendre davantage. Des ouvriers étaient là, constamment occupés à leur confection et à leur entretien, tandis que des majordomes avaient reçu la mission de surveiller ces dépôts.

Laissons cela et allons au palais des oiseaux. Je m'y attacherai à énumérer leurs espèces et les propriétés de chacune d'elles. Je dirai donc que, depuis les grands aigles royaux, les aigles d'une taille moindre et beaucoup d'autres oiseaux de grandeur considérable jusqu'aux espèces les plus petites, ornées de plumages aux couleurs variées, on voyait tout réuni dans ce palais. On y admirait aussi la fabrique de ces riches étoffes, brodées de plumes vertes, en même temps que les oiseaux qui les fournissent et dont le corps représente à peu près les pies de notre Espagne. On les appelle *quezales* dans ces contrées. Je vis encore d'autres oiseaux, dont j'ignore le nom, qui présentent un plumage de cinq couleurs : vert, rouge, blanc, jaune et bleu. Quant aux perroquets, aux nuances très variées, il y en avait tant que je ne saurais dire comment on les appelle. Et combien l'on voyait de canards aux douces plumes, ainsi que d'autres oiseaux plus gros qui leur ressemblaient ! On avait l'habitude de les plumer en temps opportun et

---

1. Le propulseur.

ils ne tardaient pas à former un nouveau plumage. On élevait toutes ces espèces dans le palais même. A l'époque de la couvaison, des Indiens et des Indiennes étaient occupés à répartir et à surveiller les œufs ; ils soignaient en même temps tous les autres oiseaux, tenant leurs nids en état et leur donnant à manger avec la précaution de choisir l'aliment qui convenait à chaque espèce. Dans ce palais, il y avait aussi un grand étang d'eau douce où l'on voyait une sorte d'oiseau à jambes très allongées, dont le corps, les ailes et la queue étaient de couleur rouge. Je ne sais pas son nom, mais dans l'île de Cuba on appelle *ipiris* une espèce qui lui ressemble. Sur cet étang, il y avait encore d'autres volatiles qui étaient toujours dans l'eau.

Laissons cela et rendons-nous dans un autre édifice où l'on avait installé plusieurs idoles que l'on disait représenter les divinités féroces. Autour d'elles on voyait des animaux d'espèces diverses ; des tigres [1] et deux variétés de lions dont l'une ressemble à nos loups : ce sont les *adives* et les *zorros* (chacals et renards). On y remarquait en même temps un grand nombre d'autres carnassiers plus petits. Tous ces animaux étaient nourris de chairs diverses ; la plupart naissaient dans l'établissement même, où on leur donnait à manger des chevreuils, des poules, des chiens et d'autres produits de vénerie. J'entendis même dire qu'on leur jetait de la chair d'Indien provenant des sacrifices. On a, du reste, lu déjà dans mon récit que, quand on sacrifiait un pauvre Indien, on lui ouvrait la poitrine avec un coutelas d'obsidienne ; le cœur avec le sang qu'il contenait était arraché à l'instant et offert aux idoles en l'honneur desquelles se faisait le sacrifice. Immédiatement après, on coupait les cuisses et les bras, qui étaient mis à profit pour les fêtes et banquets ; tandis que la tête, qu'on tranchait aussi, s'attachait pendant à des poteaux. Le tronc n'était pas mangé d'habitude par les Indiens ; on les donnait aux animaux féroces dont je viens de parler. On entretenait encore dans cette maudite maison grand

---

1. En réalité des jaguars.

nombre de serpents très venimeux, de ceux-là mêmes qui portent comme des grelots à la queue ; c'est la pire espèces que l'on connaisse. On les mettait dans des cuves ou dans de gros cruchons au milieu d'un amas de plumes, qui leur servaient à réchauffer leurs œufs et à élever leurs petits. On leur donnait à manger de la chair d'Indiens et du chien de l'espèce propre au pays. Plus tard, nous sûmes même que, quand on nous chassa de Mexico et qu'on nous tua environ huit cent cinquante de nos soldats, y compris ceux de Narvaez, nos malheureux compatriotes furent jetés en pâture à ces animaux sauvages et à ces serpents, ainsi que je le dirai lorsque le moment sera venu. Ces reptiles et ces bêtes féroces avaient été offerts aux divinités implacables afin qu'elles vécussent en leur compagnie. Disons aussi le tapage infernal que l'on entendait, le rugissement des tigres et des lions, le glapissement des renards et des chacals et le sifflement des serpents.

Nous continuerons nos descriptions pour dire l'adresse des Indiens en toute espèce de métiers usités parmi eux. Nous commencerons par les artistes lapidaires, les orfèvres travaillant l'or et l'argent et les modeleurs en tout genre, que les plus fameux joailliers espagnols tiennent en haute estime ; il y en avait un très grand nombre, d'un mérite très élevé, dans un village situé à une lieue de Mexico et qu'on appelle Escapuzalco. Il existait de grands maîtres dans l'art de tailler les pierres précieuses et les *chalchihuis,* qui ressemblent à nos émeraudes. Parlons aussi des adroits ouvriers qui exécutaient des travaux en plumes ; parlons des peintres et des grands sculpteurs dont les œuvres modernes nous disent assez ce qu'ils furent en d'autres temps. Nous connaissons à Mexico trois Indiens, nommés Marcos de Aquino, Juan de la Cruz et le Crespillo, artistes d'un mérite si élevé comme sculpteurs et peintres que s'ils avaient vécu au temps du célèbre Appelles ou si on les rapprochait de Michel-Ange ou du Berruguete, qui sont nos contemporains, on les inscrirait à côté de ces grands hommes.

Allons plus loin et parlons des Indiennes occupées au tissage et aux broderies, dont la main habile produisait de grandes quantités de fines étoffes ornées de plumes. Ces étoffes venaient journellement de la province et des villages situés vers la partie nord des côtes de la Vera Cruz, appelée Costatlan. Ce pays n'est pas éloigné de Saint-Jean-d'Uloa, où nous avions débarqué quand nous arrivâmes avec Cortés. Dans le palais même de Montezuma, toutes les filles de grands seigneurs qu'il avait pour concubines s'occupaient à tisser des œuvres exquises. D'autres jeunes filles mexicaines, qui vivaient dans la retraite comme nos religieuses cloîtrées, employaient également leur temps à tisser, et toujours avec de la plume. Ces recluses occupaient des maisons rapprochées du grand temple de Huichilobos ; c'est par dévotion pour cette divinité, et aussi pour la déesse que l'on disait être la patronne des mariages, que les parents les soumettaient aux règles de ce couvent dont elles ne sortaient que pour se marier.

Disons encore la grande quantité de danseurs que Montezuma entretenait, ainsi que d'autres qui jonglaient avec un bâton, se servant pour cela de leurs pieds ; quelques-uns de ces danseurs s'élançaient si haut qu'ils paraissaient voler en sautant ; plusieurs, dont l'office était d'égayer le monarque, ressemblaient à nos matassins [1] ; il y avait tout un quartier qui s'adonnait à cette industrie amusante et ne travaillait pas à autre chose. Parlons encore du grand nombre d'artisans que Montezuma occupait : des tailleurs de pierre, des maçons, des charpentiers qui étaient employés constamment aux travaux de ses palais, pour lesquels il avait toujours à sa disposition le nombre d'ouvriers qu'il pouvait désirer.

N'oublions pas de mentionner les jardins fleuristes, les arbres odorants d'espèces très variées, l'ordre avec lequel ils étaient plantés, les sentiers, les bassins, les étangs d'eau douce où l'on voyait l'eau entrer d'un côté et sortir par l'autre bout, les bains qui s'y trouvaient disposés et la multitude de petits oiseaux qui nichaient dans les arbustes. La quantité d'herbes médicinales et

---

1. Bouffons.

utiles que l'on cultivait était vraiment digne d'être admirée.

Le nombre des jardiniers était considérable ; tout était construit en pierre de taille, aussi bien les bains que les allées, les cabinets de toilette, les petits réduits, les pavillons, les endroits destinés au chant et à la danse. Tout était plein d'attrait dans ces jardins, comme dans tout le reste, et nous ne pouvions nous lasser d'en admirer la magnificence. Il est donc certain que Montezuma avait une grande quantité de maîtres en tous les arts et métiers pratiqués dans la contrée.

Mais je commence à me fatiguer d'écrire en cette matière, et sans doute les lecteurs en sont plus las que moi-même : je m'arrêterai donc ici et je dirai que notre général Cortés, accompagné de plusieurs de nos capitaines et soldats, fut voir le Tatelulco, qui est la grande place de Mexico ; comme quoi aussi nous montâmes au grand temple où se trouvaient les idoles Tezcatepuca et Huichilobos. Ce fut la première fois que notre général sortit pour visiter la ville de Mexico.

XCII

Comme quoi notre capitaine sortit pour voir la ville de Mexico, le Tatelulco, qui est sa grande place, et le temple de Huichilobos. — Et de ce qui advint encore.

Il y avait déjà quatre jours que nous étions à Mexico. Ni Cortés ni aucun de nous ne sortait des logements, si ce n'est pour parcourir le palais et les jardins. Cortés nous dit qu'il serait bon d'aller voir la grande place et de visiter le temple de Huichilobos. Il résolut donc de faire dire à Montezuma qu'il voulût bien le trouver bon, et pour ce message il choisit Geronimo de Aguilar et doña Marina, accompagnés du petit page de Cortés, appelé Orteguilla, qui commençait déjà à comprendre la langue. Instruit de notre projet, Montezuma répondit que c'était bien et que nous fissions notre visite. Pourtant, il eut la crainte que nous pussions nous rendre coupables de quelque manque de respect envers les idoles. Il résolut donc d'y aller en personne avec plusieurs de ses familiers. Il sortit de son palais dans une riche litière et fit ainsi la moitié du chemin. Alors il mit pied à terre tout près des premiers oratoires, parce qu'il tenait pour conduite peu respectueuse envers ses idoles d'arriver en grande pompe, et non à pied, au plus grand de leurs temples. Deux personnages lui donnaient le bras. Des seigneurs, ses vassaux, marchaient devant lui, portant élevés deux bâtons, comme des sceptres, ce qui était l'annonce du passage du grand Montezuma. Quand il était en litière, il portait lui-même à la main un petit bâton, moitié or, moitié bois, et il le tenait élevé comme on fait d'une main de justice. C'est donc ainsi qu'il

94

s'approcha du grand temple et qu'il y monta, accompagné de plusieurs papes. Il encensa Huichilobos en arrivant et lui fit diverses autres cérémonies.

Mais laissons là Montezuma, qui a pris les devants, et revenons à Cortés et à nos capitaines et soldats. Comme nous avions adopté la coutume d'être nuit et jour armés, et que Montezuma nous voyait toujours ainsi, même quand nous allions lui faire visite, on ne pouvait maintenant trouver la chose extraordinaire. Je dis cela parce que nous fûmes au Tatelulco bien sur nos gardes, notre général à cheval, ayant à ses côtés la plupart de nos cavaliers et aussi un grand nombre de nos soldats ; plusieurs caciques nous suivaient, ayant reçu de Montezuma l'ordre de nous accompagner. En arrivant à la grande place, comme nous n'avions jamais vu jusque-là pareille chose, nous tombâmes en admiration devant l'immense quantité de monde et de marchandises qui s'y trouvait, non moins qu'à l'aspect de l'ordre et bonne réglementation que l'on y observait en toutes choses. Les personnages qui venaient avec nous nous faisaient tout voir. Chaque espèce de marchandise était à part, dans les locaux qui lui étaient assignés. Commençons par les marchands d'or, d'argent, de pierres précieuses, de plumes, d'étoffes, de broderies et autres produits ; puis les esclaves, hommes et femmes, dont il y avait une telle quantité à vendre qu'on les pouvait comparer à ceux que les Portugais amènent de Guinée. La plupart étaient attachés par le cou à de longues perches formant collier pour qu'ils ne pussent point prendre la fuite ; mais quelques-uns étaient laissés en liberté. D'autres marchands se trouvaient là, vendant des étoffes ordinaires en coton ainsi que divers ouvrages en fil tordu. On y voyait aussi des marchands de cacao. Il y avait donc dans cette place autant d'espèces de marchandises qu'il y en a dans la Nouvelle-Espagne entière, et tout y était disposé dans le plus grand ordre. C'est absolument la même chose que dans mon pays, qui est Medina del Campo, où se tiennent des foires pendant lesquelles chaque marchandise se vend dans la rue qui lui est désignée. Ceux qui vendaient des étoffes de *nequen,* des cordages, des *cotaras* (ce sont des chaussures en usage dans le pays et qui sont faites de *nequen*), les racines de la même plante qui deviennent sucrées par la cuisson et d'autres produits qui en sont extraits, tout cela occupait un local à part dans le marché. Il y avait aussi des peaux de tigre, de lion, de loutre, de chacal, de chevreuil, de blaireau et de chat sauvage ; quelques-unes étaient tannées, tandis que d'autres se vendaient sans préparation.

Dans un autre quartier de la place, on remarquait encore des spécialités différentes. Citons, par exemple, les marchands de haricots, de *chia* [1] et d'autres légumes. Passons aux vendeurs de poules, de coqs d'Inde, de lapins, de lièvres, de chevreuils, de canards, de petits chiens et autres denrées de ce genre, qui occupaient leur local dans le marché. Parlons des fruitières et des femmes qui vendaient des choses cuites, des reliefs, des tripes, etc. ; elles avaient aussi leur place désignée. Il y avait encore le département de la poterie, faite de mille façons, depuis les jarres d'une taille gigantesque jusqu'aux plus petits pots. Nous vîmes aussi des marchands de miel, de sucre candi et autres friandises ressemblant au nougat.

Ailleurs, on vendait des boiseries, des planches, de la vieille literie, des hachoirs, des bancs, le tout à sa place ; voire même les vendeurs de bois à brûler, de bûches de pin et autres objets de même usage. Que voulez-vous que je dise encore ? Permettez qu'en parlant par respect je vous raconte qu'on vendait des canots remplis de déjections humaines. On les tenait un peu écartés dans les estuaires. Ce produit s'employait, disait-on, au tannage des peaux, et l'on prétendait que l'opération réussissait mal sans ce secours. Je sais bien qu'il ne manquera pas de gens pour rire de ce détail ; j'affirme cependant que cela se passait ainsi ; et je dis plus : dans le pays, on avait la coutume d'établir, sur le bord des chemins, des abris en roseau, en paille ou en herbages pour cacher aux regards les gens qui y entraient, pous-

---

1. Petite graine mucilagineuse et rafraîchissante.

sés par un certain besoin naturel, afin que le produit en fût recueilli et ne restât pas sans usage.

Mais pourquoi donc m'essoufflé-je tant pour énumérer ce que l'on vendait sur cette grande place ? Car, enfin, ce serait à n'en plus finir s'il fallait que je racontasse chaque chose dans tous ses détails. Je me vois cependant obligé de mentionner le papier appelé *amatl* dans le pays, ainsi que de petits cylindres odorants pleins de liquidambar et de tabac, non moins que d'autres liniments jaunes qui se vendaient ensemble dans le même local. On voyait aussi beaucoup de cochenille sous les arcades qui entouraient la place. Il y avait également un grand nombre d'herboristes et de marchandises de je ne sais combien de façons. Je vis même des pavillons pour abriter trois juges dans leurs fonctions et des espèces d'alguazils vérificateurs qui surveillaient les objets mis en vente. J'oubliais de mentionner le marché du sel et les fabricants de couteaux d'obsidienne, exposant au public la manière de les extraire de la masse pierreuse. Et encore les gens qui s'occupaient à la pêche, et parmi eux j'en citerai quelques-uns qui vendaient des petits pains fabriqués avec une sorte de limon recueilli sur la lagune. Ce limon se fige et devient apte à être partagé en tablettes, dont le goût rappelle un peu nos fromages. On vendait encore des haches de laiton, c'est-à-dire de cuivre et d'étain. Nous vîmes aussi des tasses et des pots faits avec du bois et ornés de peintures. Je voudrais bien en avoir fini avec tous les objets qui étaient là en vente. En réalité, le nombre en était tel et les qualités si diverses qu'il aurait fallu plus de loisir et de calme pour tout voir et tout étudier. D'ailleurs, cette grande place était pleine de monde et environnée de maisons à arcades, et il était absolument impossible de tout observer en un jour.

Nous nous dirigeâmes donc vers le temple. Nous étions déjà presque arrivés à ses grands préaux lorsque, étant encore sur la place, nous vîmes d'autres marchands qui, nous dit-on, vendaient de l'or en grains comme on le sort des mines. Il était enfermé dans de petits tubes faits avec des plumes d'oies du pays, et assez transparents pour qu'on pût voir l'or à travers les parois. C'était d'après la longueur et l'épaisseur des tubes qu'on faisait les marchés : cela valait tant d'étoffes, tant de milliers de grains de cacao, tel esclave ou n'importe quel autre objet servant à l'échange. Ce fut là, du reste, que nous abandonnâmes la place sans l'examiner davantage. Nous arrivâmes aux vastes clôtures et aux préaux du grand temple, lequel était précédé d'une étendue considérable de cours qui me parurent dépasser les dimensions de la place de Salamanca. Le tout était clos de murs construits à chaux et à sable. Cette cour était pavée de grandes pierres plates, blanches et très lisses ; partout où ces dalles manquaient, le sol, fait en maçonnerie, avait une surface très polie ; tout était du reste propre à ce point qu'on n'y voyait ni pailles ni poussière nulle part. Lorsqu'on nous vit approcher du temple, et avant que nous en eussions franchi aucun degré, Montezuma, qui était au sommet, occupé aux sacrifices, envoya six papes et deux personnages de distinction pour accompagner notre général. Au moment où celui-ci allait commencer à monter les degrés, qui s'élèvent au nombre de cent quatorze, ces personnages allèrent lui prendre le bras pour l'aider à monter, croyant qu'il en éprouverait de la fatigue et voulant faire pour lui ce qu'ils faisaient pour leur seigneur Montezuma ; mais Cortés ne le leur permit point.

Arrivés au haut du temple, nous vîmes une petite plate-forme dont le milieu était occupé par un échafaudage sur lequel s'élevaient de grandes pierres ; c'était sur elles que l'on étendait les pauvres Indiens qui devaient être sacrifiés. Là se voyait une énorme masse représentant une sorte de dragon et d'autres méchantes figures. Autour de cet ensemble, beaucoup de sang avait été répandu ce jour-là même. Aussitôt que nous arrivâmes, Montezuma sortit d'un oratoire où se trouvaient ses maudites idoles, situées au sommet du grand temple ; deux papes l'accompagnaient. Après les démonstrations respectueuses faites à Cortés et à nous, il lui dit : « Vous êtes sans doute fatigué, seigneur Malinche, d'être monté jusqu'au haut de cet édifice. » A quoi Cortés répondit, au moyen de nos interprètes, que ni lui ni aucun de nous ne se fatiguait jamais, quelle qu'en fût la raison. Le prince le prit aussitôt par la main, le priant de regarder sa grande capitale et toutes les autres villes que l'on voyait situées dans les eaux du lac, ainsi que les nombreux villages bâtis tout autour sur la terre ferme. Il ajoutait que si nous n'avions pas vu suffisamment sa grande place, de là nous la pourrions examiner beaucoup mieux. Nous admirâmes en effet toutes ces choses ; car cet énorme et maudit temple était d'une hauteur qui dominait au loin les alentours.

De là, nous vîmes les trois chaussées qui conduisent à Mexico : celle d'Iztapalapa, par où nous étions arrivés quatre jours auparavant ; celle de Tacuba, par laquelle, dans huit mois, nous devions sortir en fuyards après notre grande déroute, lorsque Coadlavaca, le nouveau monarque, nous chasserait de la ville, comme nous le verrons plus loin. On apercevait enfin, d'un autre côté, la chaussée de Tepeaquilla. Nous voyions encore l'eau douce qui venait de Chapultepeque pour l'approvisionnement de la ville. Les trois chaussées nous montraient les ponts établis de distance en distance, sous lesquels l'eau de la lagune entrait et sortait de toutes parts. Sur le lac, on voyait circuler une multitude de canots apportant les uns des provisions de bouche, les autres des marchandises. Nous remarquions que le service des maisons situées dans l'eau et la circulation de l'une à l'autre ne se pouvaient faire qu'au moyen de canots et de ponts-levis en bois. Toutes ces villes étaient remarquables par leur grand nombre d'oratoires et de temples, simulant des tours et des forteresses et reflétant leur admirable blancheur. Toutes les maisons étaient bâties en terrasses et les chaussées elles-mêmes offraient à la vue des tours et des oratoires qui paraissaient construits pour la défense. Après avoir admiré tout ce que nos regards embrassaient, nous baissâmes de nouveau les yeux sur la grande place et sur la multitude de gens qui s'y trouvait, les uns pour vendre et les autres pour acheter ; leurs voix formaient comme une rumeur et un bourdonnement qu'on aurait cru venir de plus d'une lieue de distance. Nous comptions parmi nous des soldats qui avaient parcouru différentes parties du monde : Constantinople, l'Italie, Rome ; ils disaient qu'ils n'avaient vu nulle part une place si bien alignée, si vaste, ordonnée avec tant d'art et couverte de tant de monde.

Laissons cela et revenons à notre général qui dit à fray Bartolomé de Olmedo, là présent : « Il me semble, mon père, qu'il serait bon de sonder un peu Montezuma sur la question de nous laisser bâtir ici une église. » Le père répondit que ce serait fort bien si cela devait réussir, mais qu'il lui paraissait peu convenable d'en parler dans une pareille circonstance, Montezuma ne lui faisant point l'effet d'être en disposition d'y consentir. Cortés dit alors à Montezuma, par l'entremise de doña Marina : « Vous êtes un bien grand seigneur, et je devrais dire plus encore. Nous avons été certainement fort heureux de contempler vos grandes villes ; mais ce qu'en grâce je voudrais vous demander maintenant, puisque nous sommes dans ce temple, ce serait de nous montrer vos dieux, vos *teules*. » Montezuma répondit qu'il avait besoin d'en conférer d'abord avec ses papes. Aussitôt qu'il leur eut parlé, il nous invita à entrer dans une tour et dans une pièce en forme de grande salle où se trouvaient comme deux autels recouverts de riches boiseries. Sur chaque autel s'élevaient deux masses comme de géants avec des corps obèses. Le premier, situé à droite, était, disait-on, Huichilobos, leur dieu de la guerre. Son visage était très large, les yeux énormes et épouvantables ; tout son corps, y compris la tête, était recouvert de pierreries, d'or, de perles grosses et petites adhérant à la divinité au moyen d'une colle faite avec des racines farineuses. Le corps était ceint de grands serpents fabriqués avec de l'or et des pierres précieuses ; d'une main, il tenait un arc et, de l'autre, des flèches. Une seconde petite idole, qui se tenait à côté de la grande divinité en qualité de page, lui portait une lance de peu de longueur et une rondache très riche en or et pierreries. Du cou de Huichilobos pendaient des visages d'Indiens et des cœurs en or, quelques-uns en argent surmontés de pierreries bleues. Non loin se voyaient des cassolettes contenant de l'encens fait avec le copal ; trois cœurs d'Indiens, sacrifiés ce jour-là même, y brûlaient et continuaient avec l'encens le sacrifice qui venait d'avoir lieu. Les murs et le parquet de cet oratoire étaient à ce point baignés par le sang qui s'y figeait qu'il s'en exhalait une odeur repoussante.

Portant nos regards à gauche, nous vîmes une autre grande masse, de la hauteur de Huichilobos ; sa figure ressemblait au museau d'un ours, et ses yeux reluisants étaient faits de miroirs nommés *tezcatl* en langue de ce pays ; son corps était couvert de riches pierreries, de la même manière que Huichilobos, car on les disait frères. On adorait le Texcatepuca comme dieu des enfers. On lui attribuait le soin des âmes des Mexicains. Son corps était ceint par de petits diables qui portaient des queues de serpent. Autour de lui, il y avait aussi sur les murs une telle couche de sang et le sol en était baigné à ce point que les abattoirs de Castille n'exhalent pas une pareille puanteur. On y voyait, du reste, l'offrande de cinq cœurs de victimes sacrifiées ce jour-là même. Au point culminant du temple s'élevait une niche dont la boiserie était très richement sculptée. Là se trouvait une statue représentant un être semi-homme et semi-crocodile, enrichi de pierreries et à moitié recouvert par une mante. On disait que cette idole était le dieu des semailles et des fruits ; la moitié de son corps renfermait toutes les graines qu'il y a dans le pays entier. Je ne me rappelle pas le nom de cette divinité ; ce que je sais, c'est que là aussi tout était souillé de sang, tant les murs que l'autel, et que la puanteur y était telle qu'il nous tardait fort d'aller prendre l'air. Là se trouvait un tambour d'une dimension démesurée ; quand on le battait, il rendait un son lugubre comme ne pouvait manquer de faire un instrument infernal. On l'entendait du reste de deux lieues à la ronde et on le disait tendu de peaux de serpents d'une taille gigantesque.

Sur cette terrasse se voyait encore un nombre infini de choses d'un aspect diabolique : des porte-voix, des trompettes, des coutelas, plusieurs cœurs d'Indiens, que l'on brûlait en encensant les idoles ; le tout recouvert de sang et en si grande quantité que je les voue à la malédiction ! Comme d'ailleurs partout s'exhalait une odeur de charnier, il nous tardait fort de nous éloigner de ces exhalaisons et surtout de cette vue repoussante.

Ce fut alors que notre général, au moyen de notre interprète, dit à Montezuma en souriant : « Monseigneur, je ne comprends pas que, étant un grand prince et un grand sage comme vous l'êtes, vous n'ayez pas entrevu dans vos réflexions que vos idoles ne sont pas des dieux, mais des objets maudits qui se nomment démons. Pour que Votre Majesté le reconnaisse et que tous vos papes en restent convaincus, faites-moi la grâce de trouver bon que j'érige une croix sur le haut de cette tour, et que, dans la partie même de cet oratoire où se trouvent vos Huichilobos et Tezcatepuca, nous construisions un pavillon où s'élèvera l'image de Notre Dame (Montezuma la connaissait déjà) ; et vous verrez la crainte qu'elle inspire à ces idoles, dont vous êtes les dupes. » Montezuma répondit à moitié en colère, tandis que les papes présents faisaient des démonstrations menaçantes : « Seigneur Malinche, si j'avais pu penser que tu dusses proférer des blasphèmes comme tu viens de le faire, je ne t'eusse pas montré mes divinités. Nos dieux, nous les tenons pour bons ; ce sont eux qui nous donnent la santé, les pluies, les bonnes récoltes, les orages, les victoires et tout ce que nous désirons. Nous devons les adorer et leur faire des sacrifices. Ce dont je vous prie, c'est qu'il ne se dise plus un mot qui ne soit en leur honneur. »

Notre général, l'ayant entendu et voyant son émotion, ne crut pas devoir répondre ; mais il lui dit en affectant un air gai : « Il est déjà l'heure que, nous et Votre Majesté, nous partions. » A quoi Montezuma répliqua que c'était vrai, mais que, quant à lui, il avait à prier et à faire certains sacrifices pour l'expiation du péché qu'il venait de commettre en nous donnant accès dans son temple, et qui avait eu pour conséquence notre présentation à ses dieux et le manque de respect dont nous nous étions rendus coupables en blasphémant contre eux ; qu'avant de partir il devait leur adresser des prières et les adorer. Cortés répondit : « Puisqu'il en est ainsi, que votre Seigneurie pardonne » ; et nous nous mîmes aussitôt à descendre les degrés du temple. Or, comme il y en avait cent quatorze et que quelques-uns de nos soldats étaient malades de *bubas* [2] ou de mauvaises humeurs, ils eurent mal aux cuisses en descendant.

Je cesserai de parler de l'oratoire pour dire quelque chose de l'étendue et de la forme du temple. Or, si je ne le représente pas dans mon écrit tel qu'il était au naturel, que l'on n'en soit pas surpris, parce qu'en ce temps-là j'étais dominé par d'autres pensées relatives à notre entreprise, c'est-à-dire aux choses militaires et à ce que mon général me commandait, et nullement à des narrations descriptives. Mais reprenons notre sujet. Il me semble que le périmètre du grand temple occupait environ six grands *solares,* tels qu'on les calcule dans le pays. La construction diminuait dans ses dimensions depuis la base jusqu'au niveau supérieur où s'élevait la petite tour et se trouvaient les idoles. A partir de la moitié de la hauteur jusqu'à la plus grande élévation se comptent cinq étages dont chacun est en retrait sur le précédent, et qui forment comme des barbacanes découvertes et sans parapets. Du reste, on a peint beaucoup de ces temples sur les couvertures dont font usage les conquistadores ; quiconque verrait celle que je possède aurait une idée exacte de la vue extérieure qu'ils présentent.

Mais voici un fait que j'ai vu et dont je suis bien sûr : il a son point de départ dans la tradition se rattachant à l'érection de ce grand temple. Tous les habitants de cette capitale offrirent de l'or, de l'argent, des perles et des pierres précieuses qui furent enfouis dans ses fondations ; on y fit ruisseler aussi le sang d'une multitude d'Indiens prisonniers de guerre, sacrifiés à cette occasion ; on y répandit encore toutes sortes de graines du pays entier, afin que leurs idoles leur donnassent victoires, richesses et grande variété de fruits. Quelques

---

2. Syphilis.

lecteurs des plus curieux demanderont maintenant comment nous pûmes savoir qu'on avait mis dans les fondations de ce temple de l'or, de l'argent, des pierres *chalchihuis,* des graines, et qu'on les avait arrosées du sang des Indiens que l'on sacrifiait, puisque mille ans environ s'étaient écoulés depuis l'édification du monument. A cela je réponds qu'après la prise de cette puissante ville, et lorsqu'on avait déjà fait la répartition de ses *solares,* nous nous proposâmes d'élever une église à notre patron et guide le seigneur Santiago, sur l'emplacement même de ce grand temple. On employa à cette œuvre une bonne partie de l'étendue occupée par l'ancien édifice. Or, comme on creusait les fondations pour mieux assurer ce que l'on allait construire, on trouva beaucoup d'or, d'argent, de *chalchihuis,* de perles et d'autres pierres précieuses. Même chose arriva à un habitant de Mexico auquel était échue en partage une autre portion du sol occupé par le temple. C'est à ce point que les employés du fisc réclamaient la trouvaille pour Sa Majesté, prétendant qu'elle lui revenait de droit. Il y eut un procès et je ne me souviens pas de son résultat ; mais je me rappelle qu'en s'informant auprès des caciques, des principaux personnages de Mexico et de Guatemuz, qui existait encore, on obtint pour réponse que c'était vrai : tous les habitants de Mexico qui vivaient au temps de l'érection du temple avaient jeté dans ses fondations ces bijoux et tout le reste, chose qui était inscrite dans les livres publics et figurée même parmi les peintures représentant des antiquités. Cela étant ainsi, ces trésors furent consacrés à l'œuvre de l'édification de l'église de Santiago.

Laissons cela pour décrire les grands et magnifiques préaux qui précédaient le temple de Huichilobos et où s'élève à présent l'édifice de Santiago, appelé le Tatelulco, parce que c'est ainsi qu'on nommait ce lieu d'habitude. J'ai déjà dit que ces vastes cours étaient closes par un mur de pierre et de ciment et pavées de dalles blanches, le tout très bien peint à la chaux, poli et d'une grande propreté. J'ai ajouté que son étendue égalerait à peu près celle de la place de Salamanca. Là, quelque peu éloignée du grand temple, s'élevait une maison d'idoles, disons plutôt un enfer, car à l'entrée se trouvait une grande gueule, comme celle qu'on dépeint à la porte des enfers, ouverte, montrant ses grosses dents pour avaler les pauvres âmes. On voyait aussi, près de l'entrée de la petite tour, des groupes diaboliques et des corps de serpents, tandis que, non loin de là, se dressait une pierre pour les sacrifices ; tout cela plein de sang et noirci par la fumée. Au-dedans de la tour se trouvaient de grandes marmites, des jarres et des cruchons. C'était là qu'on faisait cuire les chairs des malheureux Indiens sacrifiés pour servir aux repas des papes. Près de la pierre des sacrifices se voyaient plusieurs coutelas et des billots semblables à ceux qui servent à dépecer la viande dans les boucheries. Derrière la tour, et assez loin, s'élevaient des amas de bois à brûler et, à peu de distance, s'étalait un bassin qui se remplissait et se vidait à volonté, s'alimentant, par des canaux couverts, aux conduites d'eau qui venaient de Chapultepeque. J'avais, pour ma part, l'habitude d'appeler cet édifice l'Enfer.

Continuons l'examen de ce préau et voyons un autre pavillon qui servait à l'inhumation des grands seigneurs mexicains. Il y avait toujours des idoles, du sang, de la fumée, et des portes avec leurs figures infernales. Non loin de cet édifice s'en trouvait encore un autre, plein de crânes et de fémurs arrangés avec tant d'ordre qu'on pouvait tous les voir, mais non les compter, à cause de leur grand nombre ; du reste, les crânes étaient d'un côté, et les fémurs, séparés, de l'autre. Il y avait là de nouvelles idoles et dans chaque édifice se trouvaient des papes avec leurs longs manteaux de couleur foncée, surmontés de capuchons comme en ont les dominicains et ressemblant un peu à ceux de nos chanoines ; leur chevelure était longue et en tel état que les cheveux ne pouvaient en être démêlés ; la plupart avaient sacrifié leurs oreilles, et leur tête dégouttait de sang. Allons un peu plus loin : au-delà des édifices où se trouvaient les crânes, il y avait encore d'autres idoles auxquelles on sacrifiait et qui étaient représentées sous de vilaines formes. On les disait préposées au patronage des mariages des hommes. Je ne veux pas m'arrêter davantage à la peinture de tant de divinités. Je me bornerai à dire que, tout autour de ce grand préau, il y avait un nombre considérable de maisons basses ; c'est là que résidaient les papes et les Indiens chargés des idoles. Il y avait encore un bassin beaucoup plus grand, rempli d'eau très claire et destiné au service de Huichilobos et de Tezcatepuca. On l'alimentait aussi par des canaux couverts qui venaient de Chapultepeque. Tout près de ce bassin se voyaient de grandes constructions comparables à nos monastères, où étaient recueillies un grand nombre de filles d'habitants de Mexico, y vivant comme des religieuses cloîtrées jusqu'à ce qu'elles se mariassent. Là se trouvaient aussi deux idoles féminines, patronnes des mariages pour les femmes. On leur faisait des sacrifices et de grandes fêtes pour en obtenir de bons maris.

Je me suis arrêté bien longtemps à décrire ce grand temple du Tatelulco et ses préaux parce que c'était le plus vaste de toute la capitale, où il y en avait bien d'autres somptueusement édifiés, et si nombreux que l'on y comptait un grand oratoire avec ses idoles pour chaque réunion de quatre quartiers. Je n'en pourrais dire le total ; j'affirmerai seulement qu'il était considérable. Je puis ajouter que le temple de Cholula s'élevait à une hauteur plus grande que celui de Mexico, puisqu'on comptait cent vingt-cinq marches à ses escaliers. On assurait du reste que la divinité de Cholula passait pour excellente ; on y allait en pèlerinage de toutes les parties de la Nouvelle-Espagne afin de gagner des indulgences ; c'est pour ce motif que sa demeure fut édifiée avec tant de magnificence, quoique sous une forme différente de l'oratoire de Mexico. Ses préaux étaient également très grands et entourés d'une double muraille. Le temple de la ville de Tezcuco passait pour être très haut, son escalier se composait de cent dix-sept marches, ses cours étaient spacieuses et belles, mais sa forme différait de tous les autres édifices de ce genre. Une particularité qui donnait envie de rire, c'est que, chaque province ayant ses idoles, celles d'un district ou d'une ville ne réussissaient pas toujours en d'autres lieux ; de là la complication infinie de leur nombre. Mais, quelles qu'elles fussent, on sacrifiait à toutes.

Notre capitaine et nous aussi, las de considérer une si grande diversité d'idoles et de sacrifices, revînmes à nos logements, accompagnés des personnages et des caciques dont Montezuma nous faisait honneur.

XCIII

Comme quoi nous bâtîmes une église avec son autel dans nos logements et érigeâmes une croix au dehors. — Comme quoi encore nous découvrîmes la salle et la chambre cachée où se trouvait le trésor du père de Montezuma. — Et comment on convint de faire le monarque prisonnier.

Notre général Cortés et le père de la Merced ayant vu que Montezuma ne témoignait pas beaucoup de bonne volonté pour nous permettre d'élever une croix et de bâtir une église dans le temple même de son Huichilobos, comme d'ailleurs, depuis notre entrée à Mexico, nous nous voyions obligés, pour dire la messe, de faire un autel sur des tables et de le défaire chaque fois, nous tombâmes d'accord pour demander des maçons aux majordomes de Montezuma afin de construire une chapelle dans nos logements mêmes. Les majordomes répondirent qu'ils le feraient savoir au prince. Mais alors Cortés aima mieux le lui envoyer dire lui-même, par doña Marina, Aguilar et le page Orteguilla, qui comprenait déjà la langue. Montezuma s'empressa de donner l'autorisation et de fournir le nécessaire. En trois journées, notre église fut achevée et la croix placée devant nos logements. On y dit la messe chaque jour, jusqu'à ce que le vin manquât. Comme Cortés, d'autres chefs et le frère avaient été malades lors des combats de Tlascala, ils avaient fait un large usage du vin destiné aux messes. Après qu'il fut fini, nous continuions à fréquenter l'église chaque jour, priant agenouillés devant l'autel et devant les images, d'abord parce qu'en bons chrétiens, et afin d'en continuer l'habitude, c'était pour nous une obligation, et ensuite dans le but d'obtenir que Montezuma et ses officiers, en en étant témoins, éprouvassent la tentation de faire de même, surtout lorsqu'ils nous verraient dans notre oratoire, prosternés devant la croix, aux heures de l'angélus.

Or, préoccupés que nous étions par l'idée de choisir le lieu le plus convenable pour y dresser notre autel, comme nous étions d'un caractère à vouloir tout connaître et tout maîtriser, deux de nos soldats, dont l'un était charpentier et se nommait Alonzo Yañez, virent sur un mur certaines marques qui y indiquaient l'existence d'une porte actuellement fermée, très bien blanchie et soigneusement polie. Nous avions d'abord connu le bruit qui courait au sujet de l'existence, dans nos logements, du trésor d'Axayaca, père de Montezuma. Le soupçon nous vint donc qu'il pourrait bien se trouver en cette salle, dont on aurait depuis peu de jours fermé la porte en prenant soin de blanchir par-dessus. Le Yañez en parla à Velasquez de Leon et à Francisco de Lugo, capitaines tous les deux et un peu mes parents. Ce charpentier se trouvait souvent avec eux en qualité de domestique. Les capitaines s'empressèrent de faire part à Cortés de la découverte, ce qui eut pour résultat qu'on ouvrit la porte secrètement et que Cortés, avec quelques-uns des capitaines, entra d'abord dans cette salle. Ils y virent une si grande quantité de bijoux d'or, de feuilles et de disques de métaux précieux, de *chalchihuis* et d'autres objets d'une grande valeur qu'ils en restèrent ébahis, sans savoir que dire ni que penser de cet amas de richesses. Nous ne tardâmes pas à le savoir entre tous les autres capitaines et soldats et nous y entrâmes, à notre tour, dans le plus grand secret. Je vis alors ces merveilles et j'avoue que je fus saisi d'admiration : comme d'ailleurs j'étais jeune alors et que je n'avais pas eu occasion de contempler dans ma vie de semblables trésors, je restai convaincu qu'il ne pouvait y avoir au monde rien de comparable à ce que je voyais. Il fut convenu entre nous tous qu'on ne penserait nullement à porter la main sur aucun de ces objets, mais bien que la porte serait murée avec les mêmes pierres, fermée et cimentée de la façon que nous l'avions déjà vue, et que du reste on garderait le plus grand silence, afin que Montezuma ne sût pas notre découverte, en attendant ce que les circonstances commanderaient.

Laissons là ces richesses pour dire qu'il y avait parmi nous des capitaines et des soldats fort résolus et de bon conseil, et que d'ailleurs, et surtout, Notre Seigneur Jésus-Christ mettait sa divine main en toutes nos affaires, comme nous n'en doutions nullement. Or, quatre capitaines et douze soldats — dont j'étais —, auxquels notre chef témoignait la plus grande confiance et faisait part de ses desseins, s'approchèrent de Cortés pour le prier de considérer dans quel piège nous étions tombés et de quelles forces disposait cette grande ville ; de porter l'attention sur les chaussées et les ponts, non moins que sur les avis qu'on nous avait donnés dans tous les villages où nous passions, nous disant que Huichilobos avait conseillé à Montezuma de nous laisser entrer dans sa capitale afin de nous y massacrer. Nous priâmes encore notre chef de réfléchir à l'inconstance du cœur des hommes, particulièrement chez les Indiens, pour se défier des apparences d'affection et de bon vouloir que Montezuma nous témoignait ; il fallait craindre d'heure en heure, ajoutâmes-nous, un changement dans ses intentions; dès lors que l'envie lui viendrait de nous faire la guerre, il lui suffirait de nous supprimer nos ressources en vivres et en eau, et de lever n'importe lequel de ses ponts, pour qu'il nous fût impossible de rien entreprendre ; il s'agissait de considérer la quantité des guerriers qui formaient sa garde ; que pourrions-nous faire pour les attaquer ou pour nous défendre, puisque toutes leurs maisons étaient construites dans l'eau ? Par où pourrions-nous recevoir du secours de nos amis de Tlascala ? Par où pourraient-ils entrer ? Tout bien considéré, nous n'avions pas d'autre ressource que de nous emparer sans retard de la personne de Montezuma si nous voulions entourer nos existences de quelques garanties ; et même il n'était pas prudent d'attendre un jour de plus pour exécuter ce dessein. Nous dîmes encore à Cortés de considérer que tout l'or que Montezuma nous donnait, tout le trésor d'Axayaca que nous avions vu, tous les vivres que nous consommions, tout cela, au milieu de soucis, se convertissait pour nous en véritable poison ; que nous ne dormions ni jour ni nuit, ni ne pouvions nous livrer un moment au repos en pensant à notre situation ; qu'enfin, s'il y avait parmi nous quelques soldats qui n'éprouvassent pas cette torture, c'étaient sans doute des êtres sans raisonnement, qui s'endormaient dans les douceurs de l'or sans voir la mort qui se montrait à leurs yeux.

Cortés nous répondit : « Ne croyez pas, caballeros, que je dorme tranquille et sans souci ; vous devez bien d'ailleurs vous en être aperçus. Mais quelle est notre force pour avoir l'audace de nous emparer d'un si grand seigneur dans ses palais mêmes, entouré de sa garde et de ses gens de guerre ? A quelle ruse avoir recours pour exécuter ce projet sans qu'il appelle immédiatement ses guerriers et que ceux-ci tombent sur nous ? » Nos capitaines Juan Velasquez de Leon, Diego de Ordas, Gonzalo de Sandoval et Pedro de Alvarado repartirent qu'il fallait avoir recours à des paroles mielleuses pour le faire sortir de ses appartements et l'amener dans nos quartiers, où nous lui dirions qu'il est prisonnier, en ajoutant que s'il se met en colère et s'il crie, il le paiera de sa vie ; que si Cortés ne voulait pas accomplir lui-même ce plan, il en donnât l'autorisation ; qu'ils iraient le prendre, eux, en exécution de nos projets ; que certainement, entre les deux périls qui nous menaçaient, celui qu'il convenait le mieux de braver, c'était de faire Montezuma prisonnier, au lieu d'attendre qu'on nous attaquât, car si l'on se jetait sur notre faible troupe, comment pourrait-elle se défendre ? Certains de nos soldats assurèrent en même temps à notre chef que déjà les majordomes de Montezuma qui étaient chargés de nous approvisionner paraissaient perdre toute retenue et ne s'acquittaient plus de leur office comme dans les premiers jours. Nos amis les Indiens Tlascaltèques avertirent aussi notre interprète Geronimo de Aguilar que les dispositions des Mexicains paraissaient changées depuis deux jours. Comme conséquence de tout cela, nous pas-

sâmes bien une heure à débattre si nous nous emparerions ou non de la personne de Montezuma, et à délibérer sur les moyens d'y réussir. Quant à notre général, il parut se rattacher à cet avis, qu'il convenait de
retarder la chose jusqu'au jour suivant, mais qu'alors il
fallait s'assurer de la personne du monarque. De sorte
que nous passâmes tout la nuit avec le père de la
Merced, priant le bon Dieu de guider nos mains pour le
mieux de son saint service.

Le lendemain de ces conférences se présentèrent très
secrètement deux Indiens de Tlascala, avec une lettre de
la Villa Rica, annonçant que Juan de Escalante, que
nous y avions laissé en qualité d'alguazil mayor, venait
de périr avec six autres soldats dans un combat que lui
avaient livré les Mexicains. On lui avait tué également
son cheval et plusieurs de nos alliés totonaques qui l'accompagnaient dans sa sortie. La lettre ajoutait que Cempoal et tous les villages de la sierra étaient changés à
notre égard, refusant de donner des vivres et de concou-
rir au service de la forteresse ; aussi ne savait-on plus
que faire. « Au surplus, disait encore la lettre, comme
auparavant on nous prenait pour des dieux, tandis qu'à
présent on voit la déroute dont nous avons été victimes,
on se montre fier à notre égard, les Totonaques aussi
bien que les Mexicains ; il s'en suit qu'on nous regarde
comme rien qui vaille, et il résulte de la situation que
nous ne savons plus comment y porter remède. »

Dieu sait le chagrin que nous causa l'arrivée de ces
nouvelles. C'était la première défaite que nous éprou-
vions depuis notre entrée dans la Nouvelle-Espagne.
Que les curieux lecteurs veuillent bien considérer à quel
point la fortune est changeante ! Nous être vus entrer
triomphants dans la capitale au milieu d'une réception
solennelle, nager dans la richesse grâce aux grands présents que Montezuma nous faisait chaque jour, avoir
entrevu la salle pleine d'or dont j'ai parlé, avoir été tenus
pour *teules,* c'est-à-dire pour des êtres égaux à des divinités, avoir vaincu jusque-là dans toutes les batailles...
et maintenant nous voir atteints de ce malheur inat-
tendu d'où devait résulter que notre réputation ne serait

plus respectée parmi nos ennemis, que nous passerions pour des hommes susceptibles d'être vaincus et que les Mexicains commenceraient à perdre envers nous toute retenue !... Enfin, après toutes ces réflexions, il fut convenu que ce même jour, et n'importe de quelle façon, nous nous emparerions de Montezuma ou nous succomberions tous dans l'entreprise.

XCIV

Comment eut lieu la bataille que les chefs mexicains livrèrent à Juan de Escalante, et comment on le tua, le cheval, six autres soldats et plusieurs de nos amis totonaques.

On m'a déjà entendu dire, dans le chapitre qui en a traité, que, à l'époque où nous nous trouvions dans un bourg appelé Quiavistlan, plusieurs villages alliés, qui étaient en même temps amis des habitants de Cempoal, cédèrent aux instances de notre général qui sut se les attirer et leur inspirer la résolution de ne plus payer tribut à Montezuma. La rébellion de trente villages en avait été la conséquence. Ce fut alors qu'on arrêta les percepteurs de Mexico, ainsi que je l'ai dit déjà. Lorsque nous partîmes de Cempoal pour venir à Mexico, Juan de Escalante, homme de valeur et ami de Cortés, resta dans la Villa Rica en qualité de commandant de la place et d'alguazil mayor de la Nouvelle-Espagne. Notre chef lui recommanda de secourir ces villages en tout ce qui pourrait leur devenir nécessaire. Or il paraît que le grand Montezuma entretenait des garnisons avec leurs commandants militaires dans toutes les provinces voisines des frontières. Il y en avait une à Soconusco pour veiller sur Guatemala et Chiapa ; une aussi à Guazacualco ; une autre à Mechoacan, et une encore aux confins du Panuco, entre Tuzpan et une ville de la côte nord que nous avions appelée Almeria. Or c'est précisément cette dernière garnison qui demanda un tribut d'Indiens et d'Indiennes, et des provisions pour ses hommes, à certains villages situés près de là, alliés de Cempoal et dévoués à Juan de Escalante ainsi qu'aux habitants de la Villa Rica, qu'ils aidaient à construire la forteresse. Ces villages, sommés de payer tribut aux Mexicains, répondirent qu'ils n'en feraient rien, parce que Malinche leur avait ordonné de le refuser et que Montezuma y avait consenti. Les capitaines mexicains les avertirent alors que s'ils persistaient dans leur refus, ils iraient détruire leurs villages et les emmener captifs, conformément à l'ordre qu'ils en avaient reçu récemment du seigneur Montezuma lui-même.

Lorsqu'ils entendirent ces menaces, nos amis les Totonaques s'adressèrent au capitaine Juan de Escalante, se plaignant amèrement que les Mexicains pussent venir ainsi les rançonner et ravager leur pays. A cette nouvelle, Escalante envoya des messagers aux Mexicains, leur enjoignant de ne point menacer ni voler ces populations, attendu que Montezuma lui-même en était convenu, et que par conséquent, s'ils persistaient, on serait obligé de marcher contre eux et de leur faire la guerre puisque les gens menacés étaient nos alliés.

Les Mexicains ne firent aucun cas de cette réponse et de ces menaces ; ils dirent même qu'on les trouverait en rase campagne. Il en résulta que Juan de Escalante, homme de vigueur et d'un caractère ardent, envoya dire aux villages amis de la sierra qu'ils eussent à venir avec leur armement qui se composait d'arcs, de flèches, de lances et de rondaches. Il prépara de même les soldats les plus ingambes et les plus valides parmi ceux qui lui étaient restés. (J'ai déjà dit que la plupart des soldats qui demeurèrent en qualité d'habitants de la Villa Rica étaient malades, et tous matelots.) Il pourvut quarante soldats du nécessaire, y compris deux canons, un peu de poudre, trois arbalètes et deux escopettes ; il s'adjoignit deux mille Indiens totonaques et il partit à la rencontre des garnisons de Mexicains, qui déjà avaient marché en avant et étaient en train de piller un village de nos amis les Totonaques. Les forces opposées se trouvèrent en présence au point du jour.

Les Mexicains étaient plus robustes que nos alliés, qui d'ailleurs tremblaient de peur au souvenir des combats d'autrefois. Il s'en suivit que les Totonaques prirent la fuite au premier choc, aussitôt qu'ils sentirent les flèches, les piques et les pierres et qu'ils entendirent les vociférations de l'ennemi. Ils laissèrent Juan de Escalante aux prises avec les Mexicains. Notre capitaine se conduisit, du reste, de telle façon qu'à l'aide de ses pauvres soldats il put arriver à la ville d'Almeria, y mettre le feu et en brûler toutes les maisons. Il s'y reposa un peu, car il était grièvement blessé. Dans le combat, les Mexicains lui enlevèrent vivant un soldat appelé Argüello, natif de Leon, homme à grosse tête, à barbe noire et frisée, épais de corps, jeune et très vigoureux. La blessure d'Escalante était fort mauvaise ; six de ses soldats furent blessés et son cheval y perdit la vie. Il retourna à la Villa Rica, où lui et les six blessés moururent dans les trois jours qui suivirent.

Les capitaines mexicains, après avoir livré bataille à Juan de Escalante, en envoyèrent la nouvelle à Montezuma ; on lui apporta même la tête d'Argüello, qu'on amenait vivant et qui mourut en route de ses blessures. Nous sûmes que, lorsque Montezuma vit cette tête, comme elle était grande, grosse, barbue et frisée, il en éprouva une certaine terreur ; il ne voulut pas la regarder et il ordonna qu'on n'en fît l'offrande à aucun temple de Mexico, mais qu'on l'adressât aux idoles d'autres endroits. Il demanda d'ailleurs comment il se faisait que ses forces, se composant de milliers d'hommes, n'eussent pu vaincre complètement un si petit nombre de *teules*. Les envoyés répondirent que ni leurs piques, ni leurs flèches, ni leur ardeur au combat ne servaient à rien ; qu'il avait été impossible de les faire reculer parce qu'une grande *tequeciguata* de Castille marchait devant eux, que cette grande dame effrayait les Mexicains et disait aux *teules* des paroles qui leur donnaient du courage. Le grand Montezuma se persuada que cette dame était sainte Marie, que nous lui avions présentée comme étant notre protectrice, et dont nous lui avions même donné l'image avec son précieux Fils dans les bras. Ce miracle, je ne l'ai pas vu puisque j'étais a Mexico, mais certains conquistadores qui assistèrent à l'action l'ont rapporté. Plût à Dieu que cela fût vrai !

Certainement, nous tous qui fîmes campagne avec Cortés, nous sommes convaincus et tenons pour certain que la miséricorde divine et Notre Dame la Vierge Marie furent toujours avec nous ; c'est pourquoi je leur rends des grâces infinies.

XCV

De l'emprisonnement de Montezuma et de ce qui fut fait à ce sujet.

    Comme nous avions résolu la veille d'enlever décidément Montezuma, nous passâmes toute la nuit en oraisons avec le père de la Merced, priant Dieu de faire tourner les choses de telle manière qu'elles aboutissent au meilleur avantage de son saint service. A la première heure du jour, on convint du plan qu'on devait suivre. Cortés emmena avec lui cinq capitaines : Pedro de Alvarado, Gonzalo de Sandoval, Juan Velasquez de Leon, Francisco de Lugo et Alonso de Avila, accompagnés de nos interprètes doña Marina et Aguilar. Il ordonna que nous fussions tous préparés le mieux possible, les chevaux sellés et bridés et les armes en état. Il était certainement bien inutile d'insister sur ce dernier point, puisque nous étions armés nuit et jour, ne quittant même jamais nos sandales qui étaient alors notre unique chaussure. C'est au point que, quand nous allions rendre visite à Montezuma, il nous voyait toujours armés de la même manière. Il est bon de le dire ici, attendu que, Cortés ayant résolu que lui et ses cinq capitaines iraient armés de toutes armes pour s'emparer de sa personne, on comprendra que Montezuma ne trouvât rien d'insolite dans cet appareil et n'en conçût aucune inquiétude. Tout étant prêt, notre chef envoya dire au monarque qu'il se proposait d'aller à son palais. Comme il avait la coutume d'agir ainsi, il fit de même encore pour éviter tout étonnement de la part de Montezuma. Or, ce que celui-ci crut comprendre, c'est que Cortés était courroucé à cause de l'événement d'Almeria, et cette pensée ne le mettait pas bien à l'aise. Néanmoins, il fit répondre à notre chef qu'il serait le bienvenu.

Cortés entra au palais. Après avoir adressé au monarque des salutations respectueuses, comme d'habitude, il lui dit au moyen de nos interprètes : « Seigneur Montezuma, je suis grandement étonné qu'étant un prince si valeureux, et après vous être déclaré notre ami, vous ayez donné à vos capitaines qui se trouvaient à la côte, près de Tuzpan, l'ordre de prendre les armes contre les Espagnols, et qu'ils s'en soient autorisés pour piller les villages qui se sont mis sous la protection de notre seigneur et Roi, ainsi que pour exiger les Indiens et les Indiennes qu'on destinait aux sacrifices, d'où il est résulté qu'on a fait périr un Espagnol mon frère et tué son cheval. » Il ne voulut point lui parler du capitaine ni des six soldats qui étaient morts après leur retour à la Villa Rica, attendu que Montezuma ne l'avait point appris et que même les capitaines indiens, auteurs de l'attaque, n'étaient pas encore instruits de ce résultat. Cortés dit en outre à Montezuma : « Je vous croyais notre allié à ce point que j'ai donné ordre depuis longtemps à mes capitaines de vous servir et de vous être soumis en tout ce qui leur serait possible ; mais je vois que vous avez fait le contraire à notre égard. Dans les affaires de Cholula, vos chefs, à la tête d'un grand nombre de guerriers, devaient nous massacrer en obéissant à vos ordres. L'amitié que j'ai pour vous m'a porté à dissimuler mes ressentiments. Mais, en ce moment même, vos sujets et vos officiers semblent perdre envers nous toute retenue et ils disent entre eux que vous devez nous faire périr. Ce ne sont pas encore là des raisons suffisantes pour que je commence l'attaque et que je détruise votre capitale ; j'ai cru qu'il serait mieux que, pour tout prévenir, vous vinssiez immédiatement avec nous dans nos logements, en silence et sans faire aucun esclandre. Vous y serez considéré et servi comme dans votre propre palais. Mais si vous élevez la voix et si vous méditez n'importe quel scandale, vous tomberez mort immédiatement sous les coups de mes officiers, qui ne sont venus ici que pour ce motif. »

Lorsque Montezuma entendit ces paroles, il en fut stupéfait et resta sans mouvement. Il répondit néanmoins que jamais il n'avait ordonné qu'on prît les armes contre nous ; qu'il enverrait chercher sur-le-champ ses officiers, et qu'après s'être assuré de la vérité il leur infligerait un juste châtiment. Et aussitôt, d'un nœud fait à sa large manche, il retira son sceau à l'effigie de Huichilobos, dont il ne se servait qu'à l'occasion des ordres les plus graves et pour en obtenir un prompt accomplissement. Il dit alors à Cortés que, quant à sortir de son palais contre sa volonté et en prisonnier, ce n'était pas à un personnage comme lui qu'on pouvait adrèsser de pareils ordres, et qu'au surplus il ne lui plaisait point de nous suivre. Cortés lui répondit par de bonnes raisons ; mais Montezuma lui en donna de meilleures encore, répétant qu'il ne quitterait pas son palais. Ce débat durait déjà depuis plus d'une demi-heure lorsque Juan Velasquez de Leon et les autres capitaines, voyant qu'on y perdait du temps, tandis qu'il leur tardait d'en finir et de voir le monarque hors de chez lui et entre leurs mains, s'adressèrent à Cortés d'un ton un peu irrité et lui dirent : « Que fait donc Votre Grâce ? A quoi bon tant de paroles ? Enlevons-le ou perçons-le de nos épées. Répétez-lui bien que s'il crie et se démène, on va le tuer ; car enfin, mieux vaut que d'une bonne fois nous assurions nos existences, ou que nous en fassions définitivement le sacrifice ! » Comme d'ailleurs Juan Velasquez parlait d'une voix haute et menaçante, car il en avait un peu l'habitude, Montezuma, voyant l'irritation de nos capitaines, demanda à doña Marina ce qu'ils disaient en élevant ainsi le ton. Doña Marina lui répondit avec sa finesse habituelle : « Seigneur Montezuma, ce que je vous conseille, c'est d'aller immédiatement avec eux à leurs quartiers sans faire aucun bruit ; je sais que vous y serez fort honoré et qu'on vous traitera en grand seigneur que vous êtes ; d'autre façon, vous allez infailliblement tomber mort ici même ; tandis que, dans leur logement, la connaissance de la vérité vous assurerait une meilleure justice. » Montezuma dit alors à Cortés : « Seigneur Malinche, puisque vous insistez, sachez que j'ai un fils et deux filles légitimes ; prenez-les en otages et ne me faites point cet affront. Que diraient mes dignitaires s'ils vous voyaient m'emmener prisonnier ? » Mais le général lui répondit que c'était sa personne et non une autre qui devait venir avec nous.

Après beaucoup d'autres paroles et raisonnements, le monarque dit enfin qu'il partirait de sa propre volonté. A ces mots, nos capitaines s'empressèrent de lui faire mille amitiés, le priant en grâce de ne point se fâcher et de dire à ses officiers et à tous les gens de sa garde qu'il partait volontairement, attendu qu'il résultait de ses consultations avec Huichilobos et ses papes qu'il convenait à sa santé et à la durée de son existence que sa personne fût avec nous. Immédiatement, on fit avancer la riche litière avec laquelle il avait l'habitude de sortir, et il partit entouré de ses capitaines. Il se rendit ainsi à nos quartiers où nous lui composâmes une garde et plaçâmes des sentinelles.

Tout ce que Cortés et nous pouvions inventer pour le mieux servir et le distraire, nous avions soin de le mettre en usage. On se garda bien surtout de le tenir enfermé comme un prisonnier. Les principaux personnages mexicains et ses neveux s'empressèrent de venir lui parler pour lui demander la cause de son arrestation et pour prendre ses ordres sur le fait de nous déclarer immédiatement la guerre. Montezuma leur répondait qu'il avait beaucoup de plaisir à passer quelques jours avec nous, de sa propre volonté et nullement parce qu'on l'y obligeait. Il ajoutait que, quand il désirerait quelque chose, il aurait soin de le dire ; que ni eux ni la capitale ne devaient s'émouvoir pour ce qui arrivait, attendu que Huichilobos approuvait son transport en ce lieu, ainsi que le lui assuraient certains papes qui l'avaient appris à la suite d'entretiens avec cette divinité.

Ce fut ainsi que les choses se passèrent à propos de l'enlèvement du grand Montezuma. On organisa son service dans le quartier même, avec ses femmes et les bains dont il faisait usage. En sa compagnie se trouvaient continuellement vingt grands seigneurs, ainsi que ses conseillers et ses capitaines. Il s'habituait à sa prison et ne s'en montrait point affecté. On venait le voir de pays éloignés pour des procès ; on lui apportait les tributs et il dépêchait des affaires de haute importance. Je me souviens très bien que, lorsque des grands caciques arrivaient de contrées lointaines pour le consulter sur des questions de limites, de graves affaires de villages ou d'autres sujets de ce genre, on avait beau être grand seigneur, celui qui se présentait avait soin d'enlever ses riches vêtements et de se couvrir d'habits de *henequen* de peu de valeur ; il lui fallait aussi ôter ses chaussures ; il prenait même la précaution, en arrivant au quartier, de ne pas y entrer en droite ligne, mais en faisant au préalable un détour. Quand les sollicitants se trouvaient en présence du grand Montezuma, ils se tenaient les yeux baissés, observant l'étiquette qui les obligeait, avant d'arriver à lui, d'exécuter trois révérences en disant : « Seigneur, mon seigneur, grand seigneur. » Après quoi, ils lui présentaient en peinture, sur des étoffes de *henequen,* le procès ou l'affaire qui motivait leur voyage, et, au moyen de petites baguettes très minces et très polies, on lui démontrait le sujet du litige en présence de deux vieillards, grands caciques, debout aux côtés de Montezuma. Lorsque ces vieillards avaient bien compris le procès et expliqué à Montezuma le vrai côté de la justice, le monarque dépêchait les intéressés en peu de paroles, en disant quel était celui qui devait se considérer comme propriétaire des terres ou des villages. Les plaideurs se retiraient sans répliquer et sans tourner le dos, en faisant trois profondes révérences. Ce n'est qu'après être sortis qu'ils reprenaient leurs riches vêtements ; puis ils allaient se promener dans la ville.

Je laisserai pour un moment le sujet de la prison pour dire que l'on amena devant Montezuma les officiers qui avaient causé la mort de nos soldats et qu'on avait été chercher sur un ordre marqué du grand sceau. Je ne sais ce que le prince leur dit, mais il les envoya à Cortés pour qu'il en fît justice. On procéda à leur interrogatoire sans que Montezuma fût présent. Ils confessèrent que le récit que j'ai mentionné plus haut était la vérité, ajoutant que leur seigneur leur avait donné l'ordre de l'attaque des villages et du recouvrement des tributs, en spécifiant que si quelqu'un des nôtres participait à la défense, on le combattît également et qu'on le tuât. Cette confession obtenue, Cortés fit connaître à Montezuma comment l'accusation tournait contre lui ; mais il se disculpa autant qu'il put, ce qui n'empêcha pas que le général lui fît dire qu'il ajoutait entièrement foi à cette accusation et qu'il le jugeait digne de châtiment, conformément à ce que notre Roi commande : que celui qui en fait périr d'autres, avec ou sans motifs, doit mourir à son tour. Mais, ajoutait Cortés, son affection pour le prince était si grande et il lui voulait du bien à ce point que, en admettant qu'il eût commis cette faute, il aimerait mieux la payer lui-même de sa propre vie que de voir Montezuma en subir les conséquences.

Malgré tout ce que notre chef lui faisait dire, le prince n'était pas sans appréhension. Sans s'arrêter d'ailleurs à d'autres formes, Cortés prononça une sentence de mort contre les capitaines coupables, ordonnant qu'ils fussent brûlés vifs devant les palais mêmes de Montezuma. Et cela fut exécuté sans retard. En prévision de quelques troubles pendant qu'on les brûlait, l'ordre fut donné de mettre aux fers le prisonnier, ce qui le fit hurler de désespoir ; et si jusque-là il avait été craintif à notre endroit, il le devint bien davantage désormais. Du reste, l'exécution terminée, Cortés, avec cinq de nos capitaines, s'empressa de se rendre à l'appartement du prince pour lui enlever les fers de sa propre main. Il lui dit alors qu'il le tenait non seulement pour frère, mais pour bien plus encore ; que, quoiqu'il fût déjà roi et seigneur de tant de villages et de provinces, lui Cortés ferait en sorte à l'avenir de soumettre à son pouvoir beaucoup d'autres pays qu'il n'avait pu conquérir lui-même et qui ne lui avaient pas juré obéissance ; que s'il voulait rentrer dans ses palais, on lui en donnerait l'autorisation sur l'heure. Pendant que notre général lui faisait dire ces choses au moyen de nos interprètes, Montezuma avait les larmes aux yeux. Il répondit avec la plus grande courtoisie qu'il lui en savait gré ; mais il resta bien convaincu que ce n'étaient là que des paroles en l'air. Aussi ajouta-t-il que pour le moment il lui convenait de demeurer prisonnier, attendu que ses dignitaires étant nombreux, et ses neveux venant lui demander chaque jour la permission de nous attaquer et de le tirer de captivité, il se pourrait que, lorsqu'ils le verraient libre, ils le fissent tourner à leurs propres idées, malgré son désir d'éviter tout désordre dans sa capitale ; que, dans le cas où ils ne réussiraient pas à lui imposer leur volonté, ils voudraient peut-être mettre un grand seigneur à sa place ; tandis que en l'état, il les dissuadait de ces pensées en leur disant que son Huichilobos lui avait fait conseiller de rester prisonnier. La vérité est que Cortés avait enjoint à son interprète Aguilar de lui révéler, comme en secret, que Malinche aurait beau donner des ordres pour qu'il sortît de prison, que nous, capitaines et soldats, ne le permettrions nullement. Quoi qu'il en soit, aussitôt que Montezuma eut exprimé son refus de sortir, notre général le serra dans ses bras en lui disant : « Ce n'est pas en vain, seigneur Montezuma, que je vous aime comme moi-même. »

A la suite de cette scène, le prince demanda à Cortés un page espagnol qui était à son service et qui connaissait déjà la langue aztèque. On l'appelait Orteguilla. Ce fut certainement d'un bon profit pour Montezuma comme pour nous-mêmes, parce que, au moyen du petit page, Montezuma demandait et apprenait bien des choses sur notre Castille ; de notre côté, nous savions ce que disaient ses capitaines ; en somme, cela fut un très bon service pour le prince parce qu'il se prit de grande affection pour Orteguilla. Quoi qu'il en soit, il est certain que Montezuma en était arrivé à vivre satisfait, à cause des grandes flatteries, des bons offices et des conversations qu'il trouvait en notre compagnie ; toutes les fois que nous passions devant lui, fût-ce Cortés lui-même, nous nous découvrions de nos bonnets ou de nos casques, car nous étions sans cesse armés ; et, quant à lui, il nous faisait toujours grand honneur.

Disons maintenant les noms des capitaines de Montezuma qui furent brûlés vifs. Le commandant s'appelait Quetzalpopoca, un autre Coatl, un autre encore Quiathuitle, et le quatrième, je ne m'en souviens pas. D'ailleurs, ces noms sont de peu d'importance pour notre récit. Mais notons que ce châtiment fut connu de toutes les provinces de la Nouvelle-Espagne et que la crainte renaquit ; les villages de la côte, où nos soldats avaient été tués, recommencèrent à rendre les mêmes services aux habitants de la Villa Rica. Et, maintenant, les curieux qui liront ce récit ne manqueront pas de remarquer les grandes choses que nous fîmes : d'abord, détruire nos navires ; ensuite, avoir la hardiesse de pénétrer dans une ville si bien fortifiée, avec un si grand nombre d'habitants, tandis que nous n'ignorions nullement qu'on devait nous massacrer après que nous y serions entrés ; et encore, porter l'audace jusqu'à nous emparer du grand Montezuma qui était le roi du pays, au milieu de sa capitale, dans son palais même, entouré qu'il était de la quantité de guerriers qui composaient sa garde ; plus encore, oser faire périr dans les flammes ses propres capitaines, devant les palais impériaux, et mettre le monarque aux fers pendant cette exécution... Eh bien ! moi, maintenant que je suis vieux, bien souvent je me prends à considérer les choses héroïques que nous fîmes alors, et il me semble les voir passer devant mes yeux. Or j'affirme que, tous ces grands faits, ce n'est pas nous qui en étions les auteurs, mais bien Dieu lui-même qui les préparait sur notre route ; car enfin quels sont les hommes au monde qui oseraient entrer, au nombre de quatre cent cinquante soldats seulement (et nous n'arrivions pas à ce chiffre), dans une ville aussi forte que l'était Mexico, laquelle dépasse la grandeur de Venise, en considérant surtout que nous étions éloignés de plus de quinze cents lieues de notre Castille ? Et, je le répète, qui aurait osé s'emparer d'un si grand empereur et exercer une telle justice, devant lui-même, contre ses capitaines ? Certes, il y aurait beaucoup à proclamer à l'éloge de ce passé, au lieu de l'écrire sèchement comme je le fais dans cette histoire. [...]

(Le gouverneur de Cuba, Diego Velasquez, ayant envoyé une petite armée commandée par Narvaez pour s'emparer de Cortés, ce dernier est obligé de faire face à ce nouveau danger. Il laisse à Mexico un groupe d'hommes avec Alvarado et part vers la côte pour affronter son ennemi. Par ruse et par une habile manœuvre militaire, Cortés défait l'armée de Narvaez, incorpore les vaincus à sa troupe et réorganise son expédition.)

CXXIV

Comme quoi Cortés envoya au port Francisco de Lugo avec
deux soldats, charpentiers de navires, pour amener à Cempoal
tous les maîtres et pilotes de la flotte de Narvaez, avec ordre
aussi d'enlever des vaisseaux les voiles, les gouvernails et les
boussoles, afin qu'il ne fût pas possible de donner avis à Cuba,
à Diego Velasquez, de ce qui était arrivé. — Comme quoi
encore on nomma un amiral.

A peine venait-on de défaire Pamphilo de Narvaez,
de le prendre lui et ses capitaines et de désarmer tous
ses hommes que Cortés s'empressa de donner à Francisco de Lugo la mission d'aller au port, où se trouvaient les dix-huit navires composant la flotte de Narvaez. Il devait amener à Cempoal tous les pilotes et
maîtres d'équipage et retirer des vaisseaux les voiles, les
gouvernails et les boussoles, afin que personne ne pût
aller à Cuba pour avertir Diego Velasquez. Dans le cas
de refus d'obéissance, ordre était donné de les faire
prisonniers. Francisco de Lugo emmenait avec lui deux
de nos soldats, anciens marins, pour le seconder. Cortés
ordonna aussi qu'on lui envoyât sur-le-champ un certain Sancho de Barahona, que Narvaez avait retenu
prisonnier avec quelques autres soldats. Ce Barahona
devint plus tard un riche colon de Guatemala. Je me
rappelle qu'il était maigre et malade quand il arriva
devant notre général, lequel donna des ordres pour qu'il
fût honorablement traité. Quant aux maîtres et pilotes,
ils vinrent baiser les mains à notre général, auquel ils
firent le serment d'obéir et de ne point chercher à se
soustraire à son commandement.

Cortés nomma amiral et capitaine de la mer un certain Pedro Caballero, qui avait été maître à bord d'un navire de Narvaez. C'était un homme en qui Cortés eut toujours la plus grande confiance ; il le gagna, dit-on, tout d'abord au moyen de bonnes pièces d'or. Il lui ordonna de ne laisser partir aucun navire dans n'importe quelle direction ; il exigea que tous, maîtres, pilotes et matelots, lui fussent soumis. Au surplus, comme il avait reçu avis que deux vaisseaux étaient encore prêts à partir de Cuba, il recommanda à l'amiral que, s'ils venaient, on fît prisonniers les capitaines, que les gouvernails, les voiles et boussoles fussent enlevés, en attendant qu'il plût à Cortés d'en disposer autrement. Tout cela fut très bien exécuté par Pedro Caballero, ainsi que je le dirai plus loin.

Pour à présent, abandonnons les navires, en sûreté dans leur port, et disons ce qui fut convenu dans notre quartier royal, d'accord avec les hommes de Narvaez. On résolut que Juan Velasquez de Leon irait conquérir et coloniser la province de Panuco. Cortés lui assigna dans ce but cent vingt soldats : cent pris à la troupe de Narvaez, et vingt des nôtres, bien mêlés à leurs rangs, parce qu'ils avaient plus d'expérience à la guerre. Cet officier devait emmener deux navires, dans le but d'aller reconnaître la côte au-delà du fleuve Panuco. Cortés donna aussi à Ordas cent vingt autres hommes pour aller coloniser le Guazacualco. Cette troupe se composerait, comme celle de Juan Velasquez, de cent des hommes de Narvaez et de vingt des nôtres. On lui donnait aussi deux navires afin qu'il pût envoyer, du fleuve Guazacualco, à l'île de la Jamaïque pour s'approvisionner d'un troupeau de juments, veaux, porcs, brebis, poules de Castille et chèvres, dans le but d'en peupler le pays, attendu que la province de Guazacualco devait s'y prêter à merveille. Cortés ordonna qu'on rendît leurs armes aux soldats et aux capitaines qui allaient entreprendre ce voyage ; il fit en même temps mettre en liberté tous les prisonniers, capitaines de Narvaez, mais nullement Narvaez lui-même, ni Salvatierra, qui se plaignait encore du ventre.

Mais, pour donner leurs armes à ces soldats, il y eut

une difficulté : c'est que quelques-uns de nous avaient déjà pris chevaux, épées et autres objets. Cortés ordonna qu'on rendît le tout. Or le refus d'obéir entraîna quelques entretiens irritants dans lesquels on disait de notre côté que nous possédions ces armes fort légitimement et que nous ne les rendrions pas, attendu que dans le quartier de Narvaez on avait proclamé contre nous une guerre sans merci devant aboutir à nous faire prisonniers et à s'emparer de tout notre avoir, nous qualifiant de traîtres tandis que nous étions les meilleurs serviteurs de Sa Majesté ; que, par conséquent, nous ne rendrions rien. Cortés n'en persista pas moins à exiger que tout fût restitué, et comme en somme il était le capitaine général, il fallut bien faire ce qu'il ordonnait. Il en résulta que, pour ma part, je livrai un cheval sellé et bridé que j'avais déjà mis de côté, ainsi que deux épées, trois poignards et une adargue. Beaucoup de nos soldats rendirent de même des chevaux et des armes. Mais, en sa qualité de capitaine, Alonso de Avila, homme de caractère qui ne balançait pas pour dire à Cortés ce qui lui paraissait juste, ainsi que le père Bartolomé de Olmedo prirent à part notre général et lui dirent qu'il paraissait vouloir singer Alexandre de Macédoine, lequel, après un grand fait d'armes, mettait plus de soin à honorer de ses faveurs les vaincus que ses propres capitaines et soldats dont les efforts lui avaient donné la victoire ; qu'ils disaient cela parce que, tous les bijoux d'or et les provisions qui lui furent offerts par les Indiens après la déroute de Narvaez, il les distribuait aux capitaines ennemis, tandis qu'il ne faisait pas pour nous plus que si jamais il ne nous avait connus ; conduite répréhensible et certainement ingrate, après le concours que nous lui avions apporté pour arriver à la situation où il se voyait.

A cela Cortés répondit que ce qu'il possédait, aussi bien que sa personne, tout était à nous ; mais que pour le moment il ne pouvait faire autre chose qu'honorer et attirer les gens de Narvaez par des dons, par de bonnes paroles et par des promesses, attendu qu'étant nombreux et nous en petit nombre ils pourraient se soulever contre lui et contre nous tous et se défaire de sa personne. Alonso de Avila se permit de lui répondre par quelques expressions orgueilleuses qui lui attirèrent cette réflexion de Cortés : que peu lui importait qu'on ne voulût pas le suivre, attendu que les femmes en Castille ont produit depuis longtemps et mettent encore au monde de fort bons soldats. A quoi Alonso de Avila répliqua, toujours avec fierté, et cette fois sans aucun respect, que c'était vrai : que les femmes de Castille ne nous laissaient pas manquer de soldats ; mais qu'elles fourniraient aussi des capitaines et des gouverneurs, et que nous méritions bien qu'il ne l'oubliât pas. Or, en ce moment, les choses se trouvaient en tel état que Cortés était obligé de se taire ; ce fut donc avec des cadeaux et des promesses qu'il s'attacha ce capitaine, car il le savait très audacieux et le croyait capable d'entreprendre n'importe quoi à son préjudice ; aussi prit-il le parti de dissimuler. Plus tard, nous verrons Cortés le charger d'affaires de grande importance, et pour Saint-Domingue et pour l'Espagne, à propos de l'envoi du trésor et de la garde-robe de Montezuma, qui tombèrent du reste au pouvoir d'un corsaire français, Jean Florin, ainsi que je le dirai en son lieu.

Revenons maintenant à Narvaez et parlons d'un nègre de sa suite qui arriva atteint de la petite vérole ; et certes ce fut là bien réellement une grande noirceur pour la Nouvelle-Espagne, puisque ce fut l'origine de la contagion qui s'étendit dans tout le pays. La mortalité fut si grande que, d'après les Indiens, jamais pareil fléau ne les avait atteints ; comme ils ne connaissaient pas la maladie, ils se lavaient plusieurs fois pendant sa durée, ce qui en fit périr encore un plus grand nombre. On peut donc dire que si Narvaez fut victime personnellement d'une noire aventure, plus noir fut encore le sort de tant d'hommes qui moururent sans être chrétiens.

Quoi qu'il en soit, les habitants de la Villa Rica, qui n'avaient pas été à Mexico, demandèrent à Cortés la part d'or qui leur revenait, disant qu'étant restés au port par son ordre ils avaient continué à y servir Dieu et le Roi aussi bien que ceux qui allaient à la capitale, puisqu'ils étaient employés à garder le pays et à construire la forteresse ; que quelques-uns d'entre eux s'étaient trouvés à l'affaire d'Almeria et que même ils n'étaient pas encore guéris de leurs blessures ; qu'au surplus ils avaient presque tous coopéré à la déroute de Narvaez, et qu'en somme on devait leur donner leur part. Cortés reconnut que c'était fort juste ; aussi décida-t-il que deux hommes, porteurs des pouvoirs de tous les habitants de la ville, iraient chercher le lot qui leur avait été assigné et qui leur serait remis. Il me semble, mais je n'en suis pas sûr, que notre général leur dit que cette part se trouvait en dépôt à Tlascala. Le fait est que l'on dépêcha de la Villa, à la recherche de cet or, deux habitants dont l'un se nommait Juan de Alcantara le vieux. Mais cessons de traiter ce sujet pour le moment ; bientôt, nous dirons ce qui arriva à l'or et à Alcantara. Ce qui importe actuellement, c'est de montrer que la fortune ne cesse de tourner sa roue, de manière que les bonnes chances et les plaisirs font place aux jours de tristesse.

C'est en ce même moment, en effet, qu'arriva la nouvelle d'un soulèvement à Mexico : Pedro de Alvarado était assiégé dans son quartier, auquel on s'efforçait de mettre le feu de tous les côtés ; on lui avait tué sept soldats et blessé plusieurs autres ; il demandait du secours avec instance et sans retard. Ce furent des Tlascaltèques qui apportèrent la nouvelle, sans aucune lettre ; mais bientôt après en vinrent d'autres avec des dépêches de Pedro de Alvarado qui disaient la même chose. Dieu sait quelle peine nous éprouvâmes en recevant ce message ! Nous nous mîmes immédiatement en route, à marches forcées, sur Mexico. Narvaez et Salvatierra restaient prisonniers à la Villa Rica, dont Rodrigo Rangel fut nommé commandant, avec l'obligation de garder Narvaez et de se charger de plusieurs de ses hommes qui étaient malades.

Mais, au moment même où nous allions partir, se présentèrent deux personnages envoyés par Montezuma à Cortés pour se plaindre de Pedro de Alvarado. Ils dirent

en pleurant amèrement que ce capitaine était sorti ino-
pinément de son quartier avec tous les soldats que Cortés
lui avait laissés, et que, sans aucun motif, il était tombé
sur une réunion de dignitaires et caciques, au moment
où ils dansaient dans une fête en l'honneur de Huichilobos et de Tezcatepuca avec l'autorisation de Pedro de
Alvarado lui-même ; celui-ci en avait tué plusieurs,
tandis que de leur côté les Mexicains, obligés de se
défendre, avaient causé la mort de six soldats. Ils ajoutaient beaucoup de griefs contre Pedro de Alvarado.
Cortés répondit aux messagers d'un ton sec qu'il irait
à Mexico et qu'il porterait remède à toutes choses. Ils
retournèrent auprès de Montezuma avec cette réponse,
qui lui parut mauvaise et lui causa beaucoup de peine.
Cortés envoya en même temps une lettre à Pedro de
Alvarado, lui recommandant de bien prendre garde que
Montezuma ne s'échappât et disant que nous allions
à lui à marches forcées ; il lui annonçait en même temps
la victoire remportée sur Narvaez, et que Montezuma
connaissait déjà.

CXXV

Comme quoi nous nous mîmes en route à marches forcées avec Cortés et ses capitaines, ainsi que tous les hommes de Narvaez, excepté ce général lui-même et Salvatierra, qui restèrent prisonniers.

La nouvelle étant arrivée que Mexico était soulevée et Alvarado assiégé, on ne pensa plus aux compagnies qui devaient aller coloniser le Panuco et le Guazacualco avec Juan Velasquez de Leon et Diego de Ordas. Tout le monde partit avec nous. Cortés, qui comprit que les gens de Narvaez ne feraient pas volontiers cette campagne, les pria d'oublier les inimitiés passées et leur promit de les faire riches et de leur donner des emplois, ajoutant que, puisqu'ils venaient pour gagner leur vie et qu'ils se trouvaient dans un pays où l'on pouvait rendre des services à Dieu et à Sa Majesté en s'enrichissant, il fallait saisir l'occasion qui leur en était offerte ; tant il dit enfin que tous d'une voix s'offrirent à marcher avec nous. Mais la vérité est qu'aucun d'eux n'y serait allé s'ils avaient bien connu la puissance de Mexico. Nous marchâmes à grandes journées jusqu'à Tlascala, où nous apprîmes que, jusqu'au moment de savoir la défaite de Narvaez, les gens de Montezuma ne laissèrent pas un moment de répit à Pedro de Alvarado ; qu'on lui avait déjà tué sept hommes et brûlé ses logements. A l'annonce de notre victoire, les Mexicains avaient mis fin à l'offensive, mais nos compatriotes continuaient à être fort mal à l'aise par suite du manque d'eau et de vivres ; car Montezuma n'avait jamais eu l'habitude de donner des ordres pour leur en fournir. Des Indiens de Tlascala venaient d'apporter cette nouvelle au moment où nous arrivions.

Cortés passa une revue de ses troupes : il constata la présence de treize cents soldats, tant ceux de Narvaez que les nôtres ; quatre-vingt-seize chevaux, quatre-vingts arbalétriers et autant de gens d'escopette. Il lui parut donc qu'il avait assez de monde pour entrer à Mexico en toute sûreté. En outre, on nous donna à Tlaxcala deux mille Indiens guerriers. Nous reprîmes notre marche forcée jusqu'à la grande ville de Tezcuco, où l'on ne fit aucun frais pour nous recevoir ; nous ne vîmes paraître aucun personnage et partout régnait un air dédaigneux. Nous arrivâmes à Mexico le jour de la Saint-Jean, en juin 1520. On ne voyait dans les rues ni caciques, ni capitaines, ni Indiens connus ; les maisons étaient vides d'habitants. Quand nous arrivâmes à nos quartiers, le grand Montezuma vint au-devant de nous dans la cour pour parler à Cortés, l'embrasser, lui donner la bienvenue et le féliciter de sa victoire sur Narvaez. Mais Cortés, fier de son triomphe, se refusa à l'entendre, et Montezuma, triste et pensif, regagna son appartement.

Chacun de nous reprit la place qui lui était assignée avant notre départ de Mexico pour marcher contre Narvaez. Les hommes de celui-ci occupèrent d'autres logements. Nous avions déjà vu Pedro de Alvarado et les soldats restés avec lui. Ceux-ci nous racontèrent les combats que les Mexicains leur avaient livré et les difficultés qui en avaient été la suite ; de notre côté, nous les informions de toutes les particularités de notre victoire sur Narvaez. Mais disons comme quoi Cortés voulut savoir la cause du soulèvement de Mexico ; car nous crûmes comprendre que Montezuma en avait éprouvé du regret et que s'il en eût été l'auteur et le conseiller, de l'avis du plus grand nombre des soldats de Pedro de Alvarado, ils eussent été tous massacrés. Mais la réalité était que Montezuma cherchait à apaiser ses sujets et les engageait à cesser leurs attaques.

D'après Pedro de Alvarado, la cause du soulèvement était dans le désir des Mexicains de délivrer Montezuma, parce que Huichilobos le leur avait commandé à la suite de la mesure que nous avions prise de planter la croix dans le temple avec la Vierge sainte Marie. Il dit plus : c'est qu'un grand nombre d'Indiens étant venus pour enlever de l'autel la sainte image, il leur fut absolument impossible de réaliser leur projet, ce qu'ils considèrent comme un grand miracle. Montezuma, l'ayant su, leur ordonna de laisser l'image où elle était et de ne pas renouveler cette tentative ; il en résulta qu'ils y renoncèrent. Pedro de Alvarado dit encore que Narvaez avait fait dire à Montezuma qu'il venait le mettre en liberté et nous faire prisonniers, chose qui ne se réalisa pas. D'autre part, Cortés avait promis à Montezuma de sortir du pays et de nous embarquer dès que nous aurions des navires, tandis qu'en réalité nous ne partions point, que ce n'était là que paroles en l'air et qu'on revenait avec un plus grand nombre de *teules*. Avant donc que tous les soldats de Narvaez et les nôtres entrassent de nouveau à Mexico, il avait paru opportun de massacrer Pedro de Alvarado et sa petite troupe et de mettre Montezuma en liberté, dans l'espoir qu'on se déferait ensuite plus facilement de nous et des gens de Narvaez ; ils avaient surtout cette espérance dans le moment où ils s'attendaient à nous voir vaincus par celui-ci.

Telles furent les paroles qu'Alvarado adressa à Cortés pour se disculper ; mais celui-ci demanda encore pourquoi on avait attaqué les Mexicains pendant qu'ils étaient en fête, dansant et faisant des sacrifices à Huichilobos et à Tezcatepuca. Alvarado répondit que ce fut à cause de la conviction où il était qu'on devait venir le surprendre, conformément au plan qu'ils s'étaient tracé ; que tout cela lui avait été révélé par un pape, deux dignitaires et quelques autres Mexicains. « Mais on m'assure, repartit Cortés, que ces gens-là vous avaient demandé l'autorisation de se réunir en fête et de se livrer à la danse. » La réponse fut que c'était vrai, et que s'il avait cru devoir tomber sur eux, c'était pour leur inspirer de la crainte et les empêcher eux-mêmes de tomber sur lui. A quoi Cortés répliqua, fort irrité, qu'Alvarado avait très mal agi et commis une grande folie, et qu'il était peu sincère en ses explications. « Plût à Dieu, ajouta-t-il, que Montezuma se fût échappé et qu'il n'eût pu savoir les ordres de ses idoles ! » Là-dessus, Cortés se tut et il ne revint plus sur ce sujet. Mais Pedro de Alvarado lui avait dit encore que, dans l'attaque qu'il eut à subir, il voulut faire mettre le feu à un canon qui était chargé d'un boulet et de grenailles ; comme d'ailleurs ceux qui venaient pour incendier son quartier étaient en grand nombre, il sortit et marcha à leur rencontre car le canon n'avait pas pris feu ; mais la foule d'Indiens qui tomba sur lui était si considérable qu'il fut obligé de reculer vers ses logements. C'est alors que, sans savoir pourquoi ni comment, le canon prit feu et tua beaucoup d'ennemis : circonstance heureuse sans laquelle nos soldats auraient tous péri. Du reste, nous en perdîmes deux qui furent pris vivants. Pedro de Alvarado dit ensuite, et c'est la seule chose en quoi il fut appuyé par ses hommes, que, n'ayant pas d'eau à boire, il avait creusé un puits dans la cour et que l'eau en était douce, bien qu'elle fût salée partout ailleurs. Ce fut un grand bienfait, entre tant d'autres que nous recevions de Notre Seigneur Dieu. Pour moi, j'assure qu'il y avait en effet à Mexico une fontaine qui donnait de temps en temps de l'eau un peu douce.

Quant à ce qu'on a dit, que Pedro de Alvarado fit cette attaque pour s'emparer de l'or et des bijoux de grand prix dont les Indiens de la fête étaient couverts, je n'en crois rien et je ne l'entendis jamais conter alors. Il n'est pas croyable, au surplus, qu'Alvarado se soit oublié à ce point, quoique l'évêque fray Bartolomé de Las Casas l'affirme, comme il le fait du reste pour bien d'autres choses qui n'ont jamais existé. La vérité est qu'Alvarado se jeta sur les Mexicains réellement pour leur inspirer de la terreur et afin de leur donner assez à faire, avec le soin de panser et de pleurer leurs blessures, pour qu'ils cessassent de l'attaquer lui-même. Il voulait d'ailleurs mettre de son côté les avantages du proverbe : « Qui attaque remporte victoire. » Au surplus, il paraît que les choses se passèrent bien plus mal qu'il ne le raconta. Nous sûmes également que Monte-

zuma ne donna jamais l'ordre d'attaquer Alvarado ;
qu'au contraire, lorsqu'on combattait contre lui, il
faisait son possible pour s'y opposer. Mais ses sujets lui
répondaient qu'ils ne pouvaient plus souffrir que leur
prince fût en prison et qu'Alvarado eût l'audace de les
massacrer ainsi au moment où ils ne pensaient qu'à danser ; qu'il fallait absolument qu'on délivrât le captif et
qu'on tuât tous les *teules* qui le gardaient.

Je puis assurer que ce que je viens de raconter, et
bien d'autres choses, je l'entendis dire par des personnes dignes de foi, qui s'étaient trouvées avec Alvarado lorsque tout cela se passait.

CXXVI

Comme quoi on nous attaqua à Mexico. — Les combats qu'on nous livra, et autres choses qui nous arrivèrent.

Cortés avait pu voir en passant à Tezcuco qu'il ne lui était fait aucune réception, qu'on lui offrait à manger fort mal et de très mauvaise grâce, que nous ne trouvâmes personne à qui parler, tout ayant pris pour nous le pire aspect ; il avait pu voir encore, en entrant à Mexico, que les choses y étaient au même point : il n'y avait pas de marché et tout était fermé. Il fallait ajouter à tout cela l'impression produite par le récit de la folie avec laquelle Alvarado avait fait son massacre. Or Cortés s'était vanté pendant la route, auprès de ses nouveaux capitaines, du grand ascendant qu'il exerçait et du respect dont il était entouré ; à l'en croire, partout sur son chemin on devait l'accueillir par des fêtes ; à Mexico, disait-il, son autorité était absolue, tant sur Montezuma que sur ses officiers ; dès son arrivée, on s'empresserait de lui apporter des présents en or... Mais on vit se passer tout le contraire : on ne nous offrait même pas à manger, tandis que Cortés affichait, avec une grande ostentation, le nombre considérable d'Espagnols qu'il amenait. Il en devint triste et de mauvaise humeur.

Dans ce même moment, Montezuma lui envoya deux de ses dignitaires pour le prier de le venir voir, car il désirait lui parler. « Qu'il s'en aille à tous les chiens ! repartit Cortés, puisqu'il ferme ses marchés et qu'il nous refuse même les vivres. » En entendant ces paroles, les capitaines Juan Velasquez de Leon, Christoval de Oli,

Alonso de Avila et Francisco de Lugo lui dirent :
« Señor, calmez votre colère et veuillez considérer le
bien que le roi de ce pays nous a fait et les honneurs
qu'il nous a rendus ; il est si bon qu'il a été jusqu'à
vous offrir ses filles, et, n'était lui, il est certain que
nous serions déjà morts et dévorés. » Ces paroles indi-
gnèrent Cortés parce qu'elles étaient dites avec un ton
de reproche. « Quelle mesure, reprit-il, dois-je garder
avec un chien comme lui, qui complotait avec Narvaez
et qui à présent nous refuse à manger ? » Les capitaines
répondirent : « C'est ce qu'il doit faire et il remplit ses
vrais devoirs en agissant ainsi. » Or, comme Cortés
comptait actuellement à Mexico sur un grand nombre
d'Espagnols, en ajoutant à nous ceux de Narvaez, il ne
faisait cas de rien et il continuait à parler fièrement et
d'une manière peu sensée. Il en résulta que, s'adressant
de nouveau aux dignitaires, il les envoya dire à Montezuma qu'il se hâtât de donner l'ordre de rouvrir les
marchés ; sinon il ferait, déferait, etc.

Les dignitaires comprirent les paroles injurieuses que
Cortés adressait à leur seigneur ; ils ne méconnurent
pas non plus les reproches que nos capitaines lui firent
à ce sujet, car il les connaissaient pour avoir souvent
commandé la garde de Montezuma et les tenaient pour
grands et bons serviteurs du prince. Ils rapportèrent, du
reste, à celui-ci les choses telles qu'ils les avaient enten-
dues et comprises. Alors, fut-ce l'indignation ou bien
est-ce qu'on avait déjà formé le projet de nous attaquer ? Le fait est qu'un quart d'heure s'était à peine
écoulé qu'on vit accourir, grièvement blessé, un soldat
qui venait d'une ville, voisine de Mexico, appelée
Tacuba. Il avait été chargé d'amener à Cortés des Indiennes, dont l'une était fille de Montezuma ; notre général les avait données en garde au seigneur de Tacuba,
leur parent, pendant la campagne contre Narvaez. Le
soldat disait que toute la ville et la chaussée par où il
venait de passer étaient pleines de guerriers munis de
toutes sortes d'armes, qu'on lui avait enlevé les Indiennes qu'il ramenait et fait deux blessures ; il avait eu
la chance de leur échapper au moment où ils le tenaient

déjà, se préparant à le mettre dans un canot et à l'emporter pour le sacrifier ; que du reste un pont était déjà levé.

Lorsque Cortés et plusieurs de nous entendîmes ces paroles, nous en eûmes assurément bien du regret. Notre habitude de batailler avec les Indiens nous permettait en effet d'être renseignés sur les grandes masses qu'ils ont la coutume de former. Il devenait certain que nous aurions beau nous bien défendre et nous présenter en plus grand nombre qu'autrefois, cela ne nous empêcherait pas de voir nos existences en grand danger et d'être exposés à la faim, aux fatigues, surtout au milieu d'une ville si bien défendue.

Disons donc que Cortés envoya tout de suite Diego de Ordas avec quatre cents hommes, la plupart arbalétriers ou fusiliers, et quelques-uns à cheval, lui donnant ordre de s'assurer de la vérité sur ce que le soldat blessé racontait et de tout apaiser s'il voyait la possibilité de le faire sans bruit et sans effusion de sang. Ordas partit, comme on le lui commandait, avec ses quatre cents soldats ; mais il avait à peine parcouru la moitié de la rue lorsque se précipitèrent sur lui tant de bataillons de gens armés, tant d'autres l'assaillirent du haut des terrasses, le tout avec une telle ardeur, qu'ils lui tuèrent du premier choc huit soldats et blessèrent la plupart des autres, lui faisant à lui-même trois blessures. Il ne put donc avancer d'un pas de plus et il fut obligé de se replier vers nos quartiers. Dans sa retraite, on lui tua encore un bon soldat, nommé Lezcano, qui venait de faire des prodiges avec un grand espadon.

En même temps, un plus grand nombre de bataillons se jetaient sur nos logements et nous lançaient tant de pieux, de pierres à fronde et de flèches qu'ils blessèrent quarante-six hommes, dont douze moururent de leurs blessures. Le nombre des assaillants était si considérable que Diego de Ordas, revenu sur ses pas, ne pouvait arriver aux logements à cause des vives attaques dont il était l'objet, par derrière, par devant et aussi du haut des terrasses. Nos canons, nos escopettes, nos lances, nos estocades et notre ardeur au combat ne nous étaient d'aucun secours. Nous avions beau en tuer et en blesser beaucoup, il n'en venaient pas moins sur nous, sans souci des pointes de nos piques et de nos lances. Ils serraient leurs rangs, ne lâchaient jamais pied, et il nous était impossible de les écarter. Enfin, cependant, à force de coups de canon et de décharges d'escopettes et d'arbalètes, à force aussi d'estocades, Ordas put rentrer au quartier après l'avoir essayé vainement pendant longtemps, ramenant ses soldats sérieusement blessés avec la douleur d'en avoir perdu vingt-trois en route. Plusieurs bataillons ennemis ne cessèrent pas encore leurs attaques ; ils nous criaient que nous n'étions que des femmes, nous traitaient de drôles et nous adressaient encore d'autres outrages. Mais le mal qu'ils nous avaient fait jusque-là n'était rien en comparaison de celui qui suivit. En nous attaquant les uns d'un côté, les autres d'un autre, ils poussèrent en effet la hardiesse jusqu'à mettre le feu à nos logements, de sorte que la flamme et la fumée nous rendaient la défense difficile. Heureusement qu'il nous fut possible de faire tomber un grand amas de terre sur les points incendiés et de couper leur communication avec plusieurs salles où nos ennemis avaient eu l'espérance de nous brûler vifs. Ces combats durèrent tout le jour et la nuit suivante. Pendant cette nuit même, un nombre considérable de bataillons resta sur nous, lançant au hasard tant de pieux, de pierres et de flèches que nos cours en étaient jonchées. Nous passâmes cette malheureuse nuit à panser nos blessés, à fermer les brèches qu'on nous avait faites et à nous préparer pour les jours suivants.

Quand l'aube parut, notre général fut d'avis que, nous réunissant aux hommes de Narvaez, nous sortissions de nos logements avec nos canons, escopettes et arbalètes pour combattre nos adversaires et tâcher sinon de les vaincre complètement, du moins de leur faire sentir mieux que la veille la force de nos attaques. Mais il faut dire que si, de notre côté, nous avions pris cette résolution, les Mexicains, eux, avaient pensé de même ; de sorte que le combat fut des plus vigoureux. Ces Indiens disposaient de si nombreux bataillons qu'ils pouvaient se relever de temps en temps. Il en résulta que, lors même que nous eussions eu pour nous dix mille Hector troyens et un nombre égal de Roland, il nous aurait été impossible de rompre les rangs ennemis. Me souvenir exactement de ce qui arriva, c'est facile ; mais dire cette valeur au combat, en vérité je ne saurais le faire. Ni canons, ni escopettes, ni arbalètes, ni notre ardeur à la mêlée, ni les trente ou quarante hommes que nous leur tuions à chaque attaque, rien ne pouvait les abattre ; ils se reformaient, restaient aussi compacts et retombaient toujours sur nous avec plus d'acharnement. Si parfois nous gagnions un peu de terrain ou une partie de la rue, c'est qu'ils reculaient à dessein pour être suivis et nous éloigner ainsi de notre quartier, afin de tomber sur nous plus à découvert et dans l'espérance qu'aucun Espagnol ne rentrerait vivant dans nos logements ; car c'était au moment où nous revenions sur nos pas qu'ils nous causaient le plus de mal.

Nous aurions bien voulu pouvoir mettre le feu à leurs maisons ; mais j'ai déjà dit dans un autre chapitre que leurs constructions communiquaient ensemble au moyen de ponts-levis. Ils prenaient soin de lever ceux-ci, de sorte que nous ne pouvions passer à moins d'entrer dans une eau très profonde. En attendant, ils faisaient pleuvoir sur nous, des terrasses des maisons, tant de pierres et de pieux qu'il n'était plus possible d'y résister et que plusieurs des nôtres sortaient de là blessés et fort maltraités. Et je ne sais vraiment pourquoi j'écris cela avec tant de froideur, tandis que trois ou quatre soldats de nos camarades, qui s'étaient déjà trouvés dans les guerres d'Italie, juraient leurs grands dieux qu'ils n'avaient jamais vu chose pareille dans les combats acharnés auxquels ils avaient assisté entre chrétiens, contre l'artillerie du roi de France et même contre le Grand Turc ; ils assuraient n'avoir jamais eu affaire à des adversaires qui serrassent leurs rangs avec autant de courage que ces Indiens. Ils disaient encore bien d'autres choses et en interprétaient les causes, comme on le verra bientôt.

Disons maintenant que nous eûmes la plus grande

peine à rentrer dans nos logements ; il nous fallut soutenir dans notre retraite le choc de nombreux bataillons, criant, sifflant, battant du tambour, sonnant de la trompette, nous traitant de drôles et de vauriens, tandis qu'il nous était impossible, fatigués de ce long combat, de faire autre chose que nous défendre en reculant. On nous tua ce jour-là dix ou douze soldats et nous fûmes tous blessés. Nous passâmes la nuit à délibérer et tombâmes d'accord que, dans deux jours, tous les hommes valides sortiraient protégés par quatre tours construites en madriers et dont chacune fût capable d'abriter vingt-cinq soldats. On y pratiqua des meurtrières, par où l'on pût faire feu de nos canons et de nos escopettes et tirer avec nos arbalètes. A côté de ces engins devaient marcher d'autres soldats, des canons et tous nos cavaliers pour opérer quelques charges. Après avoir conçu ce plan, nous passâmes la journée à préparer ce qui était convenu et à fermer les brèches de nos défenses ; nous ne sortîmes donc pas ce jour-là. Il m'est impossible de dire le nombre considérable des bataillons qui se précipitèrent sur nous, non point par dix ou douze, mais bien par plus de vingt endroits différents.

Chacun des nôtres avait son poste ; quelques-uns couraient d'un lieu à l'autre, et pendant que nous consolidions les points faibles, un grand nombre d'ennemis tentèrent de nous envahir au moyen d'échelles découvertes, sans que ni les canons, ni les arbalètes, ni les escopettes, ni nos sorties, ni nos estocades les pussent faire reculer. Ils criaient qu'ils devaient nous achever ce jour-là même, qu'aucun de nous ne resterait vivant, qu'ils allaient sacrifier à leurs dieux nos cœurs et notre sang, réservant nos jambes et nos bras pour fêtes et bombances, tandis qu'ils abandonneraient nos troncs aux tigres, aux lions et aux serpents de leurs ménageries pour qu'ils en mangeassent à satiété ; ils assuraient avoir pris soin de ne rien donner à ces bêtes féroces pendant deux jours, afin d'être plus sûrs qu'elles nous dévoreraient. Ils nous raillaient sur l'usage que nous ferions ainsi de l'or et des étoffes que nous avions amassés. Ils disaient aux Tlascaltèques qui étaient avec nous qu'on les mettrait à l'engrais dans des cages et qu'on les sacrifierait peu à peu. Bientôt, ils changeaient de ton, réclamant qu'on leur livrât leur seigneur Montezuma.

La nuit suivante, ils continuèrent à nous assourdir de leurs cris et de leurs sifflets et à nous cribler de pieux, de pierres et de flèches. Au lever du jour, après nous être recommandés à Dieu, nous sortîmes avec nos tours (il me semble qu'en d'autres pays, où j'ai fait la guerre et où l'on s'en est servi, on les appelle « mantelets ») ; les canons, les escopettes, les arbalètes et les cavaliers marchaient devant, poussant de temps en temps une charge. Il est certain que nous tuions beaucoup de nos ennemis, mais cela ne suffisait pas pour leur faire tourner le dos, et si les jours précédents ils avaient valeureusement combattu, aujourd'hui ils se présentaient plus résolus encore et plus nombreux. Malgré tout, dût-il nous en coûter la vie jusqu'au dernier, nous résolûmes d'aller avec nos tours jusqu'au grand temple de Huichilobos. Je ne dirai pas en détail les terribles combats que nous eûmes à soutenir devant une maison fortifiée, située sur le parcours ; je ne dirai pas non plus à quel point l'on blessait nos chevaux, tandis que leur concours nous était inutile. Il est vrai que les cavaliers chargeaient les bataillons dans le but de les rompre, mais ils recevaient tant de flèches, de pieux et de pierres qu'il leur était impossible de rien faire de bon avec leurs armes ; bien plus, s'ils arrivaient jusqu'à l'ennemi, celui-ci se laissait glisser dans l'eau de la lagune où il était en sûreté, protégé qu'il s'y trouvait contre les chevaux par différents obstacles dont il s'était ménagé l'appui, tandis que beaucoup d'autres Indiens se tenaient prêts à tuer nos montures avec leurs lances. Il en résultait que notre cavalerie nous était inutile.

Impossible de penser à mettre le feu quelque part et à détruire n'importe quoi de leurs défenses, puisque, comme je l'ai dit, les maisons sont dans l'eau et communiquent entre elles par des ponts-levis. Il était d'ailleurs fort dangereux d'essayer quoi que ce fût à la nage, parce qu'on lançait des terrasses trop de pierres et de moellons. Au surplus, quand nous réussissions à incendier une maison, il fallait un jour entier pour qu'elle achevât de se consumer, et jamais le feu ne passait de l'une à l'autre, d'abord parce qu'elles se trouvaient écartées et séparées par de l'eau et ensuite parce qu'elles étaient bâties en terrasses. Aussi peut-on assurer que nous nous épuisions et que nous exposions inutilement nos personnes à cette besogne.

Nous arrivons cependant au grand temple des idoles ; mais aussitôt plus de quatre mille Mexicains l'envahissent, sans compter les bataillons qui déjà s'y trouvaient, avec de longues lances, des pierres et des pieux. Ils se mettent en défense et nous empêchent pour un moment de monter, sans que tours, canons, arbalètes ni escopettes puissent nous frayer la route. Nos cavaliers se lançaient parfois à la charge, mais les pieds des chevaux glissaient sur les grandes dalles polies dont toute la cour était pavée et ils tombaient. D'autre part, nos adversaires, postés au haut du temple, en défendaient la montée, et des deux côtés des marches leur nombre était si considérable qu'il nous était impossible d'avancer, quoique chaque coup de canon en abattît douze ou quinze et que nous en missions beaucoup hors de combat avec nos estocades.

Nous résolûmes alors d'abandonner nos tours, qui d'ailleurs étaient déjà endommagées ; nous revînmes à la charge et réussîmes à atteindre le haut du temple. C'est là que Cortés se montra, comme du reste il le fut toujours, un grand homme de guerre. Oh ! quelle bataille nous y eûmes à soutenir ! Quel spectacle de nous voir tous ruisseler de sang, criblés de blessures, avec quarante de nos soldats déjà morts ! Malgré tout, Notre Seigneur voulut que nous arrivassions à l'endroit occupé par l'image de Notre Dame ; mais nous ne l'y trouvâmes pas parce que, nous assura-t-on, Montezuma, à qui elle inspirait ou de la dévotion ou de la crainte, l'avait fait placer en sûreté. Nous mîmes le feu aux idoles et brûlâmes une certaine étendue de la grande salle avec Huichilobos et Tezcatepuca. Nous fûmes très bien secondés par les Tlascaltèques.

Pendant que nous étions occupés les uns à combattre, les autres à mettre le feu, il fallait voir la fureur des papes qui étaient dans le temple et l'entrain de trois ou quatre mille Indiens, tous dignitaires, pour nous faire rouler dix ou douze marches à la fois tandis que nous descendions le grand escalier. Et que dire d'autres bataillons ennemis qui se tenaient derrière les parapets et dans les encoignures du temple, lançant sur nous des pieux et des flèches, sans qu'il nous fût possible de faire front à tous à la fois et de nous soutenir contre eux ! Il fallut donc convenir que nous rentrerions à notre quartier en courant les risques les plus sérieux, tous blessés, nos tours détruites et quarante-six soldats tués. Les Indiens nous serraient toujours de près, sur les côtés et par derrière, nous mettant en tel état que je ne saurais le faire comprendre à qui n'a pu nous y voir.

Mais je n'ai pas dit les attaques des Mexicains sur nos logements et leur insistance à les brûler, tandis que nous opérions cette sortie. Pendant la bataille, nous prîmes deux papes que Cortés nous recommanda de bien garder. J'ai vu souvent chez les Mexicains et les Tlascaltèques des peintures représentant ces combats et notre montée au grand temple : ils considèrent le fait comme héroïque et, quoiqu'ils nous représentent tous couverts de blessures, ensanglantés et entourés de cadavres, ils tiennent pour un haut fait d'armes que nous ayons pu monter et osé incendier leurs grandes idoles, tandis que tant de guerriers se massaient dans les enfoncements de l'édifice, d'autres en plus grand nombre remplissant les cours et les degrés eux-mêmes, et que d'autre part nos tours étaient déjà détruites. Quoi qu'il en soit, disons que nous revînmes dans nos quartiers au prix des plus extrêmes fatigues. Beaucoup d'Indiens nous suivirent dans notre retraite en bataillant sans cesse, mais un plus grand nombre encore s'acharnait contre nos logements où l'on avait déjà pratiqué dans un mur une brèche par où ils allaient entrer lorsque notre retour les fit reculer. Ce répit ne les empêcha nullement de continuer le reste du jour à lancer des pieux, des pierres et des flèches, de même que la nuit suivante, au milieu de cris furieux.

Mais cessons un moment de parler de leur constance à nous harceler, comme je viens de le conter, et disons que nous passâmes la nuit à panser les blessés, à enterrer les morts, à préparer notre sortie du lendemain, à boucher les trouées et les brèches, à consolider les murs et à tenir conseil sur les moyens que nous pourrions employer pour combattre sans courir autant de risques de mort. Mais nous eûmes beau délibérer, nous ne trouvions pas de remède à la situation. Disons aussi les malédictions que les gens de Narvaez lançaient contre Cortés, leurs paroles peu mesurées, maudissant le pays et Diego Velasquez qui les y avait envoyés tandis qu'ils vivaient paisiblement dans leurs établissements de Cuba ; ils en étaient hors d'eux-mêmes et privés de toute raison. Revenons à notre conseil : il y fut décidé que nous demanderions une trêve pour sortir de Mexico. Mais, lorsque le jour se leva, un plus grand nombre de guerriers, tombant sur nous, investirent absolument notre quartier, nous lançant plus de flèches, plus de pierres, accompagnées de cris plus désordonnés que les jours précédents. D'autres bataillons s'efforçaient d'entrer, sans que les canons ni les escopettes les fissent reculer, malgré les pertes qu'ils éprouvaient.

Alors Cortés résolut d'inviter le grand Montezuma à parler aux assaillants du haut d'une terrasse pour leur enjoindre de cesser le combat, puisque nous voulions sortir de la ville. On assure que Montezuma répondit, lorsqu'on lui donna connaissance du désir de Cortés : « Qu'est-ce que Malinche réclame de moi ? Je ne veux ni vivre ni l'entendre, puisque je me vois en cet état à cause de lui. » Et il refusa de bouger. Il ajouta du reste, à ce qu'on prétend, que ses sujets ne voulaient plus ni voir Cortés ni écouter ses promesses trompeuses et ses mensonges. Le père de la Merced et Christoval de Oli se présentèrent alors à lui avec de grandes marques de respect et lui adressèrent des paroles très affectueuses. Montezuma répondit : « Je suis convaincu que je n'obtiendrai nullement qu'ils cessent la guerre, parce qu'ils se sont donné un autre souverain et se promettent de ne laisser vivant aucun de vous. Je crois donc que vous allez tous mourir dans cette capitale. »

Cependant, au fort d'une des plus grandes attaques du dehors, Montezuma se résolut à s'avancer vers le parapet d'une terrasse, entouré d'un grand nombre de nos soldats qui le couvraient. Il se mit à adresser à ses sujets les paroles les plus affectueuses, les engageant à cesser leurs attaques pour nous laisser sortir de Mexico. Beaucoup de dignitaires et d'officiers mexicains le reconnurent ; ils firent aussitôt garder le silence à leurs hommes et en obtinrent qu'ils cessassent de lancer leurs projectiles. Quatre d'entre eux s'approchèrent au point de pouvoir parler au prince et de l'entendre. Ils lui dirent les larmes aux yeux : « O seigneur et notre grand seigneur, combien vos souffrances nous inspirent de regrets, non moins que les malheurs de vos fils et de vos parents ! Nous vous faisons savoir que nous avons pris pour souverain un de vos cousins. » Ils lui dirent son nom ; c'était Coadlavaca, seigneur d'Iztapalapa, et non Guatemuz, qui ne fut roi que deux mois après. Les quatre dignitaires dirent encore à Montezuma qu'il fallait en finir ; qu'ils avaient promis à leurs idoles de ne mettre bas les armes qu'après notre massacre à tous ; que, du reste, ils priaient chaque jour Huichilobos et Tezcatepuca de le préserver de tout mal tant qu'il serait en notre pouvoir ; que s'il en sortait, comme ils en avaient l'espoir, ils l'auraient encore, et mieux qu'avant, pour leur roi ; que pour à présent il voulût bien leur pardonner.

A peine avaient-ils fini ces paroles qu'une grêle de pierres et de pieux tomba sur la terrasse. Nos soldats avaient pris soin de couvrir la personne du prince ; mais comme ils s'aperçurent qu'on cessait de tirer pendant qu'il parlait à ses sujets, ils manquèrent de prendre la même précaution dans un de ces moments, et c'est alors que le malheureux monarque fut frappé de trois pierres et d'une flèche, à la tête, au bras et à la jambe. A la suite de l'accident, on le pria de se laisser soigner et de manger ; mais on eut beau user auprès de lui des plus douces paroles, il se refusa à rien faire, et tout d'un coup, sans nous y attendre aucunement, nous apprîmes qu'il était mort. Cortés le pleura et tous nos capitaines et soldats en firent autant. Plusieurs de nous, qui l'avions connu et fréquenté, le pleurâmes comme un père ; et certes on ne saurait en être surpris si l'on songe combien il était bon. Il avait gouverné, dit-on, dix-sept ans. Ce fut le meilleur roi qui régna sur les Mexicains. Personnellement, il avait vaincu en trois combats singuliers à propos de pays qu'il soumit à son empire.

CXXVII

Montezuma étant mort, Cortés résolut de le faire savoir aux capitaines et dignitaires qui nous faisaient la guerre. — Ce qui arriva à ce sujet.

J'ai dit la tristesse qui s'empara de nous lorsque nous vîmes que Montezuma était mort. Le père de la Merced s'en affligea beaucoup aussi, car, bien qu'il ne l'eût pas quitté un instant, il n'avait pu parvenir à le rendre chrétien. Il eut beau le presser de devenir croyant en lui représentant qu'il allait mourir de ses blessures, Montezuma lui répondait qu'il s'occupât seulement du soin de les faire panser.

Après beaucoup de délibérations, Cortés résolut d'envoyer un pape et un dignitaire, de ceux que nous gardions prisonniers, pour aller annoncer au cacique Coadlavaca, élevé à la dignité royale, ainsi qu'à ses officiers, que le grand Montezuma avait cessé de vivre, chargeant ces émissaires de dire qu'eux-mêmes l'avaient vu mourir ; qu'ils avaient été témoins de la manière dont s'était passé ce triste événement, causé sans nul doute par les blessures que ses propres sujets lui avaient faites. Ils devaient dire aussi que nous en étions tous grandement peinés ; que nous désirions qu'il fût enterré en grand seigneur qu'il était et que l'on élût pour lui succéder son cousin qui se trouvait avec nous, attendu que c'était à ce prince ou à quelques autres de ses enfants que l'héritage appartenait et nullement à celui dont on avait fait choix ; que l'on convînt d'un armistice pour que nous sortissions de Mexico ; que si l'on ne s'empressait pas de le faire, maintenant que Montezuma n'était plus, lui qui nous inspirait du respect et nous avait empêchés de ruiner la capitale, nous exécuterions une sortie dans laquelle nous brûlerions leurs maisons et leur causerions les plus grands dommages.

Pour qu'on ne pût douter de la mort du monarque, Cortés ordonna que six dignitaires mexicains et presque tous les papes que nous retenions captifs prissent le corps du défunt sur leurs épaules pour le remettre aux capitaines mexicains, en leur rapportant les dernières paroles du mourant, qu'eux-mêmes avaient pu entendre puisqu'ils étaient présents. Ils dirent en effet à Coadlavaca toute la vérité, à savoir que ses propres sujets l'avaient tué d'une flèche et de trois coups de pierre. En le voyant mort, les Mexicains firent entendre de grands gémissements et des cris lugubres qui parvenaient jusqu'à nos oreilles. Mais cela ne fut pas une raison de cesser leurs attaques contre nous ; ils continuèrent de nous lancer une grêle de pieux, de pierres et de flèches ; ce fut même pis qu'auparavant. Ils nous criaient avec plus de défi que jamais : « C'est à présent que vous allez payer la mort de notre roi et vos outrages à nos divinités ! L'armistice que vous nous demandez... sortez, venez ici, et nous vous ferons voir de quelle manière cela se traite ! » Ils disaient encore tant d'autres choses que je ne m'en souviens plus, mais ils ajoutaient qu'ils avaient élu un excellent roi, dont le cœur n'était pas assez amoli pour qu'on pût le tromper par de fausses paroles, comme on avait fait avec le bon Montezuma ; quant aux funérailles du roi, nous n'avions pas besoin de nous inquiéter, mais de songer plutôt à nos existences, car dans deux jours ils ne resterait pas un seul de nous pour envoyer de pareils messages. Ces paroles se mêlaient aux cris, aux sifflets et à une grêle de projectiles, tandis que d'autres bataillons s'efforçaient toujours d'incendier nos quartiers.

Voyant cela, Cortés et nous tous fûmes d'avis de faire une sortie le lendemain et de porter nos attaques en un point de la ville bâti un peu hors de l'eau, dans le but d'y causer le plus de mal possible. Nous devions aller aussi vers la chaussée, nos cavaliers chargeant les bataillons ennemis et les forçant avec leurs lances à reculer jusqu'à tomber dans la lagune, dût-on dans ces charges risquer la vie des chevaux. On concerta cette mesure afin de voir si les morts et les ruines qui en seraient la conséquence auraient pour résultat de faire cesser la guerre ou de diminuer assez les hostilités pour qu'il nous fût permis de sortir de la ville sans éprouver d'autres pertes en hommes. Le lendemain, nous nous conduisîmes en effet en gens de cœur, nous tuâmes beaucoup d'ennemis, on brûla plus de vingt maisons, et nous arrivâmes bien près de la terre ferme ; mais tout cela ne fut rien en comparaison de la perte que nous fîmes de plus de vingt soldats et des nombreuses blessures que nous reçûmes, sans pouvoir nous emparer d'aucun des ponts, qui du reste étaient presque tous détruits. Une multitude de Mexicains tomba sur nous ; ils avaient pris soin de placer des obstacles et des palissades sur tous les points qui leur paraissaient accessibles à nos chevaux.

Nos malheurs furent donc bien grands ce jour-là, et cependant l'on va voir qu'ils devinrent plus déplorables encore. Cela nous amènera à dire que nous résolûmes de sortir de Mexico. Mais, auparavant, rappelons que notre attaque de ce jour avec nos cavaliers eut lieu un jeudi. Il me souvient que là se trouvaient Sandoval, et Lares le bon cavalier, et Gonzalo Dominguez, et Juan Velasquez de Leon, et Francisco de Morla et quelques autres des plus solides cavaliers de Cortés et de Narvaez ; mais les soldats de celui-ci étaient réellement épouvantés et pleins d'inquiétude, car ils ne s'étaient pas vus jusquelà, comme nous, aux prises avec les Indiens.

CXXVIII

Comme quoi nous convînmes que nous sortirions de Mexico, et ce que l'on fit à ce sujet.

Nous ne pouvions plus douter que chaque jour nos forces diminuaient, tandis que celles des Mexicains allaient croissant ; nous voyions que beaucoup des nôtres avaient péri, que la plupart étaient blessés, que nous avions beau nous battre en gens de cœur, nous ne pouvions réussir à écarter nos ennemis qui, jour et nuit, étaient constamment sur nous. D'autre part, les poudres s'épuisaient ; les vivres et l'eau allaient finir ; le grand Montezuma était mort ; on refusait l'armistice que nous proposions ; enfin la mort partout devant nos yeux, la rupture des ponts nous coupant la retraite. Dans cette situation, Cortés et nous tous capitaines et soldats convînmes de nous échapper pendant la nuit, à l'heure où les bataillons ennemis seraient le moins sur leurs gardes. Afin de les mieux abuser, nous leur envoyâmes ce jour-là même un de leurs papes, que nous avions capturé et qui occupait parmi eux un rang des plus élevés, en le faisant accompagner par quelques autres prisonniers. Nous les priions de nous laisser partir paisiblement dans huit jours, moyennant quoi nous leur donnerions tout l'or qui était en notre pouvoir. Cette proposition était faite pour qu'ils relâchassent momentanément leur surveillance, et afin de pouvoir nous en aller cette nuit même.

Il faut dire aussi que nous avions un soldat appelé Botello, homme honorable, instruit dans les lettres latines, qui avait résidé à Rome et possédait la réputation d'un nécromancien ; on disait qu'il avait son petit démon familier ; quelques-uns l'appelaient l'Astrologue. Or il avait annoncé quatre jours auparavant que, d'après l'aspect des astres et ses augures, si nous ne quittions point Mexico la nuit prochaine et si nous attendions encore, aucun soldat n'en sortirait plus vivant. Plusieurs fois déjà, il nous avait dit que Cortés éprouverait de grandes difficultés, qu'il perdrait momentanément sa position et ses honneurs, mais qu'il reprendrait ensuite son rang de grand seigneur et d'homme riche. Il disait encore bien d'autres choses de cette nature.

Mais laissons là Botello ; nous aurons à le reprendre plus tard. Disons l'ordre qui fut donné immédiatement de fabriquer, avec des madriers et de fortes cordes à balistes, un pont destiné à être porté par nos hommes pour remplacer ceux qui étaient détruits. On désigna quatre cents Indiens Tlascaltèques et cent cinquante de nos soldats pour le transporter, le placer et le garder, pendant que toute notre armée, nos cavaliers et nos bagages effectueraient le passage ; on choisit deux cent cinquante Tlascaltèques avec cinquante des nôtres pour emporter l'artillerie ; on devait envoyer en avant-garde, avec mission de frayer le chemin, Gonzalo de Sandoval, Francisco de Azevedo le Gentil, Francisco de Lugo, Diego de Ordas, Andrès de Tapia, huit officiers de Narvaez et cent soldats, jeunes et très alertes, pour leur venir en aide. Cortés lui-même, Alonso de Avila, Christoval de Oli, Bernardino Vasquez de Tapia, quelques autres de nos capitaines dont je ne me rappelle pas les noms et cinquante soldats devaient se tenir au centre, avec les bagages, les gens du service et les prisonniers, prêts à courir vers l'endroit où leur présence serait le plus nécessaire. Pour l'arrière-garde, on choisit Juan Velasquez de Leon, Pedro de Alvarado, plusieurs cavaliers et cent soldats, ainsi que la plus grande partie des hommes de Narvaez. On désigna trois cents Tlascaltèques, avec trente soldats, pour garder les prisonniers et veiller sur doña Marina et doña Luisa.

Tout étant ainsi convenu, la nuit arriva. Cortés pensa aux soins à prendre pour enlever le trésor, après en avoir opéré la répartition. Il donna l'ordre en conséquence à son camarero Christoval de Guzman et à quelques autres de ses domestiques de retirer l'or, l'argent et les joailleries de la chambre où ils se trouvaient et de les porter à la grande salle, avec l'aide de plusieurs Tlascaltèques. Il ordonna en même temps aux officiers du Roi, Alonso de Avila et Gonzalo Mexia, de mettre à part tout l'or de Sa Majesté, pour le transport duquel il donna sept chevaux blessés et boiteux, une jument et plus de quatre-vingts Indiens de Tlascala. On prit ainsi pour le Roi tout ce qu'il fut possible d'emporter en grands lingots ; mais il resta encore dans la salle beaucoup d'or entassé. Ce fut alors que Cortés appela son secrétaire Pedro Hernandez, ainsi que quelques notaires du Roi, et il leur dit : « Veuillez rendre témoignage que je ne puis rien faire pour conserver plus d'or. Nous possédons dans ce palais ensemble pour environ sept cent mille piastres ; vous voyez qu'il nous est impossible de tout emporter et de mettre en sûreté au-delà de ce que nous avons fait. Par conséquent, s'il est des soldats qui veuillent prendre de l'or, dès à présent je le leur donne, puisque autrement il est destiné à se perdre parmi ces chiens d'Indiens. »

Entendant cela, plusieurs soldats de Narvaez et quelques-uns des nôtres se chargèrent de ces richesses. Quant à moi, j'avoue que jamais l'or n'excita mon envie et que je ne pensais qu'à sauver mon existence que je voyais en grand péril. Je pris soin néanmoins de mettre la main dans une valise et d'en retirer quatre *chalchihuis,* pierres précieuses que les Indiens ont en grande estime, et j'eus la précaution de les bien cacher sous les armures qui couvraient ma poitrine. Cortés s'empressa de faire serrer la valise avec les *chalchihuis* qui y étaient encore et il la donna en garde à son majordome. Je ne doute pas que si je n'avais déjà eu soin de cacher sur ma poitrine les quatre pierres que j'avais prises, le général ne les eût demandées ; or, plus tard, cette épargne me fut très utile pour soigner mes blessures et me procurer des vivres.

Reprenons notre récit. On nous instruisit de ce qui

était convenu avec Cortés sur la manière d'effectuer le départ et de transporter les pièces de bois destinées à former les ponts. La nuit était obscure, il y avait un peu de brouillard et il bruinait ; il n'était pas encore minuit. On commença à filer avec les madriers de nos ponts, placés dans les rangs convenus, et les équipages, l'artillerie, quelques cavaliers et les Indiens Tlascaltèques avec l'or se mirent en route. Le pont fut construit et le passage commença dans l'ordre que j'ai dit : d'abord Sandoval et plusieurs cavaliers ; après eux, Cortés, ceux qui l'accompagnaient à cheval et plusieurs autres soldats à pied. Mais, en cet instant, s'élevèrent tout à coup des cris, des sifflets et les sons des trompettes, du côté des Mexicains qui criaient en leur langue : « Tatelulco ! Tatelulco ! partez en grande hâte avec vos canots ! Les *teules* s'en vont, arrêtez-les au passage des ponts ! »

Et à l'instant, sans nous y attendre, nous vîmes tant de guerriers fondre sur nous et la lagune couverte de tant d'embarcations qu'il nous était impossible de plus rien faire, tandis que déjà plusieurs de nos soldats avaient passé. Une multitude énorme de Mexicains se jeta sur le pont pour le détruire, et ils se hâtaient tellement à blesser et à massacrer nos hommes que chacun en prenait à sa guise, sans attendre et sans aider son voisin. Et comme d'ailleurs il est vrai de dire qu'un mal ne vient jamais seul, il pleuvait, les chevaux glissaient sur le sol, l'épouvante les gagnait et ils allaient tomber dans la lagune. Le pont, du reste, ne tarda pas à être complètement détruit, car le nombre des Mexicains s'efforçant d'en enlever les derniers restes était si considérable que nous avions beau nous en défendre et les tuer en foule, il devint désormais impossible de mettre le moins du monde ce pont à profit. Il en résulta que la tranchée se combla bien vite de chevaux morts, de cavaliers — car, n'ayant pu se sauver à la nage, ils succombèrent pour la plupart —, de Tlascaltèques, d'Indiens *naborias* [1], de bagages, de valises et de canons.

C'était une horreur de voir et d'entendre la multitude des nôtres qui se noyaient, eux et leurs chevaux ; le

_____

1. Serviteurs libres.

156

grand nombre de soldats qu'on tuait dans l'eau et d'autres qu'on plaçait dans les embarcations ; les plaintes, les pleurs, les gémissements de ceux qui criaient : « Au secours ! aidez-moi ! je me noie ! on me tue ! » D'autres appelaient à leur aide Notre Dame sainte Marie et le seigneur saint Jacques ; quelques-uns demandaient un appui pour arriver aux madriers du pont ; c'étaient ceux qui, se jetant à la nage, s'aidaient des cadavres et des bagages pour se hisser jusqu'à l'endroit où se voyaient encore des restes de nos madriers. Quelques-uns de ces malheureux étaient déjà montés et se croyaient délivrés de tout péril lorsque se précipitaient sur eux de nombreux guerriers ennemis qui les assommaient à coups de casse-tête ou les achevaient avec leurs lances et leurs flèches.

Croit-on que le départ et la marche aient été effectués par nous dans l'ordre convenu ? Maudit sort ! rien de pareil n'eut lieu. Cortés, les capitaines et les soldats qui passèrent les premiers à cheval se virent obligés, pour sauver leur vie et arriver en terre ferme, de jouer de l'éperon sur la chaussée, sans s'attendre les uns les autres ; et ils firent bien ; car les hommes à cheval ne pouvaient se livrer à aucune attaque, attendu que les Mexicains se laissaient glisser dans la lagune aussitôt qu'on les chargeait. D'ailleurs, des canots, des terrasses et de la rue, l'ennemi criblait nos cavaliers de flèches, de pieux et de pierres et tuait leurs chevaux avec de longues lances en manière de pertuisanes, fabriquées par nos adversaires avec les espadons qu'il nous avaient pris. Toutes les fois, au surplus, qu'un cavalier en chargeant tuait quelque Indien, il était sûr qu'immédiatement on massacrait sa monture, de sorte qu'il fallut ménager l'ennemi en suivant la chaussée sans charger. Il est bien aisé de voir d'ailleurs que, d'une part, il nous était impossible de nous défendre dans l'eau ; d'un autre côté, sans escopettes, sans arbalètes et par une nuit obscure, que pouvions-nous faire de plus que ce que nous faisions, c'est-à-dire nous réunir trente ou quarante, tomber sur nos ennemis, nous débarrasser à coups d'épée de ceux qui nous mettaient la main dessus, marcher et avancer jusqu'à ce que nous fussions sortis de la chaussée ? Penser à s'attendre les uns les autres, c'eût été folie, personne de nous n'y aurait sauvé sa vie. Et s'il eût fait jour, les choses se fussent passées pis encore. De toute façon, nous qui eûmes la chance d'échapper, nous devons avouer que Notre Seigneur Dieu put seul nous donner la force qui nous sauva ; car il est impossible, pour quiconque ne l'a pas vu, de se figurer la multitude de guerriers qui se tenaient sur nous, et les embarcations qui s'emparaient de nos hommes et les enlevaient pour les aller sacrifier. C'était épouvantable !

Nous nous étions réunis cinquante soldats de Cortés avec quelques-uns de Narvaez ; nous remontions la chaussée ; de distance en distance survenaient des bataillons ennemis qui voulaient mettre la main sur nous. Je me rappelle qu'ils nous criaient : « Ho ! ho ! ho ! *luilones !* (c'est-à-dire : vils crapuleux !) vous êtes encore vivants, nos braves ne vous ont pas encore tués ! » Nous les recevions à coups de taille et d'estoc et nous avions la chance de passer outre. Nous arrivâmes enfin près de la terre ferme, non loin du village de Tacuba où se trouvaient déjà Gonzalo de Sandoval, Christoval de Oli, Francisco de Saucedo le Gentil, Gonzalo Dominguez, Lares, plusieurs autres cavaliers et des soldats qui avaient passé avant que le pont fût détruit. Tandis que nous approchions, nous entendîmes les voix de Christoval de Oli, de Gonzalo de Sandoval et de Francisco de Morla, criant, appelant Cortés qui marchait en avant de tout le monde et lui disant : « Attendez, général, ces soldats nous accusent de fuir et de laisser mourir dans les tranchées et sur la chaussée tous ceux qui restent derrière nous ; revenons sur nos pas pour rallier et secourir quelques hommes qui s'avancent couverts de blessures, disant que tous les autres sont morts et qu'il ne vient plus personne après eux. » A quoi Cortés répondit que c'était par miracle que nous étions sortis des chaussées, que si l'on rétrogradait jusqu'au pont, presque tous y perdraient la vie avec leurs montures.

Cependant, Cortés lui-même, Christoval de Oli, Alonso de Avila, Gonzalo de Sandoval, Francisco de

Morla et Gonzalo Dominguez, suivis de six ou sept autres cavaliers et de quelques soldats valides, se hasardèrent à revenir sur leurs pas ; mais ils n'allèrent pas bien loin. Ils rencontrèrent Pedro de Alvarado, grièvement blessé, une lance à la main, à pied, car on avait tué sa jument alezane. Il amenait avec lui sept soldats, trois des nôtres et quatre de Narvaez, sérieusement blessés également, avec huit Tlascaltèques, perdant beaucoup de sang par leurs nombreuses blessures.

Cependant, Cortés revint par la chaussée avec les capitaines et soldats que je viens de dire. Nous nous arrêtâmes pour reprendre haleine dans les grandes places qui précèdent Tacuba ; mais déjà on était venu de Mexico, qui n'est pas éloigné, criant et donnant avis aux Tacubains, aux gens d'Escapuzalco et aux habitants de Tenayuca pour qu'on nous coupât la retraite. Il en résulta que de nouveau on fit pleuvoir sur nous des pieux, des pierres, et l'on vint nous menacer avec les longues lances auxquelles on avait ajusté les épées prises sur nos hommes dans la déroute. De nos côté, nous faisions bonne contenance en nous défendant et parfois nous marchions sur eux à l'offensive.

Revenons à Pedro de Alvarado. Lorsque Cortés, les autres capitaines et les soldats le virent en cet état et apprirent de sa bouche qu'il ne venait plus personne après lui, ils pleurèrent amèrement. Pedro de Alvarado et Juan Velasquez de Leon, avec vingt autres cavaliers et plus de cent soldats, avaient été en effet placés à l'arrière-garde. Cortés demanda où étaient les autres, et la réponse fut que tous avaient péri, y compris Juan Velasquez de Leon, la plupart des cavaliers qui étaient avec lui, tant des gens de Narvaez que des nôtres, et plus de cent cinquante soldats qui les suivaient. Pedro de Alvarado raconta que, les chevaux étant morts, ils se réunirent au nombre de quatre-vingts hommes pour se venir en aide et ils réussirent à traverser la première tranchée sur les cadavres, les bagages et les chevaux noyés. Je ne me rappelle pas bien ce détail du passage sur les cadavres et nous ne prîmes pas garde à ce qu'il disait à Cortés sur ce sujet ; mais ce que je sais bien, c'est que sur cette première tranchée on tua Juan Velasquez et plus de deux cents hommes qui le suivaient, sans qu'on pût rien pour les sauver. Quant à la seconde tranchée, on peut dire que Dieu leur fit une bien grande grâce en permettant qu'ils y conservassent leurs vies ; car, chaussées et ponts, tout était couvert de guerriers ennemis.

Il faut que je dise quelque chose relativement à ce malheureux pont où l'on a placé ce que l'on appelle « le Saut d'Alvarado ». Je dois avouer qu'au moment de l'événement personne ne s'arrêta à vérifier le fait de savoir si ce capitaine sauta peu ou beaucoup. Nous avions bien assez à faire pour disputer nos vies au grand nombre de Mexicains qui tombaient sur nous ; en ce moment donc, nous ne pouvions nullement voir pareille chose ni tourner notre attention sur les distances franchies. La vérité est qu'en arrivant sur ce point Alvarado passa, comme il le dit lui-même à Cortés, en s'aidant des bagages, des chevaux et des cadavres de nos soldats. Il est facile de voir en effet que s'il avait voulu sauter en prenant sa lance pour appui, la tranchée était bien profonde, et on ne comprend pas qu'il eût pu faire porter un bout sur le fond et s'appuyer de l'autre. Il est d'ailleurs certain que l'ouverture était trop large pour qu'il pût la franchir, de quelque légèreté qu'il fût doué. J'ai encore une autre raison pour dire que ce saut n'était possible ni sur la lance ni d'autre façon. Un an plus tard, en effet, lorsque nous revînmes faire le siège de Mexico et prendre la ville, je me trouvai souvent sur ce même pont, combattant contre les bataillons mexicains. Ils avaient élevé des palissades et des obstacles sur le point même qu'on appelle aujourd'hui « le Saut d'Alvarado ». J'y ai souvent parlé de ce fait avec les camarades, et jamais nous ne pûmes nous arrêter à la pensée qu'il y eût un homme capable d'un saut pareil.

Mais suspendons notre jugement sur ce détail pour dire que nos capitaines s'assurèrent qu'aucun soldat ne venait plus ; et d'ailleurs Pedro de Alvarado affirma que tout était plein de guerriers ennemis, et que si quelques-uns des nôtres étaient restés vivants derrière nous, on ne manquerait pas de les massacrer au passage des ponts.

Si maintenant encore quelques personnes, qui ne le savent nullement et ne purent le voir, s'obstinaient à prétendre que ce saut de Pedro de Alvarado fut une réalité dans la nuit de notre fuite et sur cette tranchée de la lagune, je répète qu'il est impossible qu'il l'ai jamais franchie de cette manière. Pour qu'on en soit bien sûr, j'affirme que la base du pont et la hauteur de l'eau sont aujourd'hui dans le même état qu'alors ; or l'on voit que l'élévation du bord et la profondeur de la tranchée sont telles qu'Alvarado n'aurait pas pu atteindre le fond avec le bout de sa lance. J'insiste sur ce détail parce que je veux aussi que mes lecteurs sachent qu'il y eut à Mexico un soldat, nommé Ocampo, qui vint avec ceux de Garay. C'était un charlatan, grand fabricant de libelles diffamatoires et autres pasquinades. Il fit figurer méchamment dans ses écrits beaucoup de nos capitaines, avec de vilaines accusations qui ne doivent pas être répétées parce qu'elles sont fausses. C'est là qu'entre autres choses, sur Pedro de Alvarado, il l'accuse d'avoir laissé périr son compagnon Juan Velasquez de Leon, avec plus de deux cents soldats et tous les cavaliers formant l'arrière-garde, pour s'échapper, lui, en franchissant cette grande distance et réalisant le mot du dicton : « Il sauta et la vie fut sauve ! »

Mais reprenons le fil de notre récit. Il fallait se hâter de décider quelque chose pour éviter qu'après avoir réussi à nous sauver jusqu'à Tacuba nous finissions par périr tous jusqu'au dernier ; car un grand nombre d'habitants de Tacuba, d'Escapuzalco, de Tenayuca et d'autres villages environnants nous harcelaient sans cesse, obéissant à l'ordre qu'ils avaient reçu de Mexico, de courir à notre rencontre au passage des ponts et sur les chaussées. Ils s'abritaient dans les plantations de maïs, d'où ils parvenaient à nous faire le plus grand mal. Ils achevèrent même trois de nos soldats blessés. Nous convînmes donc de sortir du village et des champs voisins le plus tôt possible. Six ou sept Tlascaltèques, qui connaissaient ou plutôt devinaient la direction de

Tlascala, sans aller en droite ligne, nous servirent de guides et nous permirent d'arriver à un groupe de maisons qui se trouvaient au pied d'une butte. Là s'élevait un temple, espèce d'oratoire fortifié, où nous nous reposâmes. Qu'on me permette de répéter que nous étions toujours poursuivis par les Mexicains qui nous criblaient de flèches, de pieux et de pierres et nous entouraient, à rendre la situation épouvantable. Peut-être les lecteurs m'accuseront-ils d'abuser de ce récit ; je suis moi-même aussi fatigué de dire cette poursuite qu'ils peuvent l'être de l'entendre ; mais enfin je décris, et puisqu'à tout instant nos ennemis revenaient sur nous, nous harcelaient et nous entouraient, il faut bien que moi-même je le redise, en ajoutant que chaque fois ils nous tuaient du monde.

Disons au surplus comme quoi nous eûmes à nous défendre dans le temple érigé en fortifications. Nous nous y logeâmes d'abord et y pansâmes nos blessés, après l'avoir éclairé avec des feux. Nous n'avions du reste rien à manger. Mais, avant d'aller plus loin, rappelons que plus tard, après la prise de la ville de Mexico, à la place même de ce temple, nous bâtîmes une église qu'on appela Notre-Dame-des-Remèdes ; elle est actuellement l'objet d'une grande dévotion de la part des habitants et des grandes dames de Mexico qui y font des pèlerinages. Nous nous étions donc réfugiés dans ce temple ; c'était vraiment pitié de nous voir panser et couvrir nos blessures avec quelques mauvais morceaux de nos vêtements de coton. Elles s'étaient refroidies, enflées, et nous causaient les plus vives douleurs. Alors commencèrent nos pleurs en remarquant les soldats et les chevaux qui étaient absents. Qu'étaient devenus et Juan Velasquez de Leon, et Francisco de Salcedo, et Francisco de Morla, et Lares le bon cavalier, et tant d'autres de l'armée de Cortés ? Pourquoi en nommer si peu ? C'est que vraiment, s'il fallait dire tous ceux qui manquaient, nous n'en finirions pas de longtemps. Les soldats de Narvaez restèrent presque tous dans les tranchées, chargés de leur or. Que devinrent encore tant de Tlascaltèques qui avaient la mission de porter les lingots ou de nous aider de leur secours ? Le pauvre astrologue Botello, à quoi lui servit son astrologie puisqu'il trouva là sa fin comme les autres ? Disons encore que là moururent aussi les fils de Montezuma et les prisonniers que nous emmenions avec nous, et Cacamatzin, et quelques autres roitelets.

Ce n'était pas tout que de penser à tant de malheurs ; il nous fallait bien encore songer au sort qui allait s'ouvrir devant nous. Car enfin nous étions tous blessés ; nous n'avions sauvé que vingt-trois chevaux. L'artillerie et les poudres, nous n'en rapportâmes absolument rien ; les arbalètes, nous n'en sauvâmes que fort peu ; nous les mîmes du reste en état et nous préparâmes des flèches. Le malheur de notre position encore, c'est que nous ignorions absolument quels sentiments nous trouverions chez nos amis de Tlascala. Au milieu de toutes ces angoisses et perplexités, la nuit ne nous empêcha pas d'être entourés de Mexicains qui criaient et faisaient pleuvoir sur nous une grêle de projectiles. C'est dans cette situation que nous résolûmes de nous mettre en marche vers minuit. Les Tlascaltèques passèrent devant pour nous guider ; nous plaçâmes les blessés au centre, les boiteux s'appuyant sur des bâtons, les plus grièvement atteints montant en croupe sur les chevaux impropres au combat, tandis que la cavalerie saine nous protégeait en avant et sur les flancs. Ainsi rangés, nous nous mîmes en route ; les Tlascaltèques blessés se réfugièrent au centre de notre bataillon, tandis que ceux d'entre eux qui étaient valides et ceux d'entre nous qui conservions encore des forces faisions face à nos ennemis acharnés, car les Mexicains ne cessaient de nous harceler, criant, vociférant, sifflant et disant : « Vous allez en un lieu où pas un de vous ne conservera la vie. » Nous ne pouvions comprendre encore ce qu'ils voulaient dire, mais on ne va pas tarder à le voir. J'ai oublié de conter la joie que nous ressentîmes en revoyant notre doña Marina et doña Luisa, fille de Xicotenga ; elles avaient été sauvées, au passage des ponts, par quelques Tlascaltèques, frères de cette dernière, qui étaient partis au premier rang. Presque tous les travailleurs *naborias* qu'on nous avait donnés à Tlascala et à Mexico périrent dans les tranchées avec les autres.

Nous arrivâmes ce même jour à un grand village, appelé Gualquitan, qui plus tard appartint à Alonso de Avila. Il est vrai que nous entendions encore des cris et des vociférations : on nous lançait toujours mille projectiles, mais cela devenait plus supportable. De là nous prîmes la direction de petits villages, et bientôt les Mexicains nous suivirent en plus grand nombre ; ils se réunissaient en masse, faisant tous leurs efforts pour nous achever. Ce fut là qu'en cherchant à nous entourer, et en nous criblant de pieux et de flèches, ils nous tuèrent deux soldats déjà estropiés et un cheval, tandis qu'un grand nombre parmi nous reçurent de nouvelles blessures. Nous en tuâmes quelques-uns de nos estocades, et nos cavaliers leur firent aussi éprouver des pertes. Nous passâmes la nuit dans ces petits villages et nous y mangeâmes le cheval qu'on nous avait tué.

Le lendemain, de fort bonne heure, nous nous mîmes en route dans l'ordre accoutumé et mieux que jamais sur nos gardes, avec la moitié de nos cavaliers en avant. Après avoir cheminé un peu plus d'une lieue en plaine, alors que nous croyions être définitivement en sûreté, nous vîmes venir trois de nos cavaliers, nous criant que les champs étaient couverts de guerriers mexicains nous attendant. A cette nouvelle, nous prîmes peur certainement, beaucoup même, mais non au point d'en perdre tout courage et de ne tenter aucun effort pour leur échapper. Nous résolûmes au contraire de tenir bon jusqu'à la mort. Nous nous donnâmes un instant de repos, nous convînmes de la conduite de nos cavaliers, qui devaient charger et reculer au petit galop, sans s'arrêter devant l'ennemi, en balafrant les figures, essayant de rompre les rangs des Indiens. Quant à nos soldats, ils devaient faire en sorte que toutes les estocades traversassent l'ennemi par les entrailles, s'efforçant de bien venger nos morts et nos blessés et d'échapper, Dieu aidant, avec la vie sauve.

Après nous être recommandés du fond du cœur à Dieu et à sainte Marie, nous invoquâmes le nom du seigneur saint Jacques. En ce moment, l'ennemi commençait à nous entourer. Nos cavaliers, marchant cinq de front, entamèrent la charge, et nous les suivîmes tous ensemble. Quel spectacle que cette terrible bataille ! Comme nos corps s'entrelaçaient avec ceux de nos adversaires et avec quelle furie ces chiens se livraient au combat ! Que de blessures et de morts ils nous infligeaient avec leurs lances, leurs casse-tête et leurs espadons ! Quant à nos cavaliers, comme le champ de bataille était en plaine, il fallait voir avec quelle dextérité ils jouaient de leurs lances, chargeant et reculant tour à tour au petit galop. Leurs blessures et celles de leurs montures ne les empêchaient pas de se battre en gens de cœur. En cet instant, on eût dit, chez nous tous qui avions des chevaux, que nos forces surexcitées s'élevaient au double. Quoique nous fussions tous blessés et que nous vinssions de recevoir de nouvelles atteintes, nous étions loin de songer à des soins présents : nous n'en avions pas le temps ; une seule pensée nous guidait, celle de nous approcher assez pour mettre à profit de bonnes estocades. Et Cortés, et Christoval de Oli, et Gonzalo de Sandoval, et Pedro de Alvarado, qui après la mort de sa jument avait pris un cheval de ceux provenant de Narvaez, il fallait les voir courant de tous côtés, portant le désordre dans les rangs indiens, quoiqu'ils fussent eux-mêmes très grièvement blessés. A tous ceux d'entre nous qu'on voyait aux prises avec l'ennemi, Cortés criait de réserver les coups d'estocade et les bonnes entailles pour les gens de qualité, reconnaissables à leurs grands panaches dorés et à leurs riches armatures ornées de devises. Et comme le valeureux et intrépide Sandoval s'efforçait à nous donner du cœur en s'écriant : « Attention ! c'est aujourd'hui le grand jour de victoire. Espérez en Dieu que nous sortirons d'ici vivants pour les grandes fins auxquelles la Providence nous réserve ! » En attendant, beaucoup d'entre nous étaient blessés ou tués.

Revenons à Cortés, à Christoval de Oli, à Sandoval, à Pedro de Alvarado, à Gonzalo Dominguez et à beaucoup d'autres que je ne nomme pas ici. Disons aussi que, nous autres soldats, nous nous battions avec grande ardeur ; et certes à qui la devions-nous, cette ardeur ? c'était bien à Notre Seigneur Jésus-Christ, et à Notre Dame la Vierge sainte Marie, et au seigneur saint Jacques, qui assurément nous donnaient leur aide, ainsi que le certifiait plus tard un des capitaines de Guatemuz qui assista à la bataille. Or Dieu voulut que Cortés, avec les capitaines que je viens de dire, arrivât au lieu où se tenait le général mexicain, à côté de son drapeau déployé, affichant ses riches armes d'or et se pavanant sous ses panaches argentés. Cortés, ayant vu l'homme au drapeau entouré d'un grand nombre de Mexicains couverts de riches panaches, s'écria en s'adressant à Pedro de Alvarado, à Gonzalo de Sandoval, à Christoval de Oli et aux autres capitaines : « Attention, señores ; chargeons ces personnages ! » Et aussitôt, s'étant recommandés à Dieu, Cortés, Christoval de Oli, Sandoval, Alonso de Avila et d'autres caballeros se précipitèrent ensemble. Cortés vint donner du poitrail de son cheval sur le général mexicain et abattit son drapeau. En même temps, ses officiers enfoncèrent les rangs de l'énorme bataillon ennemi. Un nommé Juan Salamanca, natif d'Ontiveros, qui montait une excellente jument grise, suivit notre général et finit d'abattre le commandant ennemi, qui n'était pas encore tombé sous l'effort de Cortés. Il acheva de le tuer, enleva son riche panache et le présenta à Cortés en disant qu'à lui revenait de droit le plumet, puisqu'il avait le premier abattu le drapeau et fait chanceler celui qui le portait. Mais, plus tard, ce fut ce panache que Sa Majesté donna pour écusson à Salamanca et c'est de lui que se servent ses descendants.

Revenons à la bataille. Dieu nous fit la grâce qu'après la mort du commandant porte-drapeau, et le massacre de quelques autres qui l'entouraient, l'ardeur de nos ennemis se refroidît considérablement. Ils commencèrent donc à plier et à reculer, tandis que nos cavaliers tombaient dessus et les abîmaient de leurs lances. Quant à nous, nous ne souffrions plus de nos blessures, nous ne sentions ni faim ni soif ; on eût dit que nous n'avions éprouvé jusque-là ni malheurs ni fatigues ; nous mettions à profit la victoire, tuant et blessant nos ennemis à souhait. Quant à nos amis de Tlascala, ils étaient devenus des lions ; ils se conduisaient en gens de valeur avec leurs épées, leurs espadons et d'autres armes dont ils s'emparèrent sur le champ de bataille.

Nos cavaliers ayant cessé leur poursuite, nous nous rassemblâmes pour rendre grâces à Dieu qui nous avait permis d'échapper à cette énorme multitude ; car on n'avait jamais vu et on ne vit jamais dans les Indes, en bataille rangée, un si grand nombre de guerriers réunis. Là se trouvait la fine fleur de Mexico, de Tezcuco et de Saltocan, tous bien convaincus qu'aucun de nous sans exception ne sortirait vivant de la mêlée. Comme ils étaient pour la plupart officiers et personnages de qualité, on les voyait couverts d'or, de panaches et de devises. Un village appelé Otumba se trouvait près du lieu où se livra cette mémorable et terrible bataille ; on peut bien l'appeler ainsi et dire que Dieu seul nous permit d'en sortir vivants. Les Mexicains et les Tlascaltèques en on fait de nombreuses peintures et représentations sculptées, de même que pour d'autres mémorables combats que nous eûmes à soutenir contre les Culuans jusqu'à la prise de leur capitale.

J'appellerai maintenant l'attention des curieux lecteurs sur ce fait que, lorsque nous revînmes à Mexico au secours d'Alvarado, nous formions un total de treize cents hommes, y compris les cavaliers, au nombre de quatre-vingt-dix-sept, quatre-vingts arbalétriers, autant d'hommes d'escopettes et plus de deux mille Tlascaltèques, avec beaucoup d'artillerie. Notre seconde entrée à Mexico avait eu lieu le jour de la Saint-Jean de juin 1520, et notre fuite le 10 du mois de juillet suivant. Nous livrâmes la mémorable bataille d'Otumba le 14 de ce même mois de juillet. Et maintenant que nous avons échappé à tous les périls dont je viens de parler, je veux porter l'attention sur le nombre d'hommes qu'on nous tua, tant à Mexico, au passage des chaussées et des ponts, que dans les autres rencontres, dans la bataille d'Otumba et sur les routes. J'affirme que dans l'espace de cinq jours on nous massacra et sacrifia huit cent soixante hommes, en y comprenant soixante-dix soldats que l'on tua dans le village de Tustepeque, avec cinq femmes de Castille. Ces derniers appartenaient à la troupe de Narvaez. Nous perdîmes en même temps douze cents Tlascaltèques. Il faut dire aussi qu'alors périrent Juan de Alcantara, le vieux, avec les trois habitants de la Villa Rica qui étaient allés à la recherche de la part d'or qui leur revenait, comme je l'ai dit au chapitre qui en a traité ; d'où il résulta que non seulement ils perdirent leur or, mais aussi la vie ; et si l'on veut bien le remarquer, on verra que nous tous ne profitâmes guère des trésors qui nous étaient échus en partage. Il est encore à noter que s'il mourut plus d'hommes de la troupe de Narvaez que de celle de Cortés au passage des ponts, ce fut parce qu'ils se mirent en route chargés d'une quantité d'or dont le poids les empêcha de nager et de se tirer des tranchées.

Oublions un instant tant de malheurs pour dire que nous avancions enfin sur notre route en faisant éclater notre joie, mangeant des calebasses que dans le pays on appelle *allotes*. Or, remarquez qu'en mangeant nous ne ralentissions nullement notre marche en avant vers Tlascala, car nous voulions avant tout sortir du pays où les Mexicains pouvaient former des masses compactes contre nous. Ils ne cessaient pas encore, en effet, de crier et de nous mettre dans l'impossibilité de venir à bout de leurs forces ; ils continuèrent de nous lancer des projectiles jusqu'à notre arrivée à un petit village, toujours en pays ennemi, où nous trouvâmes un temple fortifié dans lequel nous pûmes nous reposer une nuit et panser nos blessures. Il est vrai que les bataillons mexicains étaient toujours à notre poursuite, mais ils n'osaient plus guère arriver jusqu'à nous ; le petit nombre de ceux qui s'en approchaient semblait dire : « Voilà que vous allez sortir de nos terres. » Du village où nous passâmes la nuit, on voyait des monticules semblables à ceux qui s'élèvent près de Tlascala ; cette vue nous rendait joyeux en nous donnant les illusions de notre propre domicile. Et, cependant, étions-nous bien sûrs que les Tlascaltèques nous conservaient leur fidélité et leur bon vouloir ? Savions-nous davantage si nos compatriotes de la Villa Rica étaient actuellement morts ou vivants ?

Cortés nous pria d'observer que nous étions peu nombreux, puisque nous ne dépassions pas quatre cent quarante hommes, avec vingt chevaux, douze arbalétriers et sept hommes d'escopette, sans la moindre poudre, tous blessés, boiteux ou estropiés de nos bras ; que Notre Seigneur Jésus-Christ nous avait fait la grâce d'échapper vivants, faveur insigne pour laquelle nous ne devions cesser de chanter ses louanges ; que notre nombre venait de s'abaisser au chiffre de notre départ de Cuba, puisque nous étions quatre cent cinquante lors de notre entrée à Mexico. Cortés ajouta que maintenant il nous priait de ne causer aucun dommage, aucun ennui aux gens de Tlascala et d'avoir soin de ne leur prendre quoi que ce fût. Cette dernière observation s'adressait aux hommes de Narvaez, parce qu'ils ne s'étaient pas encore habitués comme nous à témoigner, en campagne, d'une entière soumission à leur chef. Cortés dit encore qu'il avait l'espoir de trouver les Tlascaltèques bons et loyaux pour nous ; mais que si le contraire arrivait (ce qu'il plairait à Dieu de ne pas permettre), il espérait qu'en gens de cœur nous retrouverions la vigueur de nos bras et de nos poignets, et qu'en tout cas il s'agissait d'avancer en nous tenant bien sur nos gardes. Nos éclaireurs prirent donc les devants et c'est ainsi que nous arrivâmes à une fontaine située sur le penchant d'une colline. On voyait tout près comme un reste de palissade et de parapet déjà vieux. Nos amis de Tlascala nous avertirent que c'étaient là les limites qui séparaient le territoire tlascaltèque de celui des Mexicains.

Nous nous donnâmes un bon temps de repos pour nous laver et manger les quelques misérables vivres que nous avions pu nous procurer. Nous reprîmes bientôt notre route et arrivâmes à un village tlascaltèque appelé Gualiopar. On nous y fournit à manger, mais pas avec prodigalité ; et d'ailleurs ce n'était qu'au moyen des pièces d'or ou des *chalchihuis* dont plusieurs d'entre nous étaient porteurs et sans lesquels on ne donnait rien. Nous y prîmes un jour de repos et nous y pansâmes nos blessures et celles de nos chevaux. Aussitôt qu'on sut, dans la capitale de Tlascala, la nouvelle de notre approche, Maceescaci et les principaux personnages, avec la plupart des habitants, et Xicotenga le vieux et Chichimecatecle, et les gens de Guaxocingo, s'empressèrent de partir pour nous rendre visite. Quand ils arrivèrent au village où nous étions, ils furent embrasser Cortés ainsi que tous nos capitaines et soldats. La plupart avaient les larmes aux yeux, surtout Maceescaci, Xicotenga, Chichimecatecle et Tecapaneca, qui dirent à Cortés : « O Malinche, Malinche, combien nous avons de regret pour votre malheur et celui de vos frères, ainsi que du grand nombre des nôtres qui sont morts avec vous ! Nous vous avions recommandé bien souvent de ne pas vous fier aux Mexicains, qui devaient un jour où l'autre vous faire la guerre. Vous n'avez pas voulu nous croire. Maintenant que le mal est fait, il n'y a pas d'autre remède possible que de panser vos blessures et vous donner à manger. Vous êtes chez vous ; prenez du repos ; nous irons ensuite à notre capitale ; nous vous y logerons. Et ne va pas croire, Malinche, que ce soit peu pour vous d'être sortis vivants de cette forte et puissante ville et de ses ponts. Nous vous assurons, au contraire, que si auparavant nous vous tenions pour gens de valeur, maintenant nous vous estimons plus encore. Nous n'ignorons pas que plusieurs hommes et femmes de nos villages pleurent la mort de leurs fils, de leurs maris, de leurs frères et de leurs parents ; ne vous en affligez pas et pensez que vous devez rendre grâce à vos dieux qui vous ont conduits jusqu'ici après vous avoir arrachés des mains d'une si grande multitude de guerriers qui vous attendaient à Otumba où, nous le sûmes il y a quatre jours, on devait tous vous massacrer. Nous voulions aller à votre secours avec trente mille de nos guerriers ; si nous ne pûmes partir, c'est que nos hommes étaient dispersés et nous nous occupions à les réunir. »

Nous tous, Cortès, capitaines et soldats, nous les embrassâmes, les assurant de notre reconnaissance. Notre général leur donna à tous des joyaux d'or et quelques pierreries de celles qui avaient pu être sauvées ; nous imitâmes à l'envi cette conduite, faisant quelque cadeau à nos vieilles connaissances. Quelle joie ils témoignèrent en voyant doña Luisa et doña Marina sauvées du péril ! Que de pleurs, que de tristesse en apprenant que tant d'Indiens n'étaient pas revenus et avaient perdu la vie ! Maceescaci surtout était désolé de la mort de sa fille doña Elvira, et il pleura la perte de Juan Velasquez de Leon, à qui il l'avait donnée. C'est dans ces sentiments que nous nous rendîmes à la capitale de Tlascala avec tous les caciques. Cortès fut loger chez Maceescaci. Xicotenga offrit sa maison à Pedro de Alvarado. Nous soignâmes nos blessures et préparâmes notre convalescence. Quelques soldats moururent et quelques-uns tardèrent à guérir. [...]

(*La victoire d'Otumba donne le répit nécessaire aux conquistadores pour reconstituer leurs forces. Ils incorporent à leur armée les nouveaux arrivants espagnols qui débarquent sur les côtes mexicaines. Cortès entreprend le siège méthodique de Mexico en commençant par « pacifier » toutes les villes aztèques aux alentours. Pour faciliter l'investissement de Mexico, Cortès fait construire une flotille de brigantins. Devant les victoires successives des conquistadores, les rangs de leur armée s'accroissent de très nombreux alliés indigènes qui voient dans la future victoire espagnole le moyen de se libérer de la tyrannie de Mexico et de prendre une part du butin.*)

CXLVIII

Quand on eut publié les ordres du jour dont j'ai
parlé et qu'on eut envoyé les messagers aux alliés de
Tlascala et de Chalco, ainsi que des avis opportuns
à tous les villages, Cortés convint avec nos capitaines
et soldats qu'on passerait une revue le lundi de la Pen-
tecôte de l'an 1521. Cette revue eut lieu en effet sur
les grandes places de Tezcuco. Se trouvaient présents :
quatre-vingt cavaliers ; six cent cinquante soldats armés
d'épées, de rondaches et quelques-uns de lances ; cent
quatre-vingt-quatorze arbalétriers et gens d'espingole.
Sur ces derniers, on prit pour les brigantins ce que je
vais dire : pour chaque navire, douze arbalétriers et gens
d'escopette, qui ne devaient pas être employés à manier
les rames ; on prit aussi sur nos hommes douze rameurs
pour chaque brigantin, six de chaque bord ; on nomma
en outre un capitaine par brick. Il en résulta qu'il fallut
pour chaque bâtiment vingt-cinq hommes, y compris le
capitaine, et comme le nombre des brigantins était de
treize, cela formait un ensemble de deux cent quatre-
vingt-huit hommes ; en y ajoutant les artilleurs qui
furent désignés en sus des vingt-cinq soldats, la flotille
employa en tout trois cents hommes, d'après le compte
que j'en ai fait. Cortés répartit entre les navires les
canons de bronze et les fauconneaux que nous avions,
avec toute la poudre qui lui parut nécessaire. Cela fait,

il ordonna de publier les règlements auxquels nous aurions tous à nous soumettre :

Premièrement, que personne n'eût l'audace de blasphémer les noms de Notre Seigneur Jésus-Christ, de Notre Dame sa Mère bénie, des saints apôtres ou d'autres saints quelconques, sous peine des plus sévères châtiments ;

Secondement, qu'aucun soldat n'exerçât de mauvais traitements contre les alliés qui venaient à notre aide ; qu'on se gardât de rien leur prendre, fût-ce même des choses qu'ils auraient acquises comme butin, pas plus que des Indiens ou des Indiennes, de l'or, de l'argent ou des *chalchihuis* ;

Troisièmement, qu'aucun soldat n'eût l'audace de sortir du campement, soit de jour, soit de nuit, pour aller chez les peuplades alliées ou n'importe en quel autre lieu, dans le but de s'approvisionner de vivres ou pour quelque autre motif que ce fût, sous les peines les plus sévères ;

Quatrièmement, que tous les soldats se munissent de bonnes armures bien matelassées, avec gorgerets, oreillons, visières, et de bonnes rondaches, et qu'ils n'oubliassent pas que, l'ennemi faisant usage d'une multitude de pieux, de pierres, de flèches et de lances, il était nécessaire de se munir des armures prévues par l'ordre du jour ;

Cinquièmement, que personne ne jouât ni son cheval, ni ses armes sous n'importe quelle forme, à peine des châtiments les plus sévères ;

Sixièmement enfin, qu'aucun soldat, cavalier, arbalétrier ou escopettier ne se couchât ou ne s'endormît sans avoir sur lui toutes ses armes et sans être chaussé de ses sandales, excepté les cas de blessures ou de maladie, afin que nous fussions toujours prêts, à quelque moment que les Mexicains vinssent nous attaquer.

On fit aussi publier les lois ordinaires de l'ordonnance militaire, comme, par exemple, la peine de mort pour tout homme qui s'endort pendant son quart de veillée ou qui abandonne le poste à lui confié. On publia en outre qu'un soldat ne pourrait aller d'un quar tier à un autre sous peine de mort, sans la permission de son capitaine. On mit encore à l'ordre du jour que serait puni de mort tout homme qui abandonnerait son chef en campagne ou en bataille, ou qui prendrait la fuite. [...]

(L'attaque de la capitale aztèque se révèle très difficile. Les indigènes se défendent avec acharnement. Les conquistadores vont l'apprendre à leurs dépens. Cuitlah-mac[1], le successeur de Montezuma, est mort de la variole et a été remplacé par Cuauhtemozin[2], adversaire acharné des Espagnols.)

---

1. Coadlavaca pour Bernal Díaz.
2. Guatemuz pour Bernal Díaz.

CLII

Comme quoi les Indiens mexicains firent éprouver à Cortés une déroute, lui prirent soixante-deux soldats espagnols, enlevés vivants pour être sacrifiés, et le blessèrent lui-même à la jambe ; du grand danger que nous courûmes par sa faute.

Cortès finit par voir qu'on ne gagnait rien à vouloir combler toutes les tranchées et les fossés pleins d'eau dont nous nous emparions chaque jour, parce que les Mexicains les creusaient de nouveau les nuits suivantes, les couvrant de défenses de plus en plus redoutables. Il devenait d'ailleurs bien fatigant de s'occuper toujours et tous ensembles, blessés comme nous l'étions, à ces travaux de tranchées à combler et de ponts à détruire. Notre général résolut donc d'ouvrir un conseil avec les capitaines et soldats de son quartier, Christoval de Oli, Francisco Verdugo, Andrès de Tapia, l'alferez Corral, Francisco de Lugo ; il en écrivit même à Pedro de Alvarado et à Gonzalo de Sandoval, dans le but de mettre en question avec tous ses chefs et soldats s'il paraîtrait convenable d'entrer par un seul assaut au cœur de la ville jusqu'au Tatelulco, cette grande place de Mexico, plus vaste que celle de Salamanca, et d'y établir nos trois camps une fois que nous y serions parvenus, afin de faire rayonner de ce point les attaques sur toutes les rues de la ville, évitant ainsi les fatigues, les travaux ainsi que la garde des tranchées et des ponts, non moins que les périls de nos retraites journalières. Comme il arrive d'ordinaire en de pareilles réunions, plusieurs opinions furent émises. Quelques-uns prétendaient que ce n'était point un dessein prudent que de vouloir s'introduire absolument dans le cœur de la capitale ; qu'il paraissait plus raisonnable de rester tels qu'on était, bataillant, détruisant, incendiant des maisons. Les raisons que nous donnâmes, nous qui émettions cet avis, c'est que si nous pénétrions jusqu'au Tatelulco après avoir abandonné toutes les chaussées et tous les ponts sans y laisser aucune garde, les Mexicains, forts de leur nombre, appuyés de leur multitude d'embarcations, creuseraient de nouveau les fossés, rétabliraient les ponts dont nous ne serions plus maîtres et emploieraient toutes leurs forces à de nouvelles attaques, de nuit comme de jour. Nous ajoutions qu'en ce cas, vu les nombreux obstacles des madriers enfoncés sous l'eau, nos brigantins seraient dans l'impossibilité de venir à notre aide ; ce qui se réduisait à prouver qu'en suivant le projet de Cortés, ce serait nous qui deviendrions les assiégés, tandis que l'ennemi aurait pour lui la terre ferme et la lagune, c'est-à-dire le champ libre. Nous lui écrivîmes à ce sujet afin d'éviter d'être victimes du même désastre qu'autrefois lorsque nous sortîmes de Mexico en fuyards.

Cortés, ayant entendu les avis de tout le monde et pesé les raisons sur lesquelles ils étaient appuyés, leur donna pour conclusion que le lendemain nous partirions des trois camps avec la plus grande vigueur, tant les cavaliers et les arbalétriers, escopettiers et soldats, et que nous enlèverions tous les ponts à l'ennemi jusqu'à la place du Tatelulco, enjoignant aux trois divisions, aux Tlascaltèques, aux Tezcucans et aux villages et villes de la lagune qui avaient récemment juré obéissance à Sa Majesté de venir appuyer nos brigantins avec toutes leurs embarcations. Le matin donc, après avoir entendu la messe et nous être recommandés à Dieu, nous sortîmes de notre campement sous les ordres de notre capitaine Pedro de Alvarado ; Cortés partit de son côté et Gonzalo de Sandoval également, avec tous les capitaines. Les ponts et les palissades étaient enlevés avec beaucoup d'entrain ; nos ennemis résistaient en guerriers valeureux ; Cortés s'avançait victorieux et Gonzalo de Sandoval n'était pas moins heureux de son côté. Quant à nous, notre division avait déjà enlevé une palissade et un pont, à la vérité, au prix de grandes fatigues, parce que Guatemuz avait fait garder ce point par une force considérable. Nous eûmes beaucoup de soldats atteints de graves blessures dans cette attaque ; l'un d'eux mourut même sur le coup ; plus de mille de nos alliés tlascaltèques sortirent de là fort maltraités, la tête couverte de blessures. Malgré tout, nous avancions toujours, très fiers de notre triomphe.

Revenons à Cortés et à son monde. Ils venaient de s'emparer d'un fossé très profond, après lequel les Mexicains avaient adroitement ménagé une petite chaussée très étroite, avec l'espoir d'obtenir ce qui en effet arriva bientôt à notre général. Cortés avançait entouré de ses capitaines et de ses soldats victorieux ; la chaussée était remplie de nos alliés à la poursuite des Mexicains qui, en simulant une retraite précipitée, ne cessaient pas pour cela de lancer sur nous leurs projectiles. Ils faisaient au surplus halte de temps en temps, comme s'ils avaient résisté à Cortés et dans le but réel de l'amorcer à leur poursuite, en prenant soin de fuir aussitôt que nos hommes se précipitaient victorieux sur leurs pas. Mais, on le sait, la roue de la Fortune tourne parfois à l'adversité et les plus grandes prospérités font place aux plus déplorables tristesses. Comme Cortés, donc, s'avançait triomphant sur l'ennemi, il advint que, par manque de précaution et parce qu'il plut à Notre Seigneur Jésus-Christ de le permettre, lui-même ainsi que ses capitaines et soldats oublièrent de combler derrière eux la dernière tranchée dont ils s'étaient emparés. La petite chaussée sur laquelle ils avançaient avait été d'ailleurs adroitement rétrécie par l'ennemi, l'eau la recouvrait en certains points et partout elle était souillée par une vase épaisse. Les Mexicains les virent avec joie s'aventurer dans ce passage sans combler le fossé ; c'était précisément ce qu'ils avaient désiré. Dans cette attente, ils avaient tenu en réserve un grand nombre de bataillons aux ordres de valeureux capitaines, et plusieurs embarcations étaient préparées sur la lagune, se tenant en des points où nos brigantins ne leur pouvaient faire aucun mal, à cause des obstacles qu'on avait préparés, et sur lesquels ils seraient venus s'échouer.

En ce moment donc, l'ennemi revint sur Cortés et sur ses soldats avec la plus grande furie en poussant des cris et des hurlements. Le choc fut si vigoureux et si soudain que nos hommes n'y purent résister, et tous furent d'avis de faire reculer leurs compagnies dans le meilleur ordre. Mais lorsque, toujours en butte à la rage de l'ennemi, ils furent arrivés au point difficile de la chaussée, le désordre se mit dans leurs rangs et ils se prirent à fuir sans plus songer à la résistance. Notre Cortés, les voyant débandés, essayait de les encourager en criant : « Tenez, tenez, camarades, tenez ferme ! Qu'est-ce donc ? Est-ce ainsi que vous tournez le dos ! » Mais il ne put ni les retenir ni s'opposer à leur fuite. Alors, sur cette chaussée étroite et glissante, au passage de cette tranchée qu'on n'avait point comblée, les ennemis, s'appuyant sur leurs embarcations, mirent Cortés en déroute, le blessèrent à une jambe, lui enlevèrent vivants soixante et quelques soldats et lui tuèrent six chevaux.

Notre général lui-même avait déjà été saisi par six ou sept capitaines mexicains ; mais le bon Dieu voulut bien lui donner la vigueur nécessaire pour se défendre et se délivrer de leurs étreintes, malgré la blessure qu'il avait à la jambe. D'ailleurs en ce moment arriva à son aide un très valeureux soldat, nommé Christoval de Olea, natif de la Vieille-Castille (il ne faut pas le confondre avec Christoval de Oli). Voyant notre chef au milieu de tant d'Indiens, il s'escrima avec une telle bravoure qu'il tua quatre des capitaines qui avaient mis la main sur Cortés. Un autre vaillant soldat, appelé Lerma, vint à son secours ; joignant leurs efforts, ils parvinrent à faire lâcher prise à l'ennemi ; mais le malheureux Olea y perdit la vie et Lerma lui-même fut sur le point de mourir de ses blessures. D'autres soldats qui étaient déjà fort maltraités accoururent, s'emparèrent de Cortés et l'aidèrent à se soustraire à ce pressant danger. En cet instant d'ailleurs arriva Quiñones, le capitaine de sa garde. Cortés, saisi par les bras, fut retiré de l'eau ; on lui fournit un cheval sur lequel il put échapper à la mort. En ce moment accourut encore son camarero ou majordome, Christoval de Guzman, qui lui amenait un autre cheval. Les Mexicains, qui se tenaient sur les terrasses des maisons, très fiers de leur victoire, s'emparèrent du malheureux Guzman et l'enlevèrent vivant pour le mener à Guatemuz. L'ennemi continua la poursuite contre Cortés et sa division jusqu'à ce qu'ils fussent rentrés dans leur campement ; et même lorsque, après le désastre, les Espagnol se furent réfugiés en lieu sûr, les bataillons victorieux ne cessaient pas de se porter sur eux, criant, vociférant des injures, les accusant de lâcheté.

Cessons un moment de parler de Cortés et de sa défaite pour en revenir à nous, c'est-à-dire à la division de Pedro de Alvarado. Nous avancions fiers de nos triomphes lorsque, au moment où nous nous y attendions le moins, nous voyons venir à nous un grand nombre de bataillons mexicains, poussant des cris furieux, ornés de superbes banderoles et la tête couverte de beaux panaches. Ils jettent à nos pieds cinq têtes, dégouttant de sang, qu'ils venaient de couper à nos camarades enlevés à Cortés ; en même temps, ils nous crient : « C'est ainsi que nous allons vous tuer, comme nous avons massacré déjà Malinche et Sandoval, ainsi que tous ceux qui étaient avec eux. Voilà leurs têtes, reconnaissez-les bien ! » Sur ce, ils nous serraient de près et en arrivaient même à porter la main sur nos personnes, sans que nous pussions retirer aucun profit de nos épées, de nos estocades, des décharges de nos arbalétriers et de nos escopettiers ; ils continuaient aussi à nous cribler de projectiles avec toute la sécurité du tir à la cible. Malgré tout, nous ne laissions pas entamer nos rangs dans notre retraite. Nous avions d'ailleurs fait parvenir à nos alliés tlascaltèques l'ordre de débarrasser au plus tôt la chaussée et les mauvais passages. Ils ne se le firent pas dire deux fois. Ayant vu les cinq têtes ensanglantées et entendu dire que Malinche, Sandoval et les *teules* qui étaient avec eux avaient été massacrés, avec la menace du même sort pour nous tous, nos alliés furent saisis de frayeur et crurent à la réalité de cette nouvelle ; c'en fut assez pour qu'ils s'empressassent d'évacuer la chaussée sans retard. Quant à nous, tout en revenant sur nos pas, nous entendions des sons lugubres s'élever du grand temple des divinités Huichilobos et Tezcatepuca, dont la hauteur dominait toute la ville : c'étaient les tristes roulements d'un grand tambour, comparable aux instruments infernaux ; ses vibrations étaient telles qu'on l'entendait à deux ou trois lieues à la ronde. A côté de lui résonnaient en même temps un grand nombre d'abatales. C'est qu'en ce moment, ainsi que plus tard nous le sûmes, on offrait aux idoles dix cœurs et une grande quantité de sang de nos malheureux camarades.

Détournons nos regards de ces sacrifices pour dire que nous continuions à revenir sur nos pas et que les attaques dirigées contre nous étaient incessantes tant du côté de la chaussée que des terrasses des maisons et des embarcations de la lagune. En cet instant, de nouveaux bataillons se précipitent sur nos rangs, envoyés par Guatemuz. Ils étaient excités par le son de la trompe de guerre qu'on destinait à donner le signal des combats à mort ; elle annonçait aux capitaines qu'ils devaient s'emparer de l'ennemi ou mourir à ses côtés. Ses éclats étaient si aigus qu'on en avait les oreilles assourdies. Aussitôt que les bataillons et leurs chefs les eurent entendus, il fallait voir avec quelle rage ils cherchaient à enfoncer nos rangs pour mettre la main sur nous ! C'était épouvantable ! Et maintenant que j'y reporte ma pensée, il me semble voir encore ce spectacle ; mais il me serait impossible de le décrire. La vérité que je dois confesser ici, c'est que Dieu seul pouvait nous soutenir, après les blessures que nous avions reçues ; ce fut bien lui qui nous sauva, car autrement nous n'aurions jamais pu revenir à notre camp. Je lui rends mille grâces et je chante ses louanges pour m'avoir délivré des mains des Mexicains, cette fois comme en tant d'autres circonstances.

Quoi qu'il en soit, reprenant mon récit, je dois dire que nos cavaliers faisaient des charges continuelles, et deux canons placés près du camp — l'un faisant feu pendant qu'on chargeait le second — nous furent d'un bon secours pour nous soutenir. La chaussée, en effet, était absolument couverte de guerriers ennemis qui venaient jusqu'aux maisons, nous lançant des projectiles et nous traitant déjà comme des vaincus. C'est là que nos canons en tuaient réellement un grand nombre. Celui qui nous rendit ce jour-là, dans cette arme, le plus grand service fut un hidalgo, nommé Pedro Moreno de Medrano, qui demeure actuellement à Puebla. Il était chargé en ce moment de l'artillerie ; la plupart de nos anciens artilleurs avaient péri et ceux qui restaient étaient grièvement blessés. Ce Pedro Moreno de Medrano, outre qu'il fut toujours un courageux soldat, nous fournit en cette journée notre meilleur appui. Du reste, pendant que nous étions ainsi dans les angoisses et couverts de blessures, nous ne savions rien ni de Cortés, ni de Sandoval, ni de leurs hommes ; nous ignorions s'il était vrai qu'on les eût mis en déroute et massacrés, ainsi que les Mexicains l'avaient prétendu lorsqu'ils jetèrent à nos pieds les cinq têtes qu'ils portaient à la main en les tenant par les cheveux et la barbe, assurant qu'ils avaient mis à mort Malinche, Sandoval et tous les *teules,* tandis qu'ils nous menaçaient de pareil sort pour ce jour-là même. Il nous était impossible de savoir la vérité parce que nos divisions combattaient à une demi-lieue de distance l'une de l'autre ; le point où Cortés avait été vaincu se trouvait plus éloigné encore. Nous étions donc fort affligés.

Réunissant les blessés à ceux qui étaient encore sains et saufs et formant ainsi une masse compacte, nous résistâmes de nouveau au choc terrible des Mexicains qui se jetaient sur nous avec la confiance que leurs attaques ne laisseraient pas en ce jour un seul de nous vivant. Pour ce qui est de nos brigantins, l'ennemi s'était déjà emparé de l'un d'eux ; trois soldats y avaient été tués, le commandant était blessé, ainsi que la plupart des hommes qui le montaient. Un second brigantin, commandé par Juan Xaramillo, accourut à son aide. Les Mexicains avaient fait échouer encore sur un autre point, d'où il ne pouvait se dégager, un de nos bricks, commandé par Juan de Limpias Caravajal, qui devint sourd par suite de la rage qu'il éprouva en cette circonstance (il demeure actuellement à Puebla). Il combattit personnellement avec tant de courage et il sut si bien animer ses rameurs qu'ils parvinrent à arracher les pieux du fond de l'eau. Ils sortirent de là tous grièvement blessés, mais on sauva ce brigantin, qui donna le premier exemple de l'enlèvement des obstacles de la lagune.

Quant à Cortés, la plus grande partie de son monde avait péri ; le reste était blessé ainsi que lui-même. En cet état, ils voyaient les Mexicains continuer à les attaquer jusqu'en leurs propres quartiers et jeter aux pieds des soldats, qui résistaient encore, quatre autres têtes ensanglantées des malheureux camarades qu'on avait enlevés vivants. L'ennemi criait que c'étaient les restes du Tonatio (ou Pedro de Alvarado), de Gonzalo de Sandoval et de deux autres *teules* ; il ajoutait que nous avions tous été massacrés. On assure qu'à cette nouvelle Cortés et ceux qui l'entouraient sentirent redoubler leur abattement ; mais ce ne fut pas au point que notre général s'en montrât grandement découragé. Il recommanda en ce moment au mestre de camp Christoval de Oli et aux autres chefs de prendre bien garde de se laisser entamer par les Mexicains qui les pressaient et ordonna que blessés et bien-portants prissent soin de se tenir en masse compacte. Il détacha Andrès de Tapia avec trois cavaliers pour aller par terre à Tacuba, où se trouvait notre campement, afin de savoir ce que nous étions devenus, et, dans le cas où il aurait la chance de ne pas nous trouver en déroute complète, nous conter ce qui lui était arrivé et nous encourager à faire bonne garde dans nos quartiers de jour comme de nuit, en nous tenant en masse compacte. Il nous envoyait là une recommandation inutile, car nous avions la coutume d'en agir ainsi. Andrès de Tapia et les trois cavaliers qui l'accompagnaient eurent soin de presser le pas. Malgré leur diligence, ils ne purent éviter une pluie de pieux et de flèches que les Mexicains firent tomber sur eux en un mauvais passage de la route, car Guatemuz avait fait établir un cordon d'Indiens coupant tous les chemins pour empêcher que nous pussions recevoir des nouvelles les uns des autres. Andrès de Tapia fut blessé. En sa compagnie venaient les valeureux Guillen de la Loa, Valdenebro et Juan de Cuellar. Arrivés à notre campement, ils se réjouirent beaucoup en nous voyant combattre contre les forces mexicaines qui s'étaient toutes réunies pour tomber sur nous. Ils nous racontèrent ce qui était arrivé à Cortés dans sa déroute et ce que notre chef les avait chargés de nous dire. Ils ne nous avouèrent pas le nombre de leurs morts ; ils parlaient seulement de vingt-cinq hommes, ajoutant que les autres étaient sains et saufs.

Nous parlerons maintenant de Gonzalo de Sandoval, de ses capitaines et de ses soldats. Il s'était avancé triomphant de son côté par les rues qu'il était chargé d'attaquer. Mais lorsque les Mexicains eurent fini avec Cortés, ils tombèrent sur lui et sur son monde de telle façon qu'on ne put plus se soutenir. L'ennemi lui tua deux soldats et lui blessa tout le reste de sa troupe ; lui-même reçut trois blessures, à la cuisse, au bras et à la tête. Au plus fort du combat, on présenta à leurs regards six têtes des hommes de Cortés en disant que c'étaient celles de Malinche, du Tonatio et d'autres chefs, avec la menace du même sort pour Gonzalo de Sandoval et ceux qui étaient avec lui ; et là-dessus ils lui firent éprouver les plus rudes attaques. Ce voyant, l'excellent capitaine Sandoval recommanda à ses officiers et soldats de s'armer plus que jamais de courage, de ne point perdre confiance, de ne commettre aucune faute, aucun désordre dans les rangs pendant qu'ils reculeraient sur la chaussée, qui était fort étroite. Son premier soin fut de faire évacuer celle-ci par les Tlascaltèques, dont le nombre était considérable, afin qu'ils ne missent point obstacle à sa retraite. Appuyé de ses brigantins et à l'aide de ses arbalétriers et escopettiers, il put enfin arriver à son camp après avoir perdu deux hommes et ramenant le reste de sa troupe blessé et découragé. Se voyant hors de la chaussée, mais toujours entouré de Mexicains, il s'efforça de relever le courage des siens, les exhortant à se tenir en masse compacte de jour comme de nuit, faisant bonne garde dans le camp pour éviter une déroute complète. Sandoval crut du reste pouvoir se reposer de ces soins sur le capitaine Luis Marin, dont la conduite était irréprochable ; il prit avec lui quelques cavaliers et, tout blessé qu'il était, couvert de bandages, il partit en toute hâte vers le camp de Cortés. Il reçut en route sa bonne part de projectiles, car, ainsi que je l'ai déjà dit, Guatemuz avait placé des Indiens guerriers sur tous les chemins afin d'intercepter les courriers d'un camp à l'autre, espérant parvenir ainsi plus facilement à nous vaincre.

Sandoval, arrivé en présence de Cortés, lui dit : « O capitaine, qu'est-ce donc ! Sont-ce bien là les conseils de prudence que vous me donniez toujours ? Comment est arrivé ce malheur ? » Cortés lui répondit en versant des larmes : « Sandoval mon fils, ce sont mes péchés qui me l'ont mérité ; quant à l'affaire, je n'y suis pas aussi répréhensible qu'on le dit. Le vrai coupable c'est le trésorier Juan de Alderete, à qui j'avais ordonné de faire combler le mauvais pas où l'on nous a défaits ; comme il n'est pas habitué à recevoir des ordres à la guerre, il n'a pas obéi. » Mais en ce moment se présentait le trésorier lui-même, pour avoir des nouvelles de Sandoval et apprendre si sa troupe était aussi en déroute ou détruite. Il répondit au général que c'était bien lui, Cortés, qui avait toute la faute de ce malheur ; car, s'étant vu un moment victorieux et voulant suivre la bonne chance, il s'était écrié : « En avant, caballeros ! » sans songer à faire combler les tranchées et les mauvais passages. Le trésorier ajoutait que s'il en avait reçu l'ordre, il l'eût exécuté avec sa compagnie et à l'aide de ses amis. On reprochait encore beaucoup à Cortés de n'avoir pas donné assez tôt, aux nombreux Tlascaltèques qu'il avait amenés, l'ordre d'évacuer la chaussée.

Je ne mentionnerai pas quelques autres explications échangées avec aigreur entre Cortés et le trésorier et j'en arriverai à dire qu'en ce moment abordèrent deux brigantins qui s'étaient trouvés avec Cortés au combat de la chaussée ; on n'avait plus de leurs nouvelles depuis la déroute. Il paraît qu'ils furent retenus par les obstacles du fond de l'eau, sur lesquels ils avaient échoué. Leurs commandants rapportaient qu'un grand nombre d'embarcations les entourèrent en les attaquant vigoureusement. Tout le monde, du reste, était blessé à bord. Ils disaient que, grâce premièrement au secours du bon Dieu, favorisés ensuite par un bon vent et faisant de prodigieux efforts sur leurs rames, ils avaient eu la chance de rompre les pieux qui les retenaient et de pouvoir ainsi se sauver. Cortés en éprouva une grande joie, car jusque-là, bien qu'il n'eût pas voulu le dire afin de ne point décourager son monde, il avait cru ces deux brigantins perdus.

Quoi qu'il en soit, notre général, revenant à Sandoval, lui donna commission d'aller en toute hâte à notre quartier de Tacuba pour s'assurer si l'on nous avait défaits ou savoir dans quel état nous nous trouvions, lui recommandant, dans le cas où il nous rencontrerait encore vivants, de nous aider à faire résistance et à éviter de laisser rompre nos rangs. Cortés ordonna à Francisco de Lugo d'accompagner Sandoval, pensant bien qu'il y aurait des bataillons ennemis sur la route ; il rappela qu'il avait déjà envoyé Andrès de Tapia avec trois cavaliers pour prendre de nos nouvelles et il témoigna quelque crainte qu'on ne les eût tués en route. Là-dessus, il embrassa Gonzalo de Sandoval et prit congé de lui en disant : « Vous voyez que je ne puis pas être partout ; c'est à vous que je recommande tous ces soins, car, regardez, je suis blessé et boiteux. Je vous prie de porter votre surveillance sur nos trois camps. Je pense bien que Pedro de Alvarado, ses officiers et ses soldats se seront conduits en gentilshommes au combat ; mais j'ai bien peur que ces chiens d'ennemis, avec leurs puissants moyens, ne leur aient infligé une déroute ; car vous voyez ce qu'ils ont fait de moi et de ma division. » Sandoval et Francisco de Lugo arrivèrent en toute hâte à l'endroit où nous étions. C'est à l'heure de vêpres qu'ils se présentèrent à notre camp, tandis que nous avions déjà eu connaissance de la déroute de Cortés avant la grand messe.

Sandoval nous trouva en train de nous battre avec des Mexicains qui voulaient forcer l'entrée de notre camp, les uns par les ruines d'une maison détruite, d'autres par la chaussée et quelques-uns encore au moyen d'embarcations par la lagune. Ils avaient fait échouer un brigantin sur les obstacles du fond, tuant deux soldats et blessant tout le monde à bord. Sandoval nous aperçut, moi et quelques autres hommes, plongés dans l'eau plus haut que la ceinture pour aider le brigantin à revenir en eau plus profonde. Plusieurs Indiens étaient sur nous, les uns avec les épées qu'ils avaient prises à Cortés dans sa déroute, les autres avec des espadons affilés, cherchant à nous cribler d'entailles ; je reçus là un coup de flèche. Ils avaient fait approcher un grand nombre de canots pour réunir de puissants efforts sur ce point, et déjà ils tenaient amarré le brigantin avec des cordes pour l'enlever et l'emmener à l'intérieur de la ville. Sandoval, nous voyant en cet état, nous cria : « Courage, camarades, tâchez d'empêcher qu'on l'emmène ! » Or nous fîmes si bien que nous pûmes le pousser en lieu sûr, mais avec tous ses matelots blessés, ainsi que je l'ai dit, et deux soldats morts.

En ce moment un grand nombre de bataillons mexicains se précipitèrent sur la chaussée, nous blessant tous, aussi bien les cavaliers que les soldats. Sandoval reçut un grand coup de pierre sur le visage. Pedro de Alvarado vola à son secours avec un autre cavalier, tandis que la masse d'ennemis augmentait et que nous lui faisions front. Sandoval nous donna l'ordre de reculer lentement en protégeant leurs chevaux et, comme nous n'exécutions pas ce mouvement aussi vite qu'il l'aurait désiré, il s'écria : « Vous voulez donc qu'à cause de vous l'ennemi nous tue, moi et tous ces gentilshommes ! Pour l'amour de Dieu, camarades, repliez-vous donc ! » En ce moment, il reçut une nouvelle blessure et son cheval fut atteint également. Alors nous fîmes evacuer la chaussée par nos alliés et nous nous mîmes à reculer peu à peu, tenant tête à l'ennemi, sans jamais tourner le dos, comme si nous avions fait des passes d'armes : les arbalétriers et les fusiliers combinaient leurs manœuvres de manière que les uns s'occupaient du tir tandis que les autres armaient ou chargeaient les escopettes, prenant soin du reste de ne pas tirer tous ensemble. Les cavaliers opéraient quelques charges ; Pedro Moreno de Medrano employait son temps à charger ses pièces et à faire feu ; mais il avait beau abattre des Mexicains avec ses boulets, on ne parvenait pas à les repousser, ils étaient toujours sur nous, bien convaincus qu'ils nous emmèneraient tous pour être sacrifiés cette nuit même.

Nous parvînmes enfin à nous retirer en sûreté près de notre campement, laissant entre l'ennemi et nous un grand fossé très profond et rempli d'eau qui nous mettait hors de portée des pierres, des pieux et des flèches. Sandoval, Francisco de Lugo et Andrès de Tapia se trouvaient avec Pedro de Alvarado. Chacun d'eux contait ce qui lui était arrivé et l'on s'entretenait des ordres donnés par Cortés lorsque tout à coup se firent entendre les sons funèbres du grand tambour de Huichilobos, ainsi que d'un nombre effrayant d'atabales, de conques marines, de cornets et de trompes.

Le bruit en était épouvantable et lugubre. Nos regards se portèrent à l'instant sur les hauteurs du grand temple d'où s'élevait ce triste fracas, et nous aperçûmes nos pauvres camarades qui avaient été enlevés à Cortés pour être conduits au sacrifice. Nous voyions ces malheureuses victimes poussées, bousculées, frappées, souffletées par leurs bourreaux. Quand ils furent arrivés au petit plateau qui termine le temple et qui sert d'asile aux maudites idoles, quelques-uns d'entre eux furent forcés de recevoir des couronnes de plumes sur leur tête, et, tenant des éventails à la main, ils étaient obligés de se livrer à la danse devant Huichilobos. Après cet exercice dérisoire, ils étaient enlevés et étendus sur la pierre des sacrifices ; là, avec un grand coutelas d'obsidienne, on leur ouvrait la poitrine, et leur cœur était arraché pour être offert tout palpitant aux idoles en présence desquelles se faisait le sacrifice. On prenait ensuite le corps par les pieds et on l'envoyait rouler sur les marches du grand escalier jusqu'en bas, où il était attendu par des bouchers qui coupaient les bras et les jambes et écorchaient la face pour en tanner la peau à la manière des peaux de gants. Ils conservaient ces visages sans en détacher la barbe, afin de les faire présider aux folies de leurs festins bachiques. Les chairs étaient accommodées au *chilmole* [1] et servaient à leurs repas. Tous nos malheureux camarades furent sacrifiés de la sorte. On en mangeait les bras et les jambes, tandis que les cœurs et le sang étaient offerts aux idoles et qu'on jetait le tronc et les entrailles aux lions, aux tigres et aux serpents entretenus dans la ménagerie, ainsi que cela se trouve expliqué dans le chapitre qui en a parlé.

Nous eûmes donc le spectacle de cette grande cruauté, nous tous qui étions réunis dans notre quartier avec Pedro de Alvarado, Gonzalo de Sandoval et les autres chefs. Le lecteur se fera sans doute une juste idée des sentiments d'angoisse que cela nous inspirait et qui faisaient dire à chacun de nous : « Grâces à Dieu qui a permis que ce ne fût pas mon tour aujourd'hui d'être enlevé pour le sacrifice ! » Quoique nous trouvant près des victimes comme nous l'étions, il nous était impossible d'aller à leur aide ; nous ne pouvions faire autre chose que prier le bon Dieu de nous préserver d'une aussi cruelle mort. Au surplus, à l'heure même du sacrifice, un grand nombre de bataillons ennemis se précipitèrent sur nous de tous côtés, sans que nous pussions rien faire pour les en empêcher et pour nous défendre de leur approche. Ils nous criaient : « Attention à ce spectacle ! C'est ainsi que vous mourrez tous ; nos dieux nous l'ont promis bien souvent. » D'autre part, les menaces qu'ils faisaient à nos alliés de Tlascala étaient formulées en termes si révoltants qu'ils en perdaient tout courage, d'autant plus que l'ennemi lançait sur eux des jambes d'Indiens grillées et des bras de nos soldats en disant : « Mangez de la chair des *teules* et de vos frères ; nous nous en sommes rassasiés, et à votre tour vous pourrez vous régaler de nos restes. Et remarquez bien que toute ces maisons que vous avez détruites, nous

---

1. Sauce claire à base de piment.

vous obligerons à les reconstruire avec de meilleurs matériaux qu'auparavant, pierres, chaux, marbre, et au surplus très bien peintes. Allez donc prêter votre secours à ces *teules* : vous les verrez tous marcher au sacrifice ! »

Guatemuz fit encore plus. Après avoir remporté cette victoire sur Cortés, il envoya aux villes et villages qui étaient entrés dans notre alliance, ainsi qu'à tous ses parents, des pieds et des mains de nos soldats, des visages encore ornés de leur barbe, et les têtes des chevaux qu'on nous avait tués. Il leur faisait dire que plus de la moitié de nos hommes avait péri, que nous ne tarderions pas à être achevés, qu'ils devaient abandonner notre alliance et revenir aux Mexicains, faute de quoi il les ferait tous détruire. Il ajoutait bien d'autres choses pour qu'ils désertassent nos quartiers et nous abandonnassent, attendu que sous peu nous devions tous mourir de leurs mains. En effet, leurs attaques étaient continuelles, de nuit comme de jour ; mais comme nous étions sans cesse sur pied, veillant tous ensemble, en compagnie de Gonzalo de Sandoval, de Pedro de Alvarado et des autres chefs, qui partageaient nos veilles, l'ennemi avait beau venir en grand nombre pendant la nuit, nous lui résistions toujours à merveille. Nos cavaliers, de leur côté, se divisaient, une moitié surveillant Tacuba et l'autre sur la chaussée. Voici encore une mésaventure déplorable : c'est que toutes les tranchées, tous les fossés que nous avions comblés, les Mexicains les avaient déjà rétablis et protégés par des défenses bien plus considérables qu'auparavant. Quant aux habitants des villes de la lagune qui étaient entrés récemment dans notre alliance et nous avaient fourni le secours de leurs embarcations, on peut dire comme le proverbe qu'ils étaient venus chercher de la laine, mais qu'ils revinrent tondus, car beaucoup avaient perdu la vie, plus de la moitié des embarcations avaient été détruites et un grand nombre de combattants s'en retournèrent couverts de blessures. Malgré cela, ils refusèrent de se porter au secours des Mexicains, car ils étaient réellement mal avec eux. Ils se contentèrent de rester dans l'expectative.

Mais cessons pour un moment de raconter tant de misères et revenons-en à nous louer de la prudence avec laquelle nous nous conduisions dans notre camp. Disons aussi comme quoi Sandoval, Francisco de Lugo, Andrès de Tapia et les autres caballeros qui étaient venus dans notre quartier crurent le moment arrivé de retourner dans leur campement et d'instruire Cortés de l'état dans lequel nous nous trouvions. Ayant fait diligence, ils arrivèrent et dirent à notre général à quel point Pedro de Alvarado et ses soldats étaient dignes d'éloges, tant pour leur manière de se battre que pour le soin qu'ils prenaient de faire bonne garde. Bien plus, Sandoval, qui m'honorait de son amitié, raconta à Cortés comment il m'avait rencontré avec quelques amis, m'escrimant, dans l'eau jusqu'à la ceinture, à la défense d'un brigantin échoué sur des obstacles ; il ajoutait que sans notre secours l'ennemi eût massacré les matelots et le commandant du navire. Je ne rapporterai pas ici toutes les louanges qui furent faites de ma personne, car d'autres les ont assez répétées et le camp entier en eut connaissance.

Lorsque Cortés reçut ces nouvelles et connut la prudence qui régnait dans notre quartier, son cœur en ressentit du soulagement. Cependant, il ordonna que pour le moment les trois divisions eussent à s'abstenir d'en venir aux mains avec les Mexicains ; c'est-à-dire que nous ne devions plus chercher à nous emparer ni des ponts ni des travaux de l'ennemi, mais nous borner uniquement à défendre nos positions en y évitant toute atteinte grave. Quant à nous battre, l'occasion ne nous en eût pas manqué, car depuis la veille au point du jour nos adversaires étaient réunis aux abords de notre camp, nous lançant des pierres, des flèches et des pieux et nous insultant par les propos les plus insolents. Malgré tout, nous restâmes quatre jours sans passer le grand fossé très profond et très large qui défendait nos positions ; Cortés et Sandoval en firent autant de leur côté. Or, si nous nous obstinions à nous tenir tranquilles sans nous

efforcer de combattre et de regagner les défenses ennemies ainsi que les tranchées refaites, c'était parce que
nous étions tous sérieusement blessés et fatigués des gardes et du poids de nos armes, sans que nous eussions
pu nous réconforter au moyen d'une bonne nourriture.

Notre armée était d'ailleurs affaiblie, depuis la veille,
par la perte de soixante et tant de soldats appartenant
aux trois divisions, ainsi que de sept chevaux. Cortés
nous donna donc l'ordre que j'ai dit de rester tranquilles, pour nous assurer un peu de repos et pour nous
ménager le loisir de méditer sur ce que nous devions
faire désormais.

CLIII

De la manière dont nous combattions, et comme quoi nos
alliés s'en retournèrent chez eux.

Voici la conduite que nous avions adoptée dans les
trois camps. Nous montions la garde tous ensemble
pendant la nuit sur les chaussées ; les brigantins se
tenaient à côté de nous ; la moitié des cavaliers faisait
la ronde vers Tacuba, où l'on fabriquait notre pain et
où se trouvaient nos bagages ; l'autre moitié se tenait
vers les ponts et la chaussée. Au point du jour, nous
réconfortions nos cœurs en nous préparant à résister
à l'ennemi qui s'évertuait à forcer nos positions pour
nous infliger une dernière déroute. On se conduisait de
même aux camps de Cortés et de Sandoval. Cela ne
dura d'ailleurs que cinq jours parce qu'ensuite nous
adoptâmes des dispositions différentes, ainsi que je vais
le dire. Mais, auparavant, rappelons que les Mexicains
faisaient chaque jour des sacrifices et de grandes fêtes
dans le temple principal du Tatelulco. Ils y battaient
sans cesse le maudit tambour, l'accompagnant du bruit
de leurs trompes, de leurs atabales et de leurs conques
marines, ainsi que de cris et d'horribles hurlements.
Toutes les nuits, ils entretenaient d'énormes feux au
moyen de grands bûchers et, à la lueur de ces sinistres
embrasements, ils sacrifiaient quelques-uns de nos malheureux compagnons à leurs maudites idoles, Huichilobos
et Tezcatepuca, auxquelles ils demandaient avis. A les
croire, ils devaient nous massacrer tous cette nuit même
ou dans la matinée du jour suivant. Il paraît en effet
que ces divinités perverses, afin de mieux les tromper

et de les éloigner de toute idée pacifique, leur inspiraient la confiance qu'ils nous achèveraient tous, de même que les Tlascaltèques et quiconque s'unissait à nous. Nos alliés, qui entendaient ces funestes prédictions, les tenaient d'autant mieux pour certaines qu'ils nous voyaient déjà en déroute.

Détournant maintenant l'attention de ces propos des idoles, disons comme quoi tous les matins plusieurs bataillons mexicains se réunissaient pour nous attaquer et nous entourer. Ils se relevaient de temps en temps, faisant alterner à nos yeux des insignes et des costumes de différents aspects. Lorsque du reste nous étions aux prises avec eux, ils nous adressaient des paroles méprisantes, nous traitant de gens de peu de cœur, de vauriens, incapables de rien construire ou de rien faire, ni maisons ni cultures de maïs ; ajoutant que nous n'étions bons qu'à voler leur capitale comme de mauvaises gens, sortis de notre pays en fuyards et en déserteurs de notre Roi et seigneur. Ils proféraient cette dernière insolence parce qu'autrefois Narvaez leur avait fait dire que nous étions venus sans l'autorisation de notre Roi, ainsi que je l'ai rapporté déjà. Nos ennemis nous disaient encore que dans huit jours il ne resterait pas un seul de nous vivant, attendu que leurs divinités le leur avaient bien promis la nuit précédente. Ils nous débitaient beaucoup de méchancetés sur le même ton et ils ajoutaient pour y mettre le comble : « Remarquez à quel point vous êtes méprisables : vos chairs sont d'un goût si mauvais, leur amertume de fiel est si prononcée qu'il nous est impossible de les avaler ! » Il paraît en effet que, dans ces derniers jours où ils s'étaient rassasiés de nos malheureux camarades, le bon Dieu voulut que les chairs leur en parussent amères. Mais s'ils se permettaient ces insolences avec nous, c'était bien pis avec les Tlascaltèques ; ils leur criaient qu'ils les auraient pour esclaves afin de les faire servir les uns aux sacrifices, les autres aux travaux des champs, et la plupart à la réédification des maisons que nous avions détruites, Huichilobos leur ayant promis qu'elles seraient refaites de leurs mains à chaux et à sable. A la suite de ces menaces venaient de vigoureuses attaques : ils avançaient à travers les ruines des maisons renversées ; à l'aide de leurs nombreuses embarcations, ils se portaient sur nos derrières et souvent ils nous parquaient dans les chaussées. Mais Notre Seigneur Jésus-Christ nous réconfortait chaque jour au moment où nos forces n'y auraient pas suffi, ce qui faisait que nous repoussions nos ennemis en en renvoyant un grand nombre blessés, tandis que plusieurs tombaient morts devant nous.

Nous cesserons pour un moment de parler de ces vigoureuses attaques pour dire comme quoi nos alliés de Tlascala, de Cholula, de Guaxocingo et même ceux de Tezcuco prirent la résolution de s'en retourner en leur pays et l'exécutèrent sans que Cortés, ni Pedro de Alvarado, ni Sandoval s'en pussent douter. La plupart s'en allèrent ; il ne resta au quartier de Cortés que le brave Suchel, qui s'appela don Carlos après son baptême. Frère de don Fernando, roi de Tezcuco, il passait pour un homme d'un grand courage. Une quarantaine de parents et d'amis demeurèrent avec lui. Au quartier de Sandoval, environ cinquante hommes seulement ne partirent pas. Quant à notre camp, il n'y resta que don Lorenzo Vargas et le valeureux Chichimecatecle avec environ quatre-vingts Tlascaltèques, leurs parents ou vassaux. Nous voyant ainsi délaissés et ne comptant plus qu'un si petit nombre d'alliés, nous tombâmes dans une grande affliction. Cortés, Sandoval et chacun de nous, dans ses quartiers respectifs, demandaient à ceux qui étaient restés les raisons du départ de leurs camarades. Ils répondaient que les Mexicains s'entretenant de nuit avec leurs idoles en recevaient la promesse qu'ils viendraient à bout de nous massacrer tous ; nos alliés ajoutaient foi à la réalisation de ces menaces, et la peur les mettait en fuite. Ils croyaient d'autant mieux ce que l'ennemi leur disait qu'ils nous voyaient tous blessés, tandis que beaucoup d'entre nous avaient péri et que plus de douze cents de leurs compatriotes manquaient à l'appel, ce qui leur faisait craindre pour eux tous le même sort. Ils se souvenaient aussi que Xicotenga le jeune, pendu par ordre de Cortés, avait su par révélation de ses devins que nous devions périr jusqu'au dernier. C'étaient là les raisons qui avaient fait fuir presque tous nos alliés.

On juge si Cortés en ressentit un vif regret ; mais il refoula ce sentiment dans son cœur pour dire d'un ton joyeux qu'il n'y avait rien à craindre, ce que les Mexicains nous criaient n'étant que mensonges inventés pour décourager nos auxiliaires. Il ajouta tant de promesses, en termes si affectueux, qu'il inspira à ceux qui restaient la pensée de ne nous point quitter. Nous tînmes d'ailleurs les mêmes discours à Chichimecatecle et aux deux Xicotenga. Ce fut dans ces conférences de Cortés avec Suchel que celui-ci, grand seigneur en toutes choses et homme très courageux, lui dit un jour : « Seigneur Malinche, tu ne devrais pas prendre souci du repos que tu te donnes en ce moment dans ton quartier, mais au contraire faire ordonner au Tonatio (c'est-à-dire à Pedro de Alvarado) de rester tranquille dans le sien, et à Sandoval à Tepeaquilla ; que les brigantins veillent chaque jour à ce qu'il ne puisse entrer dans la capitale ni de l'eau ni des vivres. Forcément, puisqu'il y a dans la ville tant de milliers de *xiquipiles* de guerriers, avec un pareil nombre d'hommes les provisions doivent bientôt s'achever ; l'eau qu'ils boivent est à moitié saumâtre, car ils la prennent dans des trous creusés en terre ; ils en recueillent aussi de celle qui tombe nuit et jour en pluie constante. C'est cela qui sert à soutenir leurs existences ; mais que deviendront-ils si tu leur coupes les vivres et l'eau qui vient du dehors ? La faim et la soif leur seront plus funestes que tes attaques. » En entendant ce discours, Cortés serra Suchel dans ses bras, le remercia et lui promit de riches concessions de villages pour l'avenir. Certes, plusieurs d'entre nous avaient déjà donné ce même conseil à notre général ; mais nous sommes d'une telle trempe qu'attendre si longtemps ne pouvait être de notre goût et que nous étions entraînés à l'assaut immédiat.

Après avoir réfléchi à ce conseil que nous tous capitaines et soldats lui avions à l'envi répété, Cortés envoya deux brigantins à notre quartier et à celui de Sandoval pour nous dire de rester encore trois jours en repos sans faire aucune attaque sur la ville. C'est en considérant l'audace des Mexicains depuis leur victoire qu'il n'osa pas envoyer un brigantin seul et qu'il en expédia deux à la fois. Une chose nous fut d'un grand secours, c'est que nos brigantins s'étaient enhardis à détruire les estacades que les Mexicains avaient prodiguées dans la lagune pour les faire échouer. Nos matelots y parvenaient en ramant avec vigueur sur l'obstacle, et, pour se ménager une impulsion plus forte, ils prenaient leur élan de plus loin, ouvrant du reste toutes les voiles quand le vent était favorable, mais comptant principalement sur l'effort des rames. Ils parvinrent ainsi à rester vraiment maîtres de la lagune et même d'un grand nombre de maisons qui s'écartaient un peu de la ville, ce qui diminua d'autant la jactance des Mexicains. Revenons maintenant à nos attaques. Quoique nous n'eussions plus d'alliés, nous recommençâmes nos travaux pour combler le grand fossé que j'ai déjà dit se trouver devant notre campement. Chaque compagnie à son tour s'occupait péniblement à apporter du bois et des décombres pendant que les deux autres soutenaient des combats. J'ai déjà expliqué qu'il était convenu que nous alternerions ainsi dans les travaux. Quatre jours suffirent pour qu'à force de fatigues nous eussions tout à fait comblé la tranchée. Cortés en faisait autant, et dans le même ordre, en son quartier. Il mettait même personnellement la main à l'œuvre, charriant des briques et des madriers jusqu'à ce que les excavations fussent nivelées et qu'ainsi l'on obtînt la sécurité pour la retraite sur les chaussées et les ponts. Sandoval s'occupait de même dans son camp. D'autre part, les brigantins se tenaient désormais près de nous sans crainte des obstacles ; de sorte que, de nouveau, nous gagnions peu à peu du terrain vers la ville.

De leur côté, les bataillons ennemis ne cessaient pas un moment leurs attaques ; fiers de leur récente victoire, ils s'avançaient jusqu'à nous, se mêlant pour ainsi dire à nos rangs, et de temps en temps ils se relayaient entre eux pour mettre aux prises avec nous de nouvelles troupes plus fraîches. Leurs cris et leurs hurlements étaient affreux ; tout à coup l'on entendait le cor de Guatemuz, et alors ils se jetaient sur nous avec une telle ardeur qu'ils portaient la main sur nos personnes, sans que nos épées et nos estocades, dont nous faisions bon usage, pussent nous être d'aucune utilité. Comme au surplus, après Dieu, nous n'attendions le salut que de notre courage au combat, nous faisions bonne contenance jusqu'à ce que les volées de nos escopettiers et de nos arbalétriers, ainsi que les charges de nos cavaliers, dont la moitié était toujours avec nous, forçassent l'ennemi à ne pas dépasser ses limites ; et de la sorte, grâce à la protection des brigantins qui ne redoutaient plus les estacades, nous avancions peu à peu dans la ville. Nous combattions ainsi jusqu'au moment où les approches de la nuit nous indiquaient qu'il était l'heure de songer à revenir sur nos pas. J'ai déjà dit plusieurs fois que ce mouvement devait être opéré dans le plus grand ordre, parce qu'alors les Mexicains appliquaient tous leurs soins à couper notre retraite sur la chaussée et dans les passages difficiles. Ils en avaient toujours agi ainsi, mais ils recouraient d'autant plus volontiers à ces tentatives depuis qu'elles leur avaient valu une grande victoire sur nous. Or, le jour dont je parle actuellement, ils étaient parvenus à forcer nos rangs et à nous rompre en trois endroits ; mais, grâce à Notre Seigneur Dieu et au prix d'un grand nombre de nos soldats blessés, nous réussîmes à nous rallier en tuant beaucoup de monde et en faisant de nombreux prisonniers. Nous n'avions d'ailleurs plus d'alliés à qui donner l'ordre de débarrasser la chaussée. Nos cavaliers nous furent là d'un grand secours ; ils eurent deux chevaux blessés pendant le combat. Nous revînmes nous-mêmes couverts de blessures à nos quartier. Nous pansâmes nos plaies avec de l'huile et les entourâmes de bandages en toile de coton. Notre repas se composa de tortillas au piment, de quelques herbages et de figues de Barbarie. Cela fait, nous recommençâmes tous ensemble la veillée.

Ne manquons pas de raconter maintenant ce que les Mexicains continuaient de faire toutes les nuits sur les hauteurs de leurs temples. Ils battaient ce maudit tambour dont les sons tristes et lugubres portaient au loin et dépassaient en horreur tout ce qu'on aurait pu imaginer. D'autres instruments, pires encore, faisaient entendre en même temps leur musique infernale. Les Mexicains allumaient de grands feux et poussaient des cris aigus ; car c'était le moment où l'on sacrifiait nos malheureux camarades pris à Cortés. Ces sanglantes cérémonies se prolongèrent pendant dix jours, et nous sûmes par trois capitaines mexicains faits prisonniers que le dernier sacrifice fut celui de Christoval de Guzman, qui avait été conservé dix-huit jours vivant. C'est pendant ces supplices que Huichilobos parlant à nos ennemis leur promettait la victoire, avec l'assurance que nous péririons tous de leur main avant huit jours, à la condition de nous livrer d'incessants combats, quelques pertes qu'il leur en coûtât. C'est ainsi que ces divinités les abusaient.

Quoi qu'il en soit, à peine le jour commençait-il à poindre que les forces dont Guatemuz pouvait disposer tombaient sur nous de tous côtés. Comme d'ailleurs nous avions comblé le fossé, détruit les ponts et aplani la chaussée, l'ennemi, mettant notre ouvrage à profit, avait, ma foi ! l'audace d'avancer jusqu'à notre camp et de lancer sur nous des pierres, des pieux et des flèches ; mais heureusement nos canons les renvoyaient à distance, et Pedro Moreno de Medrano, qui était chargé de l'artillerie, leur faisait le plus grand mal. Ils nous lançaient parfois de nos propres traits avec des balistes ; car, durant les journées qu'ils eurent auprès d'eux cinq arbalétriers vivants en compagnie de Christoval de Guzman, les Mexicains les obligeaient à leur montrer comment on dressait les balistes et de quelle façon on s'en servait pour lancer les traits ; mais ceux qu'ils nous envoyèrent ne nous firent jamais aucun mal.

Cortés et Sandoval combattirent vigoureusement de leur côté. L'ennemi faisait jouer aussi les balistes contre eux. Nous avions toutes ces nouvelles par Sandoval et à l'aide des brigantins qui allaient de notre quartier à celui de Cortés, ainsi qu'à l'autre camp. Notre général nous écrivait sans cesse pour nous prescrire notre manière de combattre et tout ce que nous avions à faire, nous recommandant surtout de nous bien garder, de laisser toujours la moitié de nos cavaliers à Tacuba pour protéger le bagage et les Indiennes qui nous fabriquaient du pain, et d'avoir continuellement l'esprit attentif à ce que l'ennemi ne parvînt pas à rompre nos rangs pendant la nuit ; car des prisonniers qui se trouvaient au quartier de Cortés rapportaient que Guatemuz recommandait souvent de tomber la nuit sur notre camp, attendu qu'il n'y avait plus de Tlascaltèques pour venir à notre aide. Il n'ignorait pas, en effet, que tous nos alliés nous avaient abandonnés. Mais j'ai dit bien des fois que nous n'omettions jamais de faire bonne garde.

Je dois maintenant répéter que nous avions chaque jour de rudes combats à soutenir et que chaque jour aussi nous continuions à gagner quelques ponts et quelques barricades, ainsi que des coupures sur les chaussées, et comme les brigantins se hasardaient maintenant à voguer par tous les endroits de la lagune sans crainte des estacades, ils avaient fini par nous être d'un grand secours. Ceux que Cortés avait au service de son camp donnaient la chasse aux embarcations chargées d'eau et de vivres pour la ville ; ils récoltaient d'ailleurs sur la lagune une sorte de limon qui, desséché, avait comme un goût de fromage. Du reste, ils ramenaient toujours un grand nombre de prisonniers.

Nous reviendrons maintenant aux quartiers de Cortés et de Gonzalo de Sandoval pour dire que chaque jour ils enlevaient des ponts et des palissades. Il s'était déjà passé treize jours depuis la grande déroute de Cortés ; Suchel, frère de don Fernando, roi de Tezcuco, s'apercevait que nous redevenions nous-mêmes et que la promesse, faite par Huichilobos, de notre mort certaine dans dix jours était absolument mensongère. Il envoya donc prier le roi son frère d'expédier à Cortés le plus grand nombre de guerriers qu'il pourrait réunir dans Tezcuco. Conformément à sa demande, plus de deux mille hommes arrivèrent au bout de deux jours ; je me rappelle qu'ils étaient accompagnés par Pedro Sanchez

Farfan et Antonio de Villaroel, mari de la dame Ojeda. Ces deux militaires étaient restés à Tezcuco, Farfan à titre de capitaine et Villaroel comme précepteur de don Fernando. Cortés se réjouit fort de l'arrivée de ce secours et il adressa aux nouveaux venus les paroles les plus flatteuses. En ce même temps revinrent aussi beaucoup de Tlascaltèques, avec leurs chefs, commandés par un de leurs capitaines qui était un cacique de Topeyanco, nommé Tecapaneca. Il vint encore beaucoup d'Indiens de Guaxocingo et un très petit nombre de Cholula.

Ayant appris leur arrivée, Cortés leur fit donner l'ordre de venir à son camp pour qu'il pût leur parler et il prit soin de faire garder les chemins afin de les défendre si les Mexicains songeaient à les attaquer. Notre général, quand ils parurent devant lui, leur adressa la parole par l'entremise de doña Marina et de Geronimo de Aguilar. Il leur dit qu'ils n'avaient jamais pu douter du bon vouloir qui l'avait toujours animé et l'animait encore pour eux, tant à cause des services rendus par eux à Sa Majesté que pour les bons offices dont nous leur étions redevables ; que si en marchant sur la capitale il les fit venir avec nous pour abattre les Mexicains, son intention était qu'ils pussent retourner riches dans leur pays après s'être vengés de leurs ennemis, et nullement de mettre à profit leurs efforts pour la conquête de cette grande ville. Cortés ne méconnaissait, disait-il, ni leur bonté éprouvée ni les secours qu'ils nous avaient prêtés ; cependant, ils les avait toujours ménagés, leur enjoignant sans cesse d'évacuer les chaussées, afin que, livrés à nous-mêmes et débarrassés de leur multitude, nous pussions combattre à notre aise ; bien souvent déjà, nous leur avions dit que l'auteur de nos victoires et notre souverain appui est Notre Seigneur Jésus-Christ, en qui nous croyons et que nous adorons. Pour être partis, continuait le général, au moment le plus critique de la guerre et pour avoir abandonné leur chef désemparé au milieu du combat, ils avaient mérité la mort ; mais, par considération pour leur ignorance des lois de la guerre, le pardon devait leur être accordé ;

il les priait de considérer que, sans nul besoin de leur aide, nous n'avions point cessé de détruire des maisons et de prendre des barricades. Notre chef finit son discours en leur enjoignant de ne plus tuer aucun Mexicain, parce que son intention était de les engager à faire la paix.

Cela dit, il serra Chichimecatecle dans ses bras, ainsi que les deux jeunes Xicotenga et Suchel, le frère de don Fernando, promettant de leur donner des terres et des vassaux plus qu'ils n'en avaient déjà, en témoignage de sa haute estime pour leur constance à rester dans nos campements. Il adressa également des paroles amicales à Tecapaneca, seigneur de Topeyanco, et aux caciques de Guaxocingo et de Cholula, qui se tenaient dans le quartier de Sandoval. Après ces entretiens, chacun retourna à son poste.

Laissons maintenant ces propos pour reparler encore des attaques que nous livrions et de celles dont nous avions à nous défendre. En réalité, nous ne faisions pas autre chose que batailler jour et nuit, et le soir, dans nos retraites, beaucoup de nos soldats étaient toujours blessés. Il me paraît inutile de donner le détail de toutes ces actions. Il me semble plus important de dire qu'il pleuvait alors toutes les après-midi et que nous nous réjouissions quand l'eau tombait de bonne heure ; car nos ennemis trempés par la pluie combattaient avec moins d'ardeur, et comme ils nous laissaient reculer plus librement, c'était pour nous l'occasion d'un peu de repos. Quelque fatigué que je sois de raconter tant de batailles, je l'étais plus encore d'avoir à les soutenir, d'autant que j'y étais blessé. Le lecteur taxera peut-être de prolixité mes redites à ce sujet, mais je l'ai prévenu qu'il ne m'est pas possible d'abréger davantage, puisque pendant quatre-vingt-treize jours nous ne cessâmes jamais de combattre. Cependant, j'omettrai désormais dans mon récit tout ce qui pourra en être retranché.

Disons donc que comme nos trois divisions avançaient dans la ville, Cortés, Sandoval et Alvarado chacun de son côté, nous parvînmes au point où se trouvait la fontaine à laquelle les assiégés, ainsi que je l'ai dit, puisaient leur eau saumâtre. Nous la détruisîmes, de manière que l'ennemi ne pût plus en retirer aucun profit. Comme d'ailleurs en ce point beaucoup de Mexicains faisaient bonne garde, nous eûmes à essuyer une volée de projectiles et nos cavaliers eurent à se défendre des longues lances avec lesquelles on les attendait, car nos chevaux pouvaient enfin courir partout sur un sol ferme, aplani et sec, dans les rues dont nous nous étions rendus maîtres.

CLIV

Comme quoi Cortés envoya prier Guatemuz d'accepter des conditions de paix.

Voyant que décidément nous avancions dans la ville en nous rendant maîtres d'un grand nombre de ponts, de chaussées et de barricades, et que d'ailleurs nous avions détruit beaucoup de maisons, Cortés se résolut à mettre à profit la présence dans le camp de trois notables, capitaines de Mexico, que nous avions faits prisonniers, pour les envoyer à Guatemuz, dans le but de l'engager à faire la paix avec nous. Ces notables répondirent qu'ils n'oseraient point se charger d'un tel message, craignant que Guatemuz ne les fît mettre à mort. Mais enfin, à force de pourparlers, de prières et de promesses que Cortés leur prodigua, grâce sans doute aussi aux étoffes dont il leur fit présent, les messagers se décidèrent à partir. Ce qu'ils étaient chargés de dire à Guatemuz, c'est que notre général le priait de se résoudre à la paix, promettant qu'au nom de Sa Majesté il pardonnerait les morts et les dommages que les Mexicains nous avaient causés et qu'il les comblerait de bénéfices en considération de l'affection qu'ils lui inspiraient et en pensant que Guatemuz, proche parent du grand Montezuma son ami, était marié avec la fille du prince défunt. Il n'était pas moins guidé d'ailleurs par le regret que lui inspirait la nécessité d'achever la destruction de cette grande ville et par le désir de mettre fin au massacre journalier des habitants et des malheureux réfugiés.

Notre chef faisait dire à Guatemuz de vouloir bien

considérer que déjà il lui avait témoigné trois ou quatre fois le même désir, tandis que lui, cédant aux inspirations de sa jeunesse et aux conseils de son entourage, obéissant surtout à ses maudites idoles et aux papes qui le poussaient au mal, il s'était refusé à venir à nous et avait préféré continuer la guerre. Déjà il avait pu voir le nombre considérable de morts que les batailles avaient causées parmi ses guerriers ; nous avions pour nous toutes les villes et les villages des environs, et récemment d'autres encore s'étaient prononcés contre la capitale. Notre général priait en grâce les Mexicains de prendre enfin en pitié la perte de leur grande ville et de tant de vassaux. Les messagers devaient ajouter que les provisions des assiégés étaient déjà finies, qu'ils n'avaient point d'eau et que Cortés ne l'ignorait nullement. Notre chef dit encore bien d'autres choses parfaitement senties. Nos interprètes les firent très bien comprendre aux trois notables, qui demandèrent à être porteurs d'une lettre de Cortés. Ce n'est pas qu'on la pût comprendre, mais il était bien entendu que, lorsque nous envoyions quelque message, un papier semblable à ceux que les Mexicains appellent *amatles* était pour eu un signe de valeur authentique.

En se présentant devant leur seigneur Guatemuz, les messagers se prirent à pousser des soupirs et à verser des larmes en lui expliquant ce que Cortés lui faisait dire. Le prince et les capitaines qui étaient avec lui en parurent d'abord irrités et traitèrent d'impertinente hardiesse la conduite des ambassadeurs. C'est le moment de dire que Guatemuz était un vrai gentilhomme. Il était jeune et son corps gardait les proportions les plus élégantes ; son visage avait une expression agréable ; son teint était plutôt blanc que de la couleur de sa race ; il avait environ vingt-trois ans et était marié avec une très belle jeune femme, fille du grand Montezuma son oncle. Nous avons su plus tard que ce prince eut d'abord la pensée de faire la paix et qu'il ouvrit un conseil à ce sujet avec tous ses capitaines et les principaux papes des idoles. Il leur dit que son désir était de ne plus être en guerre avec Malinche et nous tous. Les raisons qu'il leur en donnait étaient qu'ils avaient déjà mis en pratique tout ce que l'art de la guerre peut inspirer, ayant recours à un nombre infini de moyens d'attaque, mais que nous sommes d'une telle nature que au moment où ils nous croyaient définitivement vaincus, nous retombions sur eux avec plus de vigueur ; qu'ils savaient actuellement de combien d'éléments de force nous nous étions accrus par l'arrivée de nouveaux alliés ; que toutes les villes leur étaient contraires ; que les brigantins avaient appris à briser les estacades et qu'enfin nos chevaux pouvaient courir à bride abattue dans les rues de la ville. Il fit au surplus la peinture de la pénurie où ils étaient en fait d'eau et de vivre et il pria, il ordonna même que chacun donnât son avis, que les papes eux-mêmes se prononçassent et n'hésitassent pas à révéler ce qu'ils avaient entendu dire à leurs dieux Huichilobos et Tezcatepuca. Il finit en disant que nulle crainte ne devait empêcher qu'aucun d'eux expliquât ses sentiments avec la plus grande sincérité.

Il paraît qu'il lui fut répondu : « Seigneur et grand seigneur, tu es notre seigneur et roi, et la royauté te sied à merveille, puisque tu t'es montré homme de caractère en toutes choses, et que d'ailleurs cette royauté t'appartient par droit de naissance. La paix dont tu parles est sans doute chose désirable ; mais penses-y bien : depuis que ces *teules* sont entrés dans notre pays et dans cette ville, tout a marché pour nous de mal en pis. Veuille bien considérer le résultat des dons et services dont notre seigneur, ton oncle, le grand Montezuma, fut prodigue envers eux. Considère également ce qui advint à ton cousin Cacamatzin, roi de Tezcuco, non moins qu'à tes autres parents les seigneurs d'Iztapalapa, de Cuyoacan, de Tacuba et de Talatzingo. Que sont-ils devenus ? Quant aux fils de notre grand seigneur Montezuma, ils sont tous morts. En fait d'or et de richesses de cette ville, rien ne nous est resté. Tous tes sujets, tes vassaux de Tepeaca, de Chalco, de Tezcuco même, ainsi que de tant d'autres villes et villages... tu vois qu'il en a fait des esclaves et qu'il les a marqués au visage. Mais, avant toute chose, considère ce que nos dieux t'ont promis ; c'est là-dessus que tu dois te guider, au lieu de mettre ta confiance en Malinche et en ses paroles. Certainement, mieux vaut pour nous mourir tous en combattant dans notre capitale que de nous voir tomber aux mains de qui nous rendra esclaves et nous fera souffrir mille tortures. » Les papes à leur tour lui assurèrent que les dieux leur avaient promis la victoire, trois nuits auparavant, à l'heure du sacrifice. A toutes ces raisons, Guatemuz répondit d'un ton un peu courroucé : « Vous voulez donc qu'il en soit ainsi ? C'est bien, ménagez le maïs et toutes les autres provisions qui nous restent, et mourons tous en combattant. Mais que désormais personne n'ait l'audace de me parler de paix ; si quelqu'un l'osait, je le ferais mettre à mort. » Là-dessus, tous promirent de combattre de jour comme de nuit et de mourir pour la défense de la ville. A la suite de ce conseil, ils firent un accord avec les habitants de Suchimilco et de quelques villages qui s'engagèrent à introduire de l'eau au moyen d'embarcations pendant la nuit. On creusa d'ailleurs de nouveaux puits en des points où il était possible d'obtenir de l'eau ; mais elle avait toujours un goût saumâtre.

Nous cesserons de parler des conseils tenus par les assiégés pour dire que Cortés et nous tous fîmes trêve pendant deux jours à nos attaques sur la ville, en attendant la réponse à notre message. Or, au moment où nous y pensions le moins, de nombreux bataillons mexicains tombèrent sur nos trois quartiers, nous attaquant avec une telle vigueur qu'on aurait dit des lions furieux acharnés sur nos personnes. Certainement aucun d'eux ne doutait que nous ne fussions vaincus. Je parle ici de nous qui nous trouvions former le quartier de Pedro de Alvarado. Quant à Cortés et à Sandoval, nous sûmes qu'on les avait harcelés également et qu'ils eurent beaucoup de mal à se défendre, bien qu'ils fissent à l'ennemi plus de morts et de blessés qu'ils n'en avaient eux-mêmes. Tout à coup, au milieu des combats, se fit entendre le cor de Guatemuz et il fallut mettre tous nos soins à éviter d'être rompus. J'ai déjà dit en effet que les Mexicains donnaient alors tête baissée sur nos épées et nos lances, cherchant à s'emparer de nos personnes ; mais comme nous étions habitués à toutes sortes de rencontres et à recevoir des blessures et même la mort de la main de nos ennemis, nous osions décidément les attendre de pied ferme.

Ils nous livrèrent pendant six ou sept jours ces mêmes combats dans lesquels nous en blessions et tuions un grand nombre ; mais ils ne reculaient pas pour cela, car ils ne faisaient aucun cas de la mort. Je me rappelle qu'ils disaient : « A quoi pense donc Malinche, quand il nous propose chaque jour la paix ? Ne sait-il pas que nos idoles nous ont promis la victoire, que nous avons des provisions plus qu'il n'en faut et qu'aucun de vous ne conservera la vie ? Donc, qu'on ne parle plus de paix ; les paroles sont bonnes pour les femmes ; aux hommes il ne faut que des armes ! » Ce disant, ils tombaient sur nous de nouveau comme des chiens enragés, frappant et parlant tout à la fois ; le jour se passait ainsi en combats incessants jusqu'à ce que la nuit vînt nous séparer. Alors, ainsi que je l'ai dit, nous revenions sur nos pas dans le plus grand ordre, parce que de gros bataillons se précipitaient sur nous en nous suivant. Il nous fallait faire évacuer la chaussée par nos alliés qui étaient revenus plus nombreux qu'auparavant. Nous regagnions nos pauvres abris où tous ensemble nous recommencions la garde de nuit, mangeant, en faisant la veille, notre misérable et maigre souper que j'ai déjà décrit plusieurs fois, pour recommencer les combats au lever du jour, sans qu'on nous donnât davantage le temps de respirer. C'est ainsi que nous passâmes encore plusieurs journées.

Nous en étions là lorsqu'il nous survint une autre affaire. Il fut fait une alliance entre les provinces de Mataltzingo, Malinalco et d'autres peuplades dont je ne sais plus les noms, qui se trouvaient à environ huit lieues de Mexico, dans le but de tomber sur nos derrières, tandis que nous serions occupés à combattre avec les Mexicains. Il était convenu qu'alors ils nous étreindraient de part et d'autre et nous mettraient en désordre. Des pourparlers s'engagèrent à ce sujet dans nos campements.

CLV

Comme quoi Gonzalo de Sandoval marcha contre les provinces qui voulaient porter secours à Guatemuz.

Pour que l'on comprenne bien ce que je vais conter, il est indispensable de revenir un peu sur les événements qui suivirent la déroute de Cortés, lorsqu'on lui prit pour les sacrifier soixante et tant de soldats. Je puis bien dire aujourd'hui soixante-deux, puisque tout compte fait, ce chiffre a été reconnu le véritable. J'ai dit que Guatemuz envoya à Mataltzingo, à Malinalco et à beaucoup d'autres villages les têtes de nos chevaux, ainsi que les peaux des figures écorchées, les pieds et les mains de nos soldats qui avaient péri dans les sacrifices. Il leur fit dire que la moitié de nos hommes étaient morts et, pour en finir avec nous, il les priait de venir à son aide, dans le but de nous occuper jour et nuit à des combats qui nous obligeraient à leur faire face pour nous défendre. Or, tandis que nous combattrions ainsi, les forces mexicaines sortiraient de la capitale pour nous attaquer d'un autre côté. La victoire ne pouvait être douteuse et Guatemuz promettait à ses nouveaux alliés qu'ils s'empareraient de plusieurs de nous pour les sacrifier à leurs idoles et se rassasier de nos corps. La chose fut présentée de telle manière que l'on y ajouta une foi entière. D'ailleurs, Guatemuz avait à Mataltzingo beaucoup de parents du côté de sa mère. Aussitôt qu'ils eurent vu les têtes et les peaux de visages dont j'ai parlé, et qu'ils se furent pénétrés de ce qu'on leur envoyait dire, ils se mirent en mesure de réunir toutes leurs forces et de voler au secours de Mexico et de son roi. Ils étaient déjà en marche contre nous lorsqu'en route ils tombèrent sur trois villages, pillèrent les établissements et enlevèrent plusieurs enfants pour les sacrifier. Ces peuplades le firent savoir à Cortés, lui demandant secours et protection. En apprenant cette nouvelle, notre général fit partir Andrès de Tapia avec vingt cavaliers, cent soldats et un grand nombre d'alliés. Ce secours fut efficace, car Tapia fit reculer l'ennemi jusqu'au pays de son origine, après lui avoir causé de sérieux dommages, et il revint au camp, où Cortés en éprouva la plus grande joie.

En ce même temps, des messagers vinrent de Cuernavaca, demandant secours contre les guerriers de Mataltzingo, de Malinalco et d'autres provinces, qui venaient contre leur ville. Cortés, pour ce cas, choisit Gonzalo de Sandoval et l'envoya avec vingt cavaliers, quatre-vingts soldats des plus valides, choisis dans les trois quartiers, et un grand nombre d'alliés. Dieu sait en quel état nous restions alors, courant les plus grands risques pour nos vies, car nous étions la plupart grièvement blessés et nous n'avions aucune bonne provision pour nous soutenir. Il y aurait certainement beaucoup à dire au sujet de la conduite de Sandoval dans cette campagne terminée par la déroute de l'ennemi ; je n'en parlerai pas, pour ne point en allonger mon récit. Ce capitaine, du reste, se hâta de revenir pour appuyer sa division. Il ramena avec lui deux notables de Mataltzingo, après avoir laissé cette province plus désireuse de paix que de guerre. Cette campagne fut très utile parce que d'un côté elle eut pour conséquence qu'il ne fut plus fait de dommage aux villages de nos alliés, et d'autre part, en empêchant que ce nouvel ennemi continuât sa marche sur nous, elle eut pour effet de faire voir à Guatemuz et à ses capitaines qu'ils n'avaient à attendre aucun secours de ces provinces. On mettait ainsi fin à cette menace que les Mexicains nous faisaient toujours en combattant : qu'ils nous massacraient certainement, à l'aide des guerriers de Mataltzingo et d'autres provinces, conformément à la promesse de leurs dieux.

Terminons-en avec l'expédition de Sandoval pour dire comme quoi Cortés fit de nouveau proposer la paix à

Guatemuz, promettant de lui pardonner le passé. Il lui faisait dire qu'il avait reçu nouvellement, du Roi notre seigneur, l'ordre de ne point continuer à détruire la capitale et de ne plus ravager le pays ; aussi avait-il suspendu les hostilités et ne s'était-il livré à aucune attaque dans les cinq jours qui venaient de finir. Notre chef faisait observer à Guatemuz que la ville n'avait plus ni eau ni vivres d'aucune sorte ; que plus de la moitié en était rasée ; que, quant au secours qu'il attendait Mataltzingo, les deux notables venus de cette province pourraient raconter ce qui était arrivé en route aux troupes envoyées. Cortés faisait faire en outre les plus grandes promesses à Guatemuz par ces mêmes messagers indiens venus de Mataltzingo qui devaient en même temps lui donner la nouvelle de ce qui s'était passé. Guatemuz se refusa à répondre, se bornant à leur ordonner de retourner dans leur pas, et il les fit partir immédiatement.

Après leur départ, les guerriers mexicains sortirent de la ville par trois points différents, avec plus de furie que jamais, et se précipitèrent en même temps sur nos trois divisions en nous portant les plus rudes coups. Nos armes en blessaient et en tuaient un grand nombre, mais on eût dit qu'ils n'avaient pas d'autre désir que de mourir en combattant. C'est alors qu'au plus fort de la mêlée ils nous disaient : *Tenitoz Rey Castilla ? tenitoz axaca ?* ce qui veut dire en leur langue : « Que dira le Roi de Castille ? que dira-t-il maintenant ? » Et là-dessus une pluie de pieux, de pierres et des flèches qui couvraient le sol et la chaussée.

Tout cela ne nous empêchait pas de nous emparer peu à peu de la plus grande partie de la ville. Nous remarquions d'ailleurs que, sans cesser de combattre avec vigueur, nos adversaires ne relevaient plus leurs bataillons aussi fréquemment que d'habitude, et qu'en outre ils ne creusaient plus de tranchées ni ne consolidaient aucune de leurs chaussées. La seule chose qui ne témoignât en eux aucune défaillance, c'était leur poursuite quand nous revenions sur nos pas ; ils y mettaient une telle ardeur qu'ils en arrivaient toujours à porter la main sur nos personnes. Malheureusement, nos poudres s'étaient épuisées dans les trois campements ; mais un navire venait d'arriver à la Villa Rica. Il avait appartenu à une flotille du licencié Lucas Vasquez de Aillon qui se perdit et fut déroutée dans les îles de la Floride. Ce survivant du désastre arriva donc à notre port, apportant quelques soldats, de la poudre, des arbalètes et différents autres objets. Le lieutenant Rodrigo Rangel, qui était resté à la Villa Rica pour garder Narvaez, se hâta d'envoyer à Cortés les soldats, la poudre et les arbalètes.

Revenons aux travaux du siège. Notre général, d'accord avec ses capitaines et soldats, donna l'ordre de pousser l'assaut jusqu'au Tatelulco, c'est-à-dire la vaste place où s'élevaient le grand temple et les oratoires. En conséquence, Cortés, Sandoval et nous-mêmes, chacun de son côté, nous continuions à nous emparer de ponts et de barricades. Notre chef s'avança jusqu'à une petite place où se trouvaient d'autres oratoires ; on y voyait une série de poutres d'où pendaient les têtes de plusieurs de nos soldats tués dans les déroutes précédentes. Nous remarquâmes que leurs cheveux et leurs barbes étaient plus longs que pendant leur vie; je ne l'aurais pas cru si je ne l'avais vu moi-même trois jours après ; car, comme notre division s'empara de deux tranchées, nous avançâmes jusque-là, je les vis et je reconnus moi-même trois soldats qui avaient été mes camarades. A ce spectacle, nos yeux se mouillèrent de larmes. Pour le moment, nous laissâmes là ces tristes restes ; mais, douze jours plus tard, les têtes furent enlevées et nous les enterrâmes avec d'autres, qu'on avait offertes aux idoles, dans une église que nous construisîmes et qu'on appelle actuellement l'église des Martyrs. Quoi qu'il en soit, la division de Pedro de Alvarado, combattant sans cesse, arriva au Tatelulco. Il y avait tant de Mexicains réunis là pour la garde de leurs idoles et de leurs temples, ils y avaient accumulé tant de travaux de défense qu'il nous fallut au moins deux heures pour les enlever. Nos chevaux pouvaient d'ailleurs courir en tous sens ; ils furent presque tous atteints de blessures, mais ils nous rendirent de grands services et leurs cavaliers blessèrent de leurs lances beaucoup d'ennemis.

Comme les Indiens formaient trois groupes principaux, nos trois compagnies se séparèrent pour les aller combattre. L'une d'elles, commandée par Gutierrez de Badajoz, reçut de Pedro de Alvarado l'ordre de monter au temple de Huichilobos ; elle y combattit vaillamment contre les guerriers et les nombreux papes qui se trouvaient dans les oratoires. Mais la résistance fut si acharnée que le capitaine Gutierrez fut obligé de reculer, et il descendait déjà les escaliers du temple lorsque Pedro de Alvarado nous donna l'ordre d'abandonner notre propre champ de bataille pour voler à son secours. Or les bataillons avec lesquels nous étions aux prises se mirent à nous poursuivre pendant que nous franchissions les degrés du temple. Il y aurait beaucoup à dire ici au sujet des difficultés que nous rencontrâmes les uns et les autres pour enlever à l'ennemi ces fortes positions dont j'ai déjà mentionné l'élévation considérable. Nous eûmes à soutenir là des combats où nous fûmes tous grièvement blessés. Cela ne nous empêcha pas de mettre le feu à leurs idoles et d'arborer nos drapeaux sur ces hauteurs, en continuant à nous battre sur la terrasse où régnait l'incendie, toujours entourés d'un si grand nombre d'ennemis qu'il nous paraissait impossible de nous maintenir. La nuit nous surprit au milieu de ces dangers.

Pendant ce temps, Cortés et ses capitaines poursuivaient leurs opérations dans d'autres faubourgs et dans des rues très éloignées du grand temple. En voyant les flammes qui le consumaient et nos drapeaux arborés sur ces hauteurs, notre général ressentit une grande joie ; ses hommes et lui-même auraient bien voulu se trouver avec nous, mais cela ne leur était pas possible : nous étions séparés par un quart de lieue de distance, par des ponts et des tranchées dont on n'était point encore maître. D'ailleurs, l'ennemi combattait vaillamment dans l'endroit où Cortés se trouvait, ce qui l'empêchait d'arriver au cœur de la ville aussi vite qu'il l'eût désiré. Mais, quatre jours plus tard, Cortés et Sandoval lui-même parvinrent à faire leur jonction avec nous. Ils établirent leurs logements de manière que nous pouvions communiquer ensemble et aller d'un quartier à l'autre à travers les ruines des maisons détruites, tandis que les ponts et les barricades avaient été rasés et les fossés remplis de toutes parts. Il fallut alors que Guatemuz et ses guerriers se repliassent dans la partie de la ville dont les maisons étaient construites dans l'eau, car les palais qui formaient sa résidence étaient déjà démolis. Malgré tout, les Mexicains continuaient leurs sorties contre nous, et lorsque, après les avoir poursuivis, nous revenions sur nos pas selon notre habitude, ils nous harcelaient plus encore qu'auparavant.

Cependant, les jours s'écoulaient et l'ennemi ne parlait nullement de se rendre. Cortés résolut alors de lui tendre des pièges ; voici comment il s'y prit. Il choisit dans les trois divisions de quoi réunir trente cavaliers et cent soldats des plus agiles et des plus résolus ; il leur adjoignit mille Tlascaltèques pris aussi dans les trois quartiers. Nous nous cachâmes un matin de fort bonne heure dans de vastes bâtiments qui avaient appartenu à un grand seigneur mexicain. Cela fait, Cortés s'avança selon son habitude dans les rues et sur les chaussées avec le restant des cavaliers et des soldats, ainsi que les arbalétriers et les gens d'escopette. Quand il fut arrivé à une tranchée recouverte d'un pont et que le combat s'engagea avec les bataillons ennemis rassemblés là pour la défense et secourus par d'autres forces que Guatemuz envoyait pour garder le pont, Cortés, s'étant assuré que le nombre des ennemis était considérable, fit semblant de commencer la retraite et de faire, dans ce but, évacuer la chaussée encombrée d'alliés, afin de mieux persuader aux Mexicains qu'il revenait en effet sur ses pas. Tout d'abord on ne le poursuivait guère, mais enfin l'ennemi, voyant Cortés en fuite, se précipite sur lui en combattant avec toutes les forces qu'on avait réunies en ce lieu. Lorsque notre général s'aperçoit que les Mexicains ont dépassé les maisons où le piège est tendu, il fait tirer deux coups d'arquebuse ; c'était le signal convenu pour sortir de l'embuscade. Les cavaliers se précipitent les premiers, les soldats ensuite, et tous ensemble nous tombons sur eux et nous nous en donnons à cœur joie. Cortés, d'autre part, revient sur ses pas ; les Tlascaltèques opèrent de leur côté et alors commence une vraie boucherie. On en tua et blessa tellement que désormais ils n'osèrent plus nous suivre dans nos retraites. Pedro de Alvarado leur dressa également une embuscade ; je ne m'y trouvai pas, parce que Cortés m'avait retenu pour prendre part à la sienne.

Nous dirons maintenant comme quoi notre général ordonna à nos trois compagnies de rester dans le Tatelulco en s'y tenant bien sur leurs gardes, donnant pour raison que nous avions plus d'une demi-lieue à faire pour arriver à l'endroit où l'on pouvait maintenant rencontrer l'ennemi. Trois jours se passèrent sans rien faire qui mérite d'être conté, car notre général avait fait cesser les attaques sur la ville et la destruction des maisons, dans le but d'inviter de nouveau les Mexicains à se rendre. Ce fut donc pendant notre séjour au Tatelulco que Cortés envoya encore proposer la paix à Guatemuz, l'engageant à ne pas se méfier de nous et lui promettant d'honorer sa personne et de l'entourer de respect, ajoutant qu'il continuerait à régner sur Mexico, sur ses territoires et sur ses villes comme par le passé. Il envoyait en présent des vivres et des friandises, des tortillas, des poules, des prunes, des figues de Barbarie et du gibier, tout ce qu'on avait enfin. Guatemuz réunit ses capitaines en conseil. On résolut de répondre qu'on se décidait à la paix, qu'on attendrait trois jours, après lesquels Cortés et le roi auraient une entrevue pour établir les préliminaires d'un accord. Mais la vérité fut que les Mexicains devaient employer ces trois jours à relever les ponts, à creuser des fossés, à faire provision de pierres, de pieux et de flèches et à élever des barricades. Guatemuz envoya quatre notables pour porter sa réponse. Nous crûmes tous que ses résolutions étaient sincères. Cortés fit servir abondamment à boire et à manger aux messagers et les renvoya porteurs des mêmes provisions qu'il avait déjà données en présent. Guatemuz, de son côté, fit repartir des émissaires pour offrir à notre général deux pièces de riches étoffes, avec ordre de donner l'assurance que le monarque viendrait après le délai convenu.

Or, pour en finir à ce propos, nous dirons qu'il ne pensa jamais à venir au rendez-vous, parce qu'on lui donnait le conseil de ne point ajouter foi aux paroles de notre général, lui mettant devant les yeux la triste fin du grand Montezuma et de ses parents, ainsi que le massacre de tout ce qu'il y avait de plus noble parmi les Mexicains. On l'engageait à faire dire qu'il était malade et à lancer sur nous tous ses guerriers, avec l'espoir qu'il plairait enfin aux dieux de leur donner la victoire après l'avoir tant de fois promise. Comme d'ailleurs nous attendions Guatemuz et qu'il ne venait pas, il fallut bien se convaincre qu'il nous avait joués, d'autant plus qu'au même moment les bataillons mexicains tombèrent sur Cortés, enseignes déployées, avec tant d'entrain qu'il avait peine à se soutenir contre eux. La même chose se passa dans le camps de Sandoval et dans le nôtre, et ce fut avec une telle ardeur de la part de l'ennemi qu'on eût dit que la guerre venait de recommencer. Comme au surplus notre confiance en la paix avait amené chez nous quelque négligence, plusieurs de nos soldats furent atteints et trois si grièvement blessés que l'un d'eux en mourut. L'ennemi nous tua deux chevaux et en blessa plusieurs autres.

Les Mexicains n'eurent guère le temps de se réjouir de leur succès et ils le payèrent bien cher, car Cortés donna l'ordre de recommencer nos attaques et d'entreprendre l'assaut de la partie de la ville où ils s'étaient réfugiés. Mais, voyant que décidément nous nous emparions peu à peu de la ville entière, Guatemuz fit dire à Cortés qu'il voulait parler avec lui sur une de leurs tranchées, notre général se tenant sur un bord, tandis que lui, Guatemuz, se tiendrait de l'autre côté. On fixa pour cette entrevue la matinée du lendemain. Cortés s'y rendit pour s'entretenir avec le roi ; mais celui-ci refusa de venir. Il se borna à envoyer plusieurs notables pour dire qu'il ne se hasardait pas à se présenter, craignant que pendant les pourparlers on ne le tuât à coups d'arbalètes et d'espingoles. Cortés eut beau faire serment qu'il ne leur causerait aucun ennui, il ne réussit pas à s'en faire croire. Ce fut dans cette entrevue que deux des notables tirèrent d'une besace dont ils étaient porteurs des tortillas, une cuisse de volaille et des cerises ; ils s'assirent fort tranquillement et mangèrent tout à l'aise, afin que Cortés le vît et comprît bien qu'ils n'en étaient pas réduits à la disette. Donc notre général dut se résoudre à faire dire à Guatemuz que, puisqu'il ne voulait point venir, bien loin d'en prendre souci, il se décidait à pénétrer dans tous leurs édifices, et alors il verrait bien s'il était vrai qu'ils eussent encore des provisions de maïs et de poules. Néanmoins, il se passa encore quatre ou cinq jours sans qu'il y eût aucune attaque.

Ce fut alors qu'un grand nombre de pauvres Indiens sortaient de nuit, poussés par la faim, pour se rendre au camp de Cortés et au nôtre. En présence de ce spectacle, notre général résolut de faire cesser, quoi qu'il advînt, les hostilités, dans l'espoir que les assiégés changeraient enfin de résolution et se décideraient à capituler. Mais ils ne se rendaient pas. Or il y avait dans le camp de Cortés un soldat se disant revenu des guerres d'Italie où il aurait été le compagnon du Grand Capitaine. Il s'était, disait-il, trouvé dans l'échauffourée de Garillano [1] et dans d'autres grandes batailles ; il parlait beaucoup d'engins de guerre, assurant qu'il se ferait fort de dresser une catapulte sur le Tatelulco et que, en tirant avec elle pendant deux jours sur la partie de la ville où Guatemuz était réfugié, il l'obligerait certainement à se rendre. Tant il dit enfin à ce sujet qu'on lui permit de mettre la main à l'œuvre. On apporta de la pierre, de la chaux, du bois, ainsi qu'il le demandait ; des charpentiers furent mis à ses ordres ; on se procura de la clouterie et enfin tout ce qui était indispensable pour la fabrication de la catapulte. On fit en conséquence deux frondes avec des cordes bien solides ; on apporta des pierres plus grandes que des jarres du

---

1. Gonzalve de Cordoue y battit les Français en 1503.

216

poids d'une arroba. Or, la catapulte étant montée et armée comme le soldat l'avait ordonné, il dit qu'elle était prête et qu'on pouvait s'en servir. On la chargea d'une pierre arrondie ; mais ce qui advint, c'est que, le coup parti, la pierre ne fit aucun chemin en avant ; elle s'éleva perpendiculairement et retomba sur la machine. Cortés, à cette vue, fut très irrité contre le soldat qui avait dirigé cette manœuvre ; il n'était pas moins fâché contre lui-même, attendu qu'il avait toujours pensé que cet homme n'entendait rien aux choses de la guerre et aux manœuvres d'une attaque, et qu'au surplus cette prétention de dire qu'il s'était trouvé dans les campagnes qu'il mentionnait n'était que fanfaronnade et envie de parler. Il disait s'appeler Sotelo et être natif de Séville. Notre général fit démolir immédiatement son engin.

Mais laissons ce sujet pour dire que Cortés, voyant que ce n'était là qu'une catapulte pour rire, ordonna à Gonzalo de Sandoval de prendre avec lui les douze brigantins et de s'introduire dans le quartier de la ville où Guatemuz s'était réfugié ; car, en cet endroit, il était impossible d'entrer dans les maisons ou dans les palais autrement que par eau. Aussitôt, Sandoval avertit tous les capitaines de brigantins.

CLVI

Comment on prit Guatemuz.

Ayant vu que la catapulte ne servait décidément à rien qu'à l'irriter contre le soldat qui en eut la pensée, comprenant d'autre part que Guatemuz et ses capitaines ne songeaient nullement à se rendre, Cortés donna à Sandoval l'ordre d'entrer avec les brigantins dans le quartier de la ville où s'était réfugié Guatemuz avec la fleur de ses capitaines, accompagné des personnages les plus notables appartenant à la haute noblesse de Mexico. Il lui donna pour instructions de ne tuer ni blesser qui que ce fût à moins d'être lui-même attaqué, et même en ce cas de se borner à la défensive, sans faire aucun mal aux personnages, tout en continuant à détruire les maisons et les ouvrages élevés dans la lagune. Notre général monta au haut du grand temple pour voir comment Sandoval opérerait son entrée. Il était accompagné de Pedro de Alvarado, Luis Marin, Francisco de Lugo et autres soldats.

Or, lorsque Sandoval entra avec ses brigantins dans l'endroit où se trouvait Guatemuz, ce monarque, se voyant investi, craignit décidément d'être pris ou mis à mort. Il avait préparé d'avance cinquante grandes pirogues pour le cas où il se verrait serré de trop près, afin de fuir avec elles, gagner des massifs de roseaux et de là, se rendant à terre, se cacher dans des villages amis ; il avait en même temps ordonné à ses notables, aux personnes qui étaient avec lui en cette partie de la ville et à ses capitaines de faire comme lui dans un cas analogue. Voyant donc que nous entrions dans leurs habitations, ils s'embarquent dans des *canoas* où ils avaient déjà d'avance réuni leur or et leurs joyaux ainsi que leurs familles, et le roi prend le large vers la lagune, acompagné d'un grand nombre de capitaines et de notables. La lagune apparut à l'instant couverte d'embarcations et Sandoval ne tarda pas à recevoir la nouvelle que Guatemuz était en fuite avec sa noblesse. Il donna aussitôt aux brigantins l'ordre de cesser la destruction des maisons et de se mettre à la poursuite des *canoas* en portant toute leur attention et leur adresse à connaître par où Guatemuz faisait route. Il ajouta qu'on ne devait lui faire absolument aucun mal ni aucune offense, mais tâcher seulement de s'emparer de sa personne. Comme du reste un certain Garcia Holguin, ami de Sandoval, commandait un brigantin très fin voilier et muni de bons rameurs, Sandoval lui donna l'ordre de se porter vers le point par lequel on lui avait assuré que Guatemuz et sa suite devaient passer avec leurs grandes pirogues. Il lui recommanda, pour le cas où il le pourrait joindre, de le faire prisonnier sans offenser aucunement sa personne.

Cela dit, le capitaine Sandoval prit lui-même une autre direction avec le reste des brigantins. Mais, grâce à Dieu Notre Seigneur, Garcia Holguin put atteindre les embarcations où se trouvait Guatemuz. A la façon d'une des pirogues, au luxe des voilures et des tentes et surtout à l'apparence de l'un des personnages, Holguin reconnut que c'était le grand roi de Mexico. Il fit signe d'arrêter et, comme on s'y refusait, il simula l'intention de tirer sur les fuyards avec les espingoles et les arbalètes. A cette vue, Guatemuz impressionné s'écria : « Ne tirez pas, je suis le roi de Mexico et de tout ce pays ! Ce que je te demande, c'est que tu ne mettes la main ni sur ma femme, ni sur mes enfants, ni sur aucune autre dame ou chose quelconque que je mène avec moi ; je te prie de ne prendre que moi seul et de me conduire à Malinche. » En entendant ces paroles, Holguin éprouva une grande joie ; il s'approcha, embrassa le monarque et le fit monter dans son brigantin avec sa femme et vingt notables qui l'accompagnaient. Les traitant avec le plus grand respect, il les pria de s'asseoir à l'arrière du brick sur les nattes et des étoffes. Il leur fit servir ce qu'il avait apporté à manger. Quant aux embarcations où se trouvaient leurs richesses, il n'y toucha aucunement, se limitant à les mener à la remorque avec son brigantin.

En cet instant, Gonzalo de Sandoval se posta en un point d'où il pouvait voir tous ses brigantins et il leur fit le signal de se rallier à lui. Il sut alors que Garcia Holguin avait fait Guatemuz prisonnier et qu'il l'amenait à Cortés. En recevant cette nouvelle, il donna l'ordre à ses hommes de faire force de rames et, lorsqu'il fut près de Holguin, il lui dit de remettre le prisonnier entre ses mains. Mais Holguin s'y refusa, en répondant que c'était lui qui l'avait pris et que Sandoval n'y était pour rien ; à quoi celui-ci repartit que cela lui paraissait vrai sans doute, mais qu'il était, lui, le commandant de toute la flotille et que par conséquent Holguin se trouvait sous ses ordres ; qu'en considération de son amitié pour lui, et sachant que son brick était le meileur voilier, il l'avait choisi pour lui faire exécuter la manœuvre qui consistait à suivre et prendre Guatemuz ; c'était donc à titre de commandant en chef que le prisonnier devait lui être maintenant remis. Malgré tout, Holguin s'obstinait à refuser lorsqu'un autre brigantin se prit à faire force de rames pour gagner ses étrennes en portant le premier la bonne nouvelle à Cortés qui, comme je l'ai dit, était près de là, suivant les mouvements de Sandoval du haut du grand temple. On lui raconta le différend qui s'était élevé entre Sandoval et Holguin touchant la possession du prisonnier. Aussitôt qu'il l'eut appris, Cortés dépêcha les capitaines Luis Marin et Francisco de Lugo pour aller mettre fin à la question en lui amenant Gonzalo de Sandoval et Holguin, accompagnés de Guatemuz et de sa famille qu'on devait continuer à traiter avec le plus grand respect. Il se chargeait de décider à qui appartenaient le prisonnier et l'honneur de sa capture.

Pendant qu'on remplissait ce message, Cortés fit dresser une estrade, la recouvrit le mieux possible de tapis et d'étoffes et y fit placer des sièges. Il commanda en outre et fit apporter tous les genres de vivres qu'il avait pour son usage. Sandoval et Holguin arrivèrent avec Guatemuz et l'amenèrent devant Cortés. Le monarque se présenta d'un air respectueux et Cortés l'embrassa avec joie, lui témoignant les sentiments les plus affectueux ainsi qu'à tous ses capitaines. Guatemuz, s'adressant alors à Cortés, lui dit : « Seigneur Malinche, j'ai fait ce que je devais pour la défense de ma ville et de mes sujets ; faire davantage m'est impossible, et puisque enfin la force m'amène prisonnier devant toi et me met en ton pouvoir, prends ce poignard que tu portes à ta ceinture et frappe-moi mortellement. » Ces paroles furent dites au milieu des larmes et des sanglots, tandis que les autres seigneurs qui l'entouraient versaient aussi des pleurs abondants. Cortés, prenant le ton le plus affectueux, lui répondit, au moyen de doña Marina et d'Aguilar, nos interprètes, qu'il estimait sa conduite et honorait sa personne en proportion des efforts qu'il avait faits pour défendre sa capitale ; que cela n'était nullement une faute dont on pût lui faire un crime, mais bien une action digne d'être louée. Il ajouta que ce qu'il aurait désiré, c'est qu'en se voyant vaincu Guatemuz eût songé volontairement à se rendre pour arrêter à temps la destruction de la ville et le massacre de ses sujets ; mais que, tout étant déjà fini sans qu'on pût remédier au passé, il les priait, lui et tous ses capitaines, de calmer les sentiments de leurs cœurs, bien convaincus qu'à l'avenir Mexico et les provinces qui en dépendent seraient gouvernées sans nulle atteinte à ce qui existait auparavant. Guatemuz et ses capitaines répondirent qu'ils lui en sauraient gré.

Notre général s'informa de l'épouse du monarque et des femmes des autres capitaines qu'on lui avait dites venir avec Guatemuz. Celui-ci répondit lui-même qu'il avait prié Gonzalo de Sandoval et Garcia Holguin de les laisser dans les embarcations jusqu'à ce qu'on connût la volonté de Malinche. Cortés les envoya chercher à l'instant et leur fit servir à manger de tout ce qu'il avait et le mieux possible pour les circonstances. Bientôt, comme il était tard et que le temps était à l'orage, notre général ordonna à Gonzalo de Sandoval de partir pour Cuyoacan, emmenant avec lui Guatemuz, sa femme, sa famille et tous les notables qui l'accompagnaient. Pedro de Alvarado et Christoval de Oli reçurent l'ordre aussi de se rendre chacun dans ses quartiers. Quant à nous, nous fûmes à Tacuba. Sandoval, après avoir remis Guatemuz aux mains de Cortés dans la ville de Cuyoacan, s'en revint à Tepeaquilla où se trouvaient ses quartiers.

La prise de Guatemuz et de ses capitaines eut lieu à l'heure de vêpres, le 13 août, jour de la Saint-Hippolyte de l'an 1521. Grâces soient rendues à Notre Seigneur Jésus-Christ et à Notre-Dame sa Mère bénie ; *amen !* Cette nuit-là, jusqu'à minuit, la pluie, le tonnerre et les éclairs furent plus forts que jamais. Quand on eut pris Guatemuz, nous tous, les soldats de cette campagne, restâmes assourdis comme des gens qui auraient été longtemps enfermés dans un clocher au milieu d'un continuel carillon, et autour desquels se ferait tout à coup le silence par la cessation du bruit des cloches. Je m'exprime ainsi non sans raison, car durant les quatre-vingt-treize jours du siège de la capitale nous entendions sans cesse les Mexicains s'interpellant à l'envi, les uns s'animant à l'attaque des chaussées, les autres criant aux embarcations de tomber sur les brigantins et sur nous autres dans les tranchées, quelques-uns adressant leurs commandements à ceux qui élevaient des barricades ou creusaient des fossés, plusieurs apportant et distribuant les pierres, les pieux et les flèches, les femmes arrondissant les pierres destinées à être lancées par la fronde ; et, d'autre part, les oratoires et toutes les maisons de ces maudites idoles avec leurs tambours, leurs cors, la grande timbale et tant d'autres instruments lugubres qui ne cessaient jamais leur vacarme. Il en résultait que de jour comme de nuit nous n'en finissions jamais avec ce grand tapage, de telle sorte que nous ne pouvions nous entendre les uns les autres. Or, aussitôt que Guatemuz fut pris, les cris et tous les bruits cessèrent : c'est pour cela que j'ai dit que nous nous trouvâmes dans le même état que si nous eussions été auparavant au milieu des cloches.

Quoi qu'il en soit, nous dirons maintenant que les traits et toute la personne de Guatemuz respiraient l'élégance ; sa figure était allongée et d'un aspect agréable ; quand il regardait, ses yeux, dont les lignes étaient irréprochables, s'animaient d'un éclat doux et caressant, avec un fond de gravité. Il avait alors vingt-trois ou vingt-quatre ans ; son teint était plus blanc qu'il ne l'est chez les autres Indiens, naturellement bronzés. On disait que sa femme, personne fort jeune et d'une grande beauté, était fille de Montezuma, oncle du prince.

Avant d'aller plus loin, nous devons dire où aboutit le différend entre Sandoval et Garcia Holguin au sujet de la prise de Guatemuz. Cortés leur dit que les Romains avaient vu une dispute analogue entre Marius et Lucius Cornelius Sylla. Ce fut à l'occasion de la prise de Jugurtha opérée par Sylla chez le roi Bocchus. Il paraît que lorsque Sylla entra en triomphe dans Rome après ses nombreux et héroïques hauts faits, il fit placer à ses côtés Jugurtha avec une chaîne de fer au cou. Marius, témoin de ce spectacle, prétendit que c'était lui et non son adversaire qui devait triompher de Jugurtha, et que si le triomphe restait à Sylla, ce ne pourrait être qu'à la condition d'avouer qu'il le devait à Marius, parce qu'en effet celui-ci, agissant au titre de capitaine général, lui avait donné l'ordre de recevoir le prisonnier des mains du roi Bocchus, tous étant ses subordonnés. Mais Sylla, qui était patricien romain, jouissait d'une grande faveur, au lieu que Marius, natif de la petite ville d'Arpino et par conséquent étranger à Rome, quoiqu'il eût été sept fois consul, ne fut point aussi favorisé que son compétiteur. De là les guerres civiles entre les deux, et jamais il ne fut décidé à qui devait appartenir la prise de Jugurtha. Revenant au fait, Cortés dit qu'il en ferait le rapport à Sa Majesté et que l'événement servirait à former un écusson pour celui des deux qu'il plairait à Sa Majesté de favoriser ; mais qu'il fallait attendre de Castille la détermination royale. Deux ans plus tard vint une ordonnance de Sa Majesté, qui donnait pour entourage aux armes de Cortés les rois Montezuma, grand seigneur de Mexico, Cacamatzin, seigneur de Tezcuco, les seigneurs d'Iztapalapa, de Cuyoacan et de Tacuba, le seigneur de Mataltzingo et d'autres provinces, qu'on disait proche parent du grand Montezuma et héritier légitime du royaume de Mexico, et enfin ce même Guatemuz qui avait été l'objet du différend.

Nous laisserons tout autre sujet pour parler maintenant des têtes et des corps morts qui se trouvaient dans les maisons où Guatemuz s'était réfugié. Or il est vrai (*amen !* je le jure) que l'eau, les édifices et les travaux de défense étaient si remplis de cadavres et de têtes que je ne saurais en décrire exactement l'horreur. Dans les rues mêmes et dans les places du Tatelulco, on ne voyait pas autre chose et nous ne pouvions circuler qu'au milieu des têtes et des corps morts. J'ai lu le récit de la destruction de Jérusalem, mais je doute qu'il y ait eu là un massacre comparable à ceux de cette capitale. Le nombre d'Indiens guerriers qui disparurent est incalculable ; la plupart de ceux qui étaient venus des provinces et des villes dépendant de Mexico, dans l'espoir de trouver un refuge au milieu de la capitale, y moururent victimes de la guerre. Je le répète, le sol, la lagune, les travaux de défense, tout était plein de cadavres, et il s'en exhalait une telle puanteur qu'il n'y avait pas d'hommes qui la pût supporter. C'est pour cette raison qu'après la prise de Guatemuz chaque capitaine regagna ses quartiers, ainsi que je l'ai dit, et Cortés tomba malade à cause des odeurs qu'il fut obligé de respirer dans les jours qu'il séjourna au Tatelulco.

Quoi qu'il en soit, il convient de dire que nos camarades des brigantins furent les mieux partagés. Ils firent un excellent butin, parce qu'ils avaient la facilité d'aller dans certaines maisons bâties dans l'eau où ils présumaient qu'il y aurait de l'or, des étoffes et autres richesses. Ils en trouvaient encore au milieu des massifs de roseaux où les Indiens allaient faire des cachettes lorsqu'on leur avait enlevé des maisons ou des quartiers entiers. Il faut dire aussi que, sous le prétexte de donner la chasse aux embarcations qui approvisionnaient la ville, si nos camarades rencontraient des canots montés par de hauts personnages qui fuyaient vers la terre ferme pour se réfugier chez leurs voisins les Otomis, ils les dépouillaient de tout ce qu'ils emportaient avec eux. Quant à nous, les soldats qui combattions sur les chaussées et en terre ferme, nous n'avions pas d'autre bonne fortune que celle de recevoir beaucoup de flèches, des coups de lance et toute sorte de blessures de pieux et de pierres. Au surplus, lorsque nous parvenions à nous emparer d'une ou de plusieurs maisons, les habitants en étaient déjà partis en emportant tout ce qu'ils possédaient. On sait bien que nous n'y pouvions parvenir par eau et qu'il nous fallait avant tout combler les tranchées par où nous passions. C'est pour ces raisons que j'ai déjà dit, au chapitre qui traite de ce sujet, que, lorsque Cortés fit choix des matelots dont on devait composer le service des brigantins, ces camarades furent mieux partagés que ceux destinés à combattre sur terre. Ce qui contribua le mieux à donner de l'évidence à ce que je dis, c'est que les capitaines mexicains et Guatemuz lui-même, lorsque Cortés leur demanda compte du trésor de Montezuma, répondirent que les hommes des brigantins en avaient pris une bonne partie.

Abandonnons ce sujet pour un moment et disons que, en considérant la grande puanteur qui s'exhalait de la ville, Guatemuz pria Cortés de permettre que tout ce qui restait encore de Mexicains dans la capitale sortît et se réfugiât dans les villages d'alentour. Notre général donna l'ordre qu'il en fût ainsi. Pendant trois jours et trois nuits, les trois chaussées furent absolument couvertes d'Indiens, de femmes et d'enfants sortant à la file sans discontinuer, si maigres, si sales, si jaunes, si infects que c'était vraiment pitié de les voir. Cortés fut visiter la ville aussitôt après qu'elle fut évacuée. Il trouva, ainsi que je l'ai dit, toutes les maisons pleines d'Indiens morts et, au milieu des cadavres, quelques pauvres Mexicains qui n'avaient pas la force de sortir ; leurs déjections étaient comme une espèce de saleté comparable à ce que rejettent les porc amaigris qui ne mangent que des herbages. Le sol de la ville était partout remué pour mettre à nu les racines des plantes que les assiégés faisaient bouillir pour leur nourriture. Ils avaient même mangé l'écorce des arbres. Nous ne trouvâmes pas la moindre eau douce dans la ville ; toute l'eau était salée. Il est important aussi de faire remarquer que les habitants ne mangèrent point la chair des vrais Mexicains, mais seulement celles de leurs ennemis de Tlascala et les nôtres, quand ils en purent prendre. Il n'y eut certainement jamais dans le monde un peuple qui ait eu tant à souffrir de la faim, de la soif et des combats sans trève.

Mettons fin au récit de ces horreurs et disons que Cortés donna l'ordre de réunir tous les brigantins sous des hangars qui ne tardèrent pas à être construits. Reprenons du reste un peu nos petits bavardages. Quand on eut pris cette grande ville si renommée dans le monde, on commença par rendre grâces à Dieu Notre Seigneur et à sa Mère bénie en leur faisant un certain nombre de vœux. Mais, ensuite, Cortés voulut qu'il fût donné un grand banquet à Cuyoacan pour témoigner de la joie que causait cet événement. On avait pour cela une bonne provision de vin venue par un navire qui était arrivé récemment à notre Villa Rica ; on avait aussi des porcs amenés de Cuba. Notre chef fit convier à la fête tous les capitaines et il ajouta quelques soldats des trois divisions, car il convenait de ne pas les oublier. Quand nous arrivâmes, les tables n'étaient pas encore mises et il n'y avait pas de sièges pour plus du tiers des capitaines et soldats qui se trouvaient réunis. Il y eut beaucoup de désordre. Mieux eût valu certainement ne pas faire ce banquet, à cause de certaines vilaines choses qui s'y passèrent. Ajoutons que la plante de Noé fut cause que plusieurs firent des sottises. Il y eut des camarades qui, après le repas, ne surent pas retrouver la porte et firent sur les tables ce qui était destiné aux basses-cours. Les uns disaient qu'ils achèteraient un

jour des chevaux avec des selles d'or ; il y eut des arbalétriers se vantant qu'ils n'auraient plus dans leurs car-
quois que des flèches faites avec l'or recueilli sur les terres dont on devait leur donner la possession ; d'autres
s'en allèrent roulant par les marches des escaliers. On
enleva enfin les tables, et les dames qui se trouvaient
là commencèrent à danser avec des galants chargés de
leurs armes ; c'était à pouffer de rire. Elles étaient en
petit nombre ; il n'y en avait, du reste, pas d'autres
ni dans tout le camp ni dans toute la Nouvelle-Espagne.
Je ne dirai pas leurs noms et je ne parlerai point des
critiques qui s'en firent le lendemain.

Ce qu'il importe de raconter, c'est qu'à la suite des
désordres qu'il y eut dans ce banquet et au bal le père
Bartolomé de Olmedo fit entendre des plaintes, disant
à Sandoval à quel point cela lui paraissait répréhensible et ajoutant que c'était là une triste façon de rendre grâces à Dieu et de mériter qu'il nous protégeât à
l'avenir. Sandoval s'empressa de faire connaître à Cortés
les plaintes du moine ; notre général le fit donc appeler
et lui dit : « Mon père, je n'ai pu refuser aux soldats
cette occasion d'amusement et de gaieté que Votre
Révérence connaît ; mais je ne l'ai point fait sans répu-
gnance. C'est à Votre Révérence qu'il appartient maintenant d'ordonner une procession, de dire une messe et
de faire un prêche pour en prendre occasion de recommander aux soldats de ne point enlever les filles des Indiens, de ne pas voler, de ne point chercher querelle et
de se conduire en bons chrétiens catholiques, afin de
mériter que Dieu nous favorise. » Le père Bartolomé
sut gré au général de cette pensée, car il ignorait qu'Alvarado y fût pour quelque chose et croyait que l'idée
venait seulement de son ami Cortés. Le moine fit donc
une procession à laquelle nous assistâmes avec nos drapeaux déployés et quelques croix de distance en distance, en chantant les litanies et faisant suivre le défilé
d'une image de Notre-Dame. Le lendemain, le père
Bartolomé prêcha ; à la messe, plusieurs communièrent
à la suite de Cortés et d'Alvarado, et nous rendîmes
tous grâces à Dieu pour notre victoire.

Je mettrai fin à ce sujet pour raconter quelques autres particularités que j'avais oubliées et qui paraîtront peut-être maintenant trop vieilles et hors de propos. Nos amis Chichimecatecle et les deux jeunes Xicotenga, fils de don Lorenzo de Vargas, appelé de son vrai nom Xicotenga le vieux et l'aveugle, combattirent valeureusement contre les forces mexicaines et nous aidèrent avec une extrême vigueur. Un frère du roi de Tezcuco, nommé Suchel et qui s'appela plus tard don Carlos, se conduisit toujours en homme de courage et fit des actions d'éclat. Un capitaine, natif d'une ville de la lagune et dont je ne me rappelle pas le nom, fit aussi des merveilles. Plusieurs autres capitaines enfin, appartenant aux peuplades qui vinrent à notre secours, combattirent très vigoureusement à nos côtés. Cortés les fit tous venir en sa présence, leur parla, les glorifia et leur rendit grâces pour l'aide qu'ils nous avaient donnée, accompagnant le tout de bonnes promesses, assurant qu'un jour il leur donnerait des terres et des vassaux et les rendrait grands seigneurs ; après quoi, il les congédia. Comme d'ailleurs ils s'étaient bien munis en étoffes de coton, en or, en luxueuses dépouilles, ils s'en revinrent riches et contents dans leur pays, non sans emporter plusieurs charges de bandes de chairs d'Indiens mexicains qu'ils répartirent ensuite entre leurs parents et amis et dont on mangea en grandes fêtes comme étant les restes de leurs ennemis.

Maintenant que sont finis tous ces terribles combats et ces batailles que nuit et jour nous avions à soutenir avec les Mexicains, je rends grâces à Dieu qui m'y préserva de tout mal et je veux raconter une chose bien étrange qui m'arriva lorsque je vis ouvrir les poitrines et arracher les cœurs aux soixante-deux soldats de Cortés qu'on emmena vivants et qu'on offrit aux idoles. Ce que je vais dire fera peut-être penser à quelques personnes que je n'avais pas grand courage ; mais si elles réfléchissent mieux elles comprendront que ce qui m'advint provenait au contraire de l'excès d'ardeur avec lequel je m'exposais chaque jour au plus fort du combat ; car, en ce temps-là, je me piquais d'être un bon soldat et je passais en effet pour tel, précisément parce que je faisais sans cesse, sous les yeux de mes chefs, tout ce qui est le propre d'un militaire courageux et intrépide. Mais j'eus le malheur de voir comment on menait chaque jour nos camarades au sacrifice. Je voyais même ouvrir leurs poitrines et en arracher le cœur encore frémissant. Je vis couper les pieds et les jambes de nos soixante-deux soldats pour en faire d'horribles repas. La peur me vint alors qu'on ne fît un jour la même chose de moi-même, car par deux fois on m'avait déjà pris et enlevé, et je ne sais comment Dieu me permit d'échapper de leurs mains. Je me souvins en ce moment du martyre de mes camarades, et désormais je fus poursuivi par la peur d'une si cruelle mort. Et je le dis ainsi parce qu'en effet, au moment d'aller combattre, il m'entrait dans le cœur une sorte de tristesse et d'effroi. Je me jetais alors tête baissée dans la bataille en me recommandant à Dieu et à Notre Dame sa sainte Mère bénie, et bientôt la frayeur s'en allait.

C'était certes chose bien étrange pour moi d'être pris de cette peur inaccoutumée, car, après m'être trouvé dans tant de rencontres périlleuses, j'aurais dû avoir maintenant le cœur plus endurci que jamais et le courage comme incarné en ma personne ; puisqu'enfin, si je n'ai rien oublié, je puis dire que j'étais venu à la découverte avec Francisco Hernandez de Cordova et avec Grijalva, et que je revins avec Cortés ; je me trouvais aux affaires du cap Cotoche, de Saint-Lazare, autrement dit Campêche, de Potonchan et de la Floride, ainsi que je l'ai écrit longuement à propos du voyage de découvertes de Francisco Hernandez de Cordova. Avec Grijalva, je me retrouvai encore à Potonchan ; et, avec Cortés, j'étais à Tabasco, à Cingapacinga, dans toutes les batailles et rencontres de Tlascala, dans l'affaire de Cholula ; et lorsque nous défîmes Narvaez, je fus de ceux qui prirent l'artillerie, au nombre de dix-huit pièces toutes prêtes, toutes chargées avec leurs boulets de pierre, et dont nous nous emparâmes au prix des plus grands dangers. Je me trouvais dans la grande déroute lorsque les Mexicains nous chassèrent de Mexico, ou pour mieux dire lorsque nous en sortîmes en fuyards, et qu'on nous tua dans l'espace de huit jours huit cent cinquante soldats. Je fis les expéditions de Tepeaca, de Cachula et de leurs environs ; j'étais dans les rencontres qu'on eut avec les Mexicains à propos des plantations de maïs, lorsque nous séjournions à Tezcuco ; j'étais aussi à Iztapalapa quand on nous voulut noyer. Je me trouvais à l'assaut des *peñoles* qu'on appelle actuellement les forteresses de Cortés. J'assistais à l'entrée de Suchimilco et à un grand nombre d'autres rencontres. Je fus des premiers à commencer l'investissement de Mexico, avec Pedro de Alvarado, lorsque nous coupâmes l'eau de Chapultepeque et lorsque nous livrâmes le premier assaut sur la chaussée avec ce même capitaine ; et lorsqu'on mit notre division en déroute et qu'on nous prit six soldats vivants, j'étais là, puisqu'on me saisit et qu'on m'emportait aussi, au point qu'en me comptant on parlait de sept prisonniers, tant il est vrai qu'ils me tenaient et qu'ils m'emmenaient déjà pour me sacrifier avec les autres. Je m'étais trouvé enfin dans toutes les batailles que j'ai racontées et que nous eûmes à soutenir jour et nuit, jusqu'au moment où je fus témoin des sacrifices cruels qu'on fit, devant mes yeux, de nos soixante-deux camarades. Or j'ai dit qu'après avoir assisté à tant de batailles et traversé tant de périls il n'était pas naturel d'avoir peur comme j'avais eu en dernier lieu. Et maintenant, que les caballeros qui s'entendent aux choses de la guerre et qui se sont vus en péril de mort me disent comme ils qualifient ma peur actuelle : provenait-elle d'une défaillance ou bien au contraire d'un grand élan personnel ? Le fait est que, d'une part, je voyais bien qu'il fallait défendre sa personne et je la défendais avec résolution ; mais, d'autre part, il s'agissait de combattre en des endroits où la mort était plus que jamais à craindre ; le cœur tremblait pour ce dernier motif et je n'avais par conséquent que la peur du supplice.

En lisant l'énumération des batailles où je me suis trouvé, le lecteur aura remarqué que, d'après mes autres récits, Cortés et plusieurs de nos capitaines eurent à soutenir bien d'autres combats qui ne sont pas mentionnés en ce passage et auxquels je n'assistai point, parce qu'il y en eut tant qu'eussé-je été de fer, il m'eût été impossible de résister à tout ; et d'autant moins que j'avais la mauvaise chance d'être toujours blessé, d'être souvent souffrant, et que par conséquent je ne pouvais me trouver dans toutes les rencontres. Et encore est-il vrai de dire que les fatigues, les dangers, les combats à mort par où j'ai dit que j'ai passé ne sont rien en comparaison de ce que j'eus à souffrir postérieurement à la prise de Mexico, comme on le verra lorsqu'il en sera temps.

Il importe maintenant que j'explique pourquoi, à propos des camarades qui périrent dans toute cette campagne mexicaine, j'ai pris l'habitude de dire : *on les emporta, on les enleva,* et jamais : *on les tua.* C'est que les guerriers qui se battaient contre nous ne tuaient pas tout de suite les soldats qu'ils enlevaient vivants, bien qu'il leur eût été facile de les massacrer immédiatement. Ils se contentaient de leur porter des blessures assez graves pour qu'ils ne pussent pas se défendre, et après cela ils les emmenaient vivants afin de les sacrifier à leurs idoles ; avant de les tuer alors, ils les obligeaient souvent à danser devant Huichilobos, qui était leur dieu de la guerre. Voilà pourquoi j'ai pris l'habitude de dire qu'on les enlevait. [...]

(Bernal Díaz poursuit le récit de ses campagnes militaires après la chute de Mexico. Il termine son Histoire véridique *par quelques considérations personnelles qui reflètent en partie l'univers mental des conquistadores du Mexique.)*

CCVII

Des choses qui sont dites dans ce livre sur les mérites que nous avons, nous les véritables conquistadores. — Lesquelles seront agréables à entendre.

J'ai dit quels furent les soldats qui partirent avec Cortés et où ils sont morts. Pour achever de faire connaître nos personnes, je dirai que la plupart d'entre nous étaient hidalgos ; quelques-uns peut-être n'appartenaient pas aux descendances les plus claires ; mais nous savons qu'il n'est pas donné aux hommes d'être tous égaux, de même qu'ils ne sauraient l'être en générosité et en vertus. Nous pouvons bien, du reste, abandonner ce récit relatif à nos antiques noblesses, car nos noms ont reçu un lustre bien plus estimable des faits héroïques et des grandes actions dont nous avons été les auteurs en nous battant nuit et jour et en servant notre seigneur et Roi par la découverte de ce pays, jusqu'à conquérir à nos frais la Nouvelle-Espagne, la grande ville de Mexico et tant d'autres provinces, quoique étant si éloignés de la Castille et sans pouvoir espérer d'autre secours que celui de Notre Seigneur Jésus-Christ, qui est l'aide véritable. Si nous portons l'attention sur les écrits des anciens, et si les faits se sont accomplis comme ils le disent, nous verrons que dans les temps passés nombre de caballeros furent exaltés et élevés à des situations considérables, en Espagne comme en d'autres lieux, pour des services rendus alors, dans les guerres et dans d'autres actions, aux rois qui régnaient à leur époque. J'ai remarqué que quelques-uns de ces caballeros qui gagnèrent des titres d'Etat et devinrent illustres ne faisaient campagne et ne livraient des batailles qu'en recevant des traitements et des salaires ; outre qu'ils étaient ainsi rétribués, on leur donnait encore des villes, des châteaux et de grandes terres en dons perpétuels, avec des privilèges et des franchises, toutes choses que leurs descendants ont héritées d'eux. Au surplus, lorsque le Roi don Jayme de Aragon conquit et gagna sur les Maures une partie de ses Etats, il les répartit entre les caballeros et les soldats qui l'aidèrent à les gagner. C'est depuis lors qu'ils sont puissants et qu'ils possèdent leurs blasons. Rappelons aussi la conquête de Grenade et le temps du Grand Capitaine à Naples ; rappelons encore le prince d'Orange. A Naples, on donna des terres et des seigneuries à ceux qui combattirent dans les guerres et les batailles.

Quant à nous, nous gagnâmes à Sa Majesté cette Nouvelle-Espagne, sans qu'Elle en eût la moindre connaissance. J'ai fait mémoire de toutes ces choses pour qu'on porte les yeux aussi sur les nombreux, bons, notables et loyaux services que nous rendîmes à Dieu, au Roi et à toute la chrétienté. Qu'on les mette en balance et qu'on en mesure l'intérêt ; on trouvera sans doute que nous sommes aussi dignes d'être exaltés et récompensés que le furent en leur temps les hommes dont je viens de parler. Qu'on me permette de dire qu'entre les valeureux soldats dont j'ai fait mémoire dans les pages qui précèdent il y eut beaucoup d'intrépides compagnons d'armes qui me faisaient, à moi, la réputation d'un soldat assez méritant. Que les curieux lecteurs veuillent bien considérer en effet mon récit avec attention ; ils verront dans combien de batailles et rencontres de guerre très dangereuses je me suis trouvé depuis que je commençai mes découvertes ; deux fois, je fus saisi et solidement étreint par un grand nombre de Mexicains contre lesquels je combattais, et ils m'emportaient pour me sacrifier lorsqu'il plut à Dieu me donner assez de force pour m'échapper de leurs mains, tandis que, dans ce même moment, on enlevait un grand nombre de mes camarades pour les conduire au supplice ; sans compter tant d'autres périls, tant de fatigues, tant de faim et de soif et tant de difficultés enfin qui augmentent le mérite de ceux qui vont découvrir des contrées nouvelles. Tout cela se trouve reproduit en détail dans mon récit. Je n'en parlerai donc plus et je dirai les avantages et les bénéfices qui ont été la conséquence de nos illustres conquêtes.

CCVIII

Comme quoi les Indiens de toute la Nouvelle-Espagne avaient l'habitude des sacrifices et des vices honteux que nous les obligeâmes à abandonner, tandis que nous les instruisîmes dans les choses saintes de la bonne doctrine.

Puisque j'ai déjà rendu compte de nos actes dans ce livre, il est juste que je fasse maintenant ressortir les bénéfices qui ont été la conséquence de nos conquêtes pour le service de Dieu et de Sa Majesté, malgré le nombre considérable d'existences qu'elles coûtèrent à mes valeureux compagnons d'armes. Un bien petit nombre d'entre nous est encore vivant, et ceux qui sont morts ont péri sacrifiés, leurs cœurs et leur sang ayant été offerts aux idoles mexicaines, Tezcatepuca et Huichilobos. C'est donc le cas de parler ici des nombreux établissements de sacrifices humains que nous trouvâmes dans les villes et les provinces conquises, qui toutes étaient infestées de cette barbare coutume et de mille méchantes choses encore. Je voudrais dire combien de victimes étaient sacrifiées chaque année. D'après le calcul que firent certains religieux franciscains venus les premiers à la Nouvelle-Espagne, après fray Bartolomé de Olmedo, trois ans et demi avant l'arrivée des dominicains qui furent d'excellents moines, on trouva qu'à Mexico, y compris quelques villages voisins édifiés dans la lagune, il était offert aux idoles, annuellement, environ deux mille cinq cents personnes de tout âge. Avec ce qui se passait dans d'autres provinces, le compte en monterait considérablement plus haut.

Les pratiques adoptées étaient cruelles et variées en

si grand nombre que je n'en donnerai point ici les descriptions détaillées ; je me bornerai à faire mémoire de ce que je vis moi-même ou dont j'entendis parler. Les Indiens avaient l'habitude de sacrifier la peau du front, les oreilles, la langue, les lèvres, les bras, les jambes, et en général les parties molles et charnues. Dans certaines provinces, on écorchait les victimes au moyen de couteaux d'obsidienne fabriqués dans ce but. Les temples, qu'on appelait *cues,* étaient si nombreux que je les voue à la malédiction. Je pourrais dire, ce me semble, qu'on les voyait dans ce pays comme parmi nous en Castille se voient nos saintes églises, nos paroisses, nos ermitages et nos emblèmes sur la voie publique. C'est bien ainsi, en effet, qu'on avait édifié dans la Nouvelle-Espagne les maisons d'idoles pleines de démons et de figures diaboliques. Outre ces temples, tous les Indiens, hommes ou femmes, possédaient chacun deux autels : l'un à côté de leur lit, l'autre à la porte d'entrée de leur maison ; et, dans l'intérieur du domicile, des coffrets et des armoires pleins d'idoles menues et grandes, avec de petites pierres, des morceaux d'obsidienne, des livrets d'un papier fait avec des écorces d'arbre, qu'ils appellent *amatl,* et sur lesquels ils écrivaient en caractère du temps les événements passés.

Outre ce qui précède, j'ai à dire que la plupart des Indiens étaient honteusement vicieux, surtout ceux qui vivaient vers les côtes et les parties chaudes du pays : ils s'adonnaient presque tous à faire des sodomies. Pour ce qui est de manger de la chair humaine, on peut dire qu'ils en faisaient usage absolument comme nous de la viande de boucherie. Dans tous les villages, ils avaient l'habitude de construire des cases de gros madriers, en forme de cages, pour y enfermer des hommes, des femmes, des enfants, les y engraisser et les envoyer au sacrifice quand ils étaient à point, afin de se repaître de leur chair. En outre, ils étaient sans cesse en guerre, provinces contre provinces, villages contre villages, et les prisonniers qu'ils réussissaient à faire, ils les mangeaient après les avoir préalablement sacrifiés. Nous constatâmes la fréquence de la pratique honteuse de l'inceste entre le fils et la mère, le frère et la sœur, l'oncle et les nièces. Les ivrognes étaient nombreux, et je ne saurais dire les saletés dont ils se rendaient coupables. [...] Ils prenaient autant de femmes qu'ils en désiraient, et ils avaient du reste une grande quantité d'autres vices et méchantes habitudes.

Or, toutes ces turpitudes par moi racontées, ce fut nous, les véritables conquistadores, échappés à tant de guerres, de batailles et de dangers de mort, ce fut nous qui y mîmes fin grâce à Notre Seigneur Jésus-Christ et au secours d'en haut. A la place de ces pratiques honteuses, nous établîmes les bonnes coutumes et nous instruisîmes ces peuples dans la sainte doctrine. Il est vrai de dire que deux ans après nous, lorsque déjà la plus grande partie du pays était pacifiée et que les mœurs et manières de vivre imposées par nous existaient partout, vinrent à la Nouvelle-Espagne d'excellents moines franciscains qui donnèrent l'exemple et prêchèrent les saintes vérités. Trois ou quatre ans après eux sont venus également de bons frères dominicains qui ont achevé de déraciner les vices en recueillant les meilleurs fruits de la propagation de la sainte doctrine et des idées chrétiennes parmi les naturels. Mais si l'on veut y réfléchir, après Dieu, c'est bien à nous que sont dus le prix et la récompense de ces bienfaits avant toute autre personne, avant les moines eux-mêmes, à nous les véritables conquistadores qui découvrîmes ces pays et les conquîmes en ayant l'honneur, dès le principe, d'enlever leurs idoles aux habitants et de leur donner les premières leçons de doctrine sacrée ; d'autant plus que nous avions avec nous des moines de la Merced et que, lorsque le commencement est bon, la suite et la fin deviennent facilement dignes de louanges. Les curieux lecteurs ont pu réellement se convaincre que nous instruisîmes la Nouvelle-Espagne dans les bonnes coutumes de chrétienté et de justice.

CCIX

Comme quoi nous inspirâmes de bonnes et saintes doctrines aux Indiens de la Nouvelle-Espagne. — De leur conversion, et comment ils furent baptisés. — Ils acceptèrent notre sainte foi. — Et nous leur enseignâmes les métiers de Castille et l'habitude de pratiquer la justice.

Après que nous eûmes détruit dans le pays les idolâtries et les vices qui y étaient répandus, grâce à Notre Seigneur Dieu, grâce aussi à la bonne fortune et à la sainte chrétienté des très chrétiens Empereurs don Carlos de glorieuse mémoire, et de notre Roi, très heureux seigneur et Roi très invincible des Espagnes, don Felipe, notre maître, son bien-aimé et cher fils — à qui Dieu donne un grand nombre d'années de vie avec augmentation de ses royaumes, dont puissent jouir dans ces temps heureux lui et ses descendants ! —, on a baptisé depuis notre conquête toutes les personnes qui existaient dans le pays, hommes, femmes, enfants, et celles qui sont nées après nous, dont les âmes auparavant allaient se perdre dans les enfers. Aujourd'hui, il y a un grand nombre de bons religieux du seigneur saint François, de saint Dominique, de Notre Dame de la Merced et d'autres ordres encore qui parcourent les villages en y prêchant et en baptisant toute créature qui se trouve dans l'âge prescrit par notre sainte mère l'Eglise de Rome. Il résulte des saints sermons qui leur sont faits que l'Evangile s'enracine dans leurs cœurs ; ils se confessent chaque année et on donne la communion à ceux qui ont une connaissance plus éclairée de notre sainte foi.

En outre, ils ont des églises richement pourvues

d'autels et de tout ce qui sert au saint culte divin : des croix, des candélabres, des cierges, des calices, des patènes, des plateaux grands et petits, des encensoirs, le tout en métal d'argent. Ils sont bien fournis aussi de chapes, chasubles et frontaux ; les villes et les villages riches possèdent même des ornements en velours, damas, satin, taffetas de couleurs et dessins variés, avec des fourreaux pour les croix, très bien travaillés en or et soie, quelquefois ornés de perles. Les croix mortuaires sont recouvertes de satin noir sur lequel sont brodées des têtes de mort d'une ressemblance imposante. Les brancards à reliques et à saintes images ont des couvertures de diverses valeurs. On possède aussi le nombre de cloches voulu selon l'importance des localités. Ne manquent pas non plus les chantres des chapelles, d'excellentes voix, ténors, sopranos et contraltos. Il y a déjà des orgues dans quelques endroits, et partout on a des flûtes, des hautbois, des saquebuttes et des musettes. Pour ce qui est des trompettes aiguës et graves, il n'y en a pas dans mon pays de la Vieille-Castille autant qu'on en voit dans cette province de Guatemala. C'est le cas de rendre grâces à Dieu et d'admirer comment les naturels servent la sainte messe, surtout lorsque la disent les franciscains ou les rédemptoristes dans les villages mêmes où sont établies leurs cures.

Une autre bonne chose due à l'enseignement des religieux, c'est que tous les Indiens, hommes, femmes et enfants en âge d'apprendre, savent dans leur propre langue toutes les prières qu'ils sont obligés de dire. Ils ont acquis aussi une excellente coutume, qui indique le respect des choses saintes du christianisme : c'est, lorsqu'ils passent devant l'image d'un saint, un autel ou une croix, de courber la tête avec humilité, tomber à genoux et réciter un Pater ou un Ave. Nous les conquistadores, nous leur enseignâmes à entretenir des cierges de cire allumés devant les saints autels et les croix ; car, avant nous, ils n'avaient pas appris à faire usage de la cire dans ce but. Outre ce que je viens de dire, nous les instruisîmes dans la coutume de se montrer respectueux et obéissants envers les moines et les prêtres, ne négligeant point, lorsque ces saints hommes approcheraient de leurs villages, d'aller les recevoir avec des cierges allumés pendant que les cloches seraient mises en branle ; n'oubliant pas non plus de leur offrir leur nourriture, choses qu'ils n'omettent jamais de faire actuellement, car ils remplissent avec exactitude tous leurs devoirs envers les prêtres.

Outre les bonnes coutumes dont je viens de parler, ils en ont acquis d'autres, saintes et louables. Ainsi, quand arrive le jour de Corpus Christi ou de Notre Dame, ou quelqu'une des fêtes solennelles qui nous ont inspiré les pratiques des processions, tous les habitants des villages situés aux environs de cette ville de Guatemala sortent avec leurs croix, tenant en main des cierges allumés et portant sur leurs épaules des brancards richement ornés, surmontés de l'image du saint qu'ils ont choisi pour patron. Ils s'avancent ainsi en chantant les litanies et d'autres oraisons sacrées, au son des flûtes et des trompettes. Ils se livrent aux mêmes cérémonies dans l'intérieur de leurs propres villages, aux jours de ces mêmes fêtes solennelles. Ils ont aussi la coutume des offrandes les dimanches, aux Pâques et surtout le jour de la Toussaint.

Continuons encore pour dire que la plupart des Indiens de ce pays ont très bien appris tous les métiers qui sont en usage parmi nous en Castille. Ils ont pour cela leurs ateliers, leurs ouvriers, et ils en retirent leurs moyens d'existence. Les orfèvres qui travaillent l'or et l'argent, soit au marteau, soit à la fonte, sont des artisans très adroits. Les lapidaires et les peintres ne sont pas moins estimables. Les ciseleurs exécutent les travaux les plus délicats avec leurs fins instruments d'acier, spécialement sur l'émeri, où très souvent ils représentent toutes les scènes de la Passion de Notre Rédempteur et Sauveur Jésus-Christ, et cela avec une telle perfection que si je ne l'avais vu de mes propres yeux, je n'aurais jamais pu croire que ce fût là l'ouvrage de simples Indiens. Je me figure qu'Apelles, ce peintre si renommé de l'Antiquité, et ceux de notre temps, Berruguete et Michel-Ange, ainsi qu'un autre plus moderne, natif de Burgos, que j'ai cité récemment et dont la renommée est si grande, ne réussiraient pas à faire, avec leurs pinceaux les plus délicats, quelque chose de comparable aux travaux sur l'émeri et aux reliquaires qui sortent des mains de trois Indiens mexicains, passés maîtres dans cet art, qu'on appelle Andrès de Aquino, Juan de la Cruz et le Crespillo. En outre, la plupart des fils d'Indiens de qualité savent la grammaire, et ils s'y seraient instruits excellemment si cela ne leur avait été défendu par le saint synode qui fut tenu par ordre du Révérendissime archevêque de Mexico. Beaucoup de ces jeunes gens savent lire, écrire et copier des livres de plain-chant.

Il y a des ouvriers qui tissent la soie, le satin, le taffetas, d'autres qui fabriquent des draps de laine dont la trame a jusqu'à vingt-quatre centaines de fil ; ils font également de la frise, de la bure, de la *manta* et des couvertures ; ils sont cardeurs et tisserands, absolument comme on l'est à Ségovie et à Cuenca ; ils savent aussi fabriquer des chapeaux et du savon. Il y a deux choses seulement qu'ils n'ont pu apprendre, malgré le soin qu'ils y ont apporté : faire du verre et de la pharmacie. Mais j'ai une si bonne idée de leur intelligence que je garde l'espoir de les y voir réussir, car quelques-uns d'entre eux sont déjà chirurgiens et herboristes. Ils sont d'ailleurs prestidigitateurs, joueurs de marionnettes et fabricants de bonnes mandolines. Quant à être laboureurs, ils l'étaient d'instinct avant que nous fussions arrivés à la Nouvelle-Espagne.

Actuellement, ils élèvent du bétail de toute espèce ; ils domestiquent des bœufs, labourent leurs champs, sèment du blé, l'approprient quand il est mûr et le portent aux marchés ; ils en font du pain et du biscuit. Ils ont planté sur leurs terres et leurs héritages tous les arbres fruitiers que nous avons apportés d'Espagne et ils en vendent les produits. Ils en ont tant aujourd'hui qu'ayant cru reconnaître que les pêches sont mauvaises pour la santé, et que les plants de bananiers portent trop d'ombrage, ils se sont résolus à supprimer partout ces espèces et à les remplacer par des cognassiers, des pommiers et des poiriers pour lesquels ils ont une plus grande estime.

Je raconterai maintenant comme quoi nous leur avons enseigné à respecter et à faire observer la justice. Il en résulte qu'ils élisent chaque année leurs alcaldes ordinaires, les regidores, les greffiers, les alguazils, les fiscales et les syndics. Ils ont des maisons municipales avec leurs concierges et s'y réunissent deux fois par semaine ; ils y administrent la justice, prenant soin de veiller au règlement de ce qu'ils se doivent entre eux et châtiant de la peine du bâton certains faits criminels ; mais s'il y a eu mort d'homme ou faute grave, ils renvoient l'affaire devant les gouverneurs toutes les fois qu'il n'y a pas sur place un haut tribunal royal. Si j'en crois les personnes qui me paraissent bien informées, à Tlascala, à Tezcuco, à Cholula, à Guaxocingo, à Tepeaca et dans d'autres grandes villes, quand il doit y avoir réunion en conseil municipal, les gouverneurs et les alcades se font précéder par des massiers avec leurs masses dorées, comme ont l'habitude de le faire les Vice-Rois de la Nouvelle-Espagne. Ils appliquent du reste la justice avec la même équité, la même autorité que cela se passe parmi nous, et ils témoignent du désir de connaître nos lois afin d'en faire la base de leurs jugements. Au surplus, les caciques sont riches : ils possèdent des chevaux bien harnachés, avec de belles selles ; ils sortent en promenades dans les villes, dans les bourgs, dans les différentes peuplades, où ils vont se récréer ; ils agissent de même dans leurs propres villages, ayant toujours soin d'amener des Indiens pour les accompagner et leur servir de pages. Dans certains endroits, ils font des carrousels, des courses de taureaux ; ils organisent des jeux de bagues, surtout aux fêtes de Corpus Christi, de saint Jean, de saint Jacques, de Notre Dame d'août et du saint patron du lieu. Plusieurs d'entre eux attendent les taureaux de pied ferme, fussent-ils très sauvages.

Ils sont bons cavaliers, surtout à Chiapa des Indiens ; les caciques, comme j'ai dit, ont presque tous des chevaux ; quelques-uns possèdent même des troupeaux de juments et de mules ; ils s'en servent pour le transport du bois à brûler, du maïs, de la chaux et autres produits qu'ils vont offrir en vente. Beaucoup d'Indiens sont muletiers de profession, de la même manière que nous le voyons en Castille. Pour tout dire en un mot, ils s'adonnent avec perfection à tous les métiers jusqu'à faire même de la tapisserie.

CCX

De plusieurs autres avantages qui ont été la conséquence de nos illustres conquêtes et de nos travaux.

On a lu dans les précédents chapitres ce que je raconte des bienfaits qui ont suivi nos illustres hauts faits et nos conquêtes. Je dois mentionner actuellement l'or, l'argent, les pierres précieuses, la cochenille, les laines, la salsepareille elle-même et les cuirs d'animaux, qui de la Nouvelle-Espagne ont été envoyés en Castille à notre Roi et seigneur, soit pour son quint royal, soit à l'occasion des nombreux présents que nous Lui avons fait offrir depuis que nous nous sommes rendus maîtres de ce pays ; sans compter les quantités considérables de produits qu'emportent les passagers et les marchands. C'est au point que, depuis que le sage roi Salomon fit édifier le temple sacré de Jérusalem avec l'or et l'argent qu'on lui envoya de Tarsis, d'Ophir et de Saba, on n'a jamais entendu parler, dans aucune histoire de l'Antiquité, de plus d'or et d'argent qu'il n'en est allé de ce pays en Castille. Je m'exprime ainsi, bien que l'on ait rapporté du Pérou pour beaucoup de milliers de piastres de ces métaux, parce que, du temps que nous conquîmes la Nouvelle-Espagne, il n'était nullement question du Pérou qui n'était pas encore découvert, et dont on ne fit même la conquête que dix ans plus tard. Or nous, dès le début même de la campagne, ainsi que je l'ai dit, nous commençâmes d'envoyer à Sa Majesté de richissimes présents. C'est pour cette raison, et pour bien d'autres dont je parlerai, que je place la Nouvelle-Espagne à la tête de tous les pays découverts. Nous savons en effet que, dans les événements du Pérou, les capitaines, les gouverneurs et les soldats ont été en proie à des guerres civiles constantes ; on s'y noyait dans le sang et l'on eut à déplorer une quantité énorme de morts d'hommes. Dans cette Nouvelle-Espagne, au contraire, nous avons toujours eu et nous aurons sans cesse à l'avenir les poitrines inclinées vers la terre au nom de notre Roi et seigneur, toujours prêts à réserver nos vies et nos biens pour les sacrifier au seul service de Sa Majesté.

Que l'on considère au surplus combien de villes, de bourgs et de villages de ce pays sont aujourd'hui peuplés d'Espagnols. Leur nombre est déjà si grand que je l'ignore, et que, n'en pouvant déterminer toute l'importance, j'aime mieux n'en pas dire un mot de plus. Qu'on remarque bien aussi les évêchés actuellement établis : il y en a dix, sans compter l'archevêché de l'insigne ville de Mexico. Il y a trois audiences royales, ainsi que je l'expliquerai plus longuement, de même que je dirai les gouverneurs, les archevêques et les évêques qui ont déjà existé dans le pays. Voyez aussi les saintes églises cathédrales et les monastères qui comptent tant de dominicains, franciscains, rédemptoristes et augustins ! Considérez encore les hôpitaux et les grandes indulgences qui y sont attachées, l'édifice sacré de Notre-Dame de Guadalupe qui s'élève sur les terrains de Tepeaquilla, où était situé le campement de Gonzalo de Sandoval alors que nous prîmes Mexico ; admirez les saints miracles qui s'y sont faits et s'y renouvellent encore chaque jour, et rendons grâces à Dieu et à Notre Dame sa Mère bénie pour tous ces biens, en pensant que de là nous vinrent la grâce et l'appui qui nous firent conquérir ces contrées où le christianisme est déjà si florissant.

Mettez encore en ligne de compte qu'il existe, à Mexico, un collège universitaire où l'on apprend la grammaire, la théologie, la rhétorique, la logique, la philosophie et autres arts et sciences. Il y a déjà des caractères et des maîtres imprimeurs pour le latin comme pour la langue castillane, et l'on peut y acquérir des diplômes de licencié et de docteur. Je pourrais encore parler de bien d'autres magnificences ; je pourrais mentionner, par exemple, les riches mines d'argent qu'on a découvertes et que l'on découvre chaque jour, par lesquelles notre Castille est devenu prospère, s'attirant l'estime et le respect de tous. Si ce n'est pas assez de ce que je viens de dire de nos conquêtes, je prierai les lettrés et les sages de bien examiner cependant tous les points de mon récit, du commencement à la fin, et j'espère encore qu'ils y verront que dans nulle histoire au monde et dans l'ensemble d'aucun événement humain il n'a pu être question d'hommes qui aient acquis plus de royaumes et de seigneuries que nous n'en avons gagné, nous les vrais conquistadores, pour notre Roi et seigneur. Je veux ajouter que parmi ces conquistadores, mes compagnons d'armes — et il y en eut de bien renommés pour leur vaillance —, on m'avait marqué ma place d'honneur, et je suis celui dont les services datent du plus loin ; et je le dis encore, c'est moi, moi, moi qui suis le plus ancien d'entre eux, et je suis sûr d'avoir servi Sa Majesté en bon soldat.

Je voudrais maintenant faire une question, ou plutôt entamer un dialogue. J'ai vu la bonne et grande Renommée qui résonne dans le monde au sujet des loyaux, nombreux et notables services que nous avons rendus à Dieu, à Sa Majesté et à toute la chrétienté ; elle crie à haute voix qu'il serait juste et raisonnable que nous eussions de bonnes rentes, beaucoup meilleures même que celles dont ont été honorées d'autres personnes qui n'ont servi Sa Majesté ni en cette conquête ni en aucune autre entreprise. Aussi demande-t-elle où sont nos palais et nos demeures et quelles armoiries les distinguent de tous les autres. Y a-t-on sculpté, pour en conserver la mémoire, nos faits héroïques et nos armes, ainsi qu'on le pratique en Espagne pour les caballeros dont j'ai parlé dans un chapitre précédent, qui servirent dans les temps passés les monarques qui régnaient alors ? Car nos actions héroïques ne sont pas inférieures à celles de nos prédécesseurs ; elles sont au contraire dignes d'un renom durable et elles peuvent s'inscrire entre les plus insignes qu'il y ait eu dans le monde.

Au surplus, l'illustre Renommée s'est informée de nous tous les conquistadores qui avons échappé aux batailles passées, et de nos compagnons d'armes qui sont morts ; elle demande où sont leurs sépulcres et quelles armoiries les recouvrent. A tout cela on peut lui répondre en peu de mots : « O vous, excellente et illustre Renommée, désirée et glorifiée par les hommes bons et vertueux, je ne voudrais point entendre prononcer votre nom insigne entre les méchants qui se sont efforcés de mettre un voile sur nos faits héroïques, de crainte que vous ne cessiez d'élever nos personnes au rang qui leur convient. Noble dame, je vous fais savoir que, sur les cinq cent cinquante soldats qui partîmes avec Cortés de l'île de Cuba, aujourd'hui, en l'année 1568 où je transcris ce récit, il n'existe plus dans toute la Nouvelle-Espagne que cinq d'entre nous ; tous les autres sont morts, les uns dans les batailles que j'ai décrites, aux mains des Indiens et sacrifiés à leurs idoles, quelques autres ont fini leur carrière par une mort naturelle. On me demande où sont leurs sépulcres, et je réponds qu'ils ont été ensevelis dans les ventres des Indiens qui mangèrent leurs jambes, leurs bras, leurs chairs, leurs pieds et leurs mains, tandis que leurs entrailles ont été dévorées par les tigres, les serpents et les lions que l'on entretenait en ce temps-là dans des cages solides comme un monument de la magnificence royale. Voilà les sépulcres de mes compagnons d'armes ; voilà leurs armoiries ! Je me figure donc aujourd'hui que leurs noms devraient du moins s'inscrire en lettres d'or, puisqu'ils ont fini par cette cruelle mort pour servir Dieu et Sa Majesté, en répandant la lumière parmi les hommes qui vivaient dans les ténèbres, et aussi pour acquérir quelques richesses, après lesquelles tous les hommes ont l'habitude de courir.

Non satisfaite avec cette réponse, l'illustre Renommée me demande ce que sont devenus les hommes de Narvaez et de Garay. Je réplique que ceux de Narvaez s'élevèrent au nombre de treize cents, sans compter les marins, et il n'en reste vivants aujourd'hui que dix ou onze seulement ; la plupart sont morts dans les batailles, ou sacrifiés, et leurs corps ont été mangés par les Indiens ni plus ni moins que les nôtres. Quant aux hommes de Garay, partis de la Jamaïque, en leur ajoutant les trois bataillons qui vinrent à Saint-Jean-d'Uloa avant le passage de Garay lui-même avec le reste de son monde, ils formaient à mon compte un ensemble de douze cents soldats ; presque tous furent sacrifiés dans la province de Panuco et mangés par les naturels du pays. En outre, la louable Renommée demande ce que sont devenus quinze autres soldats qui abordèrent à la Nouvelle-Espagne, provenant de la déroute de Lucas Vasquez de Aillon, quand il périt dans la Floride. Je réponds qu'ils sont tous morts. Et maintenant je vous fais savoir, excellente Renommée, que, de tous ceux dont j'ai parlé comme ayant appartenu à la troupe de Cortés, cinq seulement vivons encore ; nous sommes bien vieux, affligés de maladies, très pauvres, chargés de fils, de filles à marier et de petits-enfants, avec de fort mesquins revenus ; et nous passons ainsi notre triste vie au milieu des fatigues et des misères.

Et puisque j'ai rendu compte de tout ce qu'on m'a demandé, et de nos palais, et de nos armoiries, et de nos sépulcres, je vous supplie, illustrissime Renommée, d'élever encore plus à l'avenir votre excellente et très puissante voix pour que dans le monde entier se puissent voir clairement nos grandes prouesses, afin de rendre vains les efforts des méchants qui prétendent les obscurcir par leur langage pétri d'une infatigable envie. A cette prière la très vertueuse Renommée répond qu'elle fera volontiers ce que je lui demande ; car elle s'étonne qu'à l'exemple du marquis Cortés qui les possède nous n'ayons point obtenu les meilleurs *repartimientos* d'Indiens, attendu que nous les avions bien gagnés et que Sa Majesté en avait ainsi disposé. Ce n'est pas à dire qu'on nous en dût donner autant qu'à notre chef, mais du moins une part modérée. En outre, la louable Renommée dit encore que les actions du valeureux et intrépide Cortés seront toujours estimées et reproduites parmi les hauts faits des vaillants capitaines, mais qu'il n'y a nulle ombre de la mémoire d'aucun de nous dans les récits historiques du chroniqueur Francisco Lopez de Gomara ni dans ceux du docteur Illescas qui a écrit le *Pontifical*, pas plus que dans les pages de chroniqueurs plus récents. D'après leurs livres, seul le marquis Cortés découvrit et conquit toutes choses; tandis que nous, capitaines et soldats, qui soumîmes réellement ces contrées, nous restons en blanc, sans qu'il y ait nul souvenir de nos personnes ni de nos conquêtes.

La Renommée se réjouit beaucoup de pouvoir reconnaître clairement que tout est vrai dans le récit que je viens de faire, lequel récit dit au pied de la lettre ce qui s'est passé, sans aucune flatterie répréhensible, sans efforts pour mettre en lumière un seul capitaine au préjudice de beaucoup d'autres chefs et valeureux soldats, ainsi que l'on fait Francisco Lopez de Gomara et les autres chroniqueurs qui imitent son histoire. La bonne Renommée m'a promis au surplus qu'elle le criera d'une voix claire partout où elle se trouvera. Indépendamment de sa voix, si ma chronique s'imprime, on ne pourra manquer, en la voyant, de lui donner une foi complète ; et ainsi tomberont dans l'obscurité les flatteries des écrits qui m'ont précédé. [...]

Bibliographie

Nous nous contenterons d'indiquer les ouvrages les plus importants et les plus accessibles, tant la bibliographie sur ce sujet est immense.

1. Les éditions de l'ouvrage de Bernal Díaz del Castillo

— *Historia verdadera de la conquista de la Nueva España,* Barcelone, 1975, introduction de C. Sáenz de Santa Maria. Cette édition critique, établie par le plus grand spécialiste de Bernal Díaz, est conforme au texte envoyé par le vieux conquistador en Espagne. La meilleure édition actuelle.

— *Historia verdadera de la conquista de la Nueva España,* Mexico, 1968, introduction de J. Ramirez Cabañas. Bonne édition qui reprend les variantes des différentes éditions et qui offre de nombreux documents relatifs à Bernal Díaz.

— *Histoire véridique de la conquête de la Nouvelle Espagne,* traduction de D. Jourdanet, Paris, 1877.

— *Véridique Histoire de la Nouvelle Espagne,* traduction de José Maria de Hérédia, Paris, 1877-1897.

2. Etudes sur Bernal Díaz et sa chronique

— Manuel ALVAR, *Americanismos en la « Historia » de Bernal Díaz del Castillo,* Madrid, 1970.

— Julio CAILLET-BOIS, « Bernal Díaz del Castillo, o de la verdad en la historia », in *Revista iberoamericana*, 1960, p. 199-228.

— Alberto Maria CARREÑO, *Bernal Díaz del Castillo descubridor, conquistador y cronista de la Nueva España*, Mexico, 1946.

— Herbert CERWIN, *Bernal Díaz, Historian of the Conquest*, Norman, 1963.

— R. B. CUNNINGHAME GRAHAM, *Bernal Díaz del Castillo, historiador de la conquista. Semblenza de su personalidad a través de su Historia verdadera de la conquista de la Nueva España*, Buenos Aires, 1943.

— Bernard GRUNBERG, « Bernal Díaz del Castillo, conquistador et historien de la conquête de la Nouvelle Espagne », in *L'Information historique*, n° 1, p. 24-28, 1976.

— Ramon IGLESIA, *El Hombre Colon y otros ensayos*, Mexico, 1944.

— Ramon IGLESIA, « Two Articles on the same Topic. Bernal Díaz del Castillo and Popularism in Spanish Historiography. Bernal Díaz del Castillo's Criticisms of the " History of the Conquest of Mexico ", by Francisco Lopez de Gomara », in *The Hispanic American Historical Review*, 1940, p. 517-550.

— Juan José DE MADARIAGA, *Bernal Díaz y Simon Ruiz, de Medina del Campo*, Madrid, 1966.

— Ignacio ROMEROVARGAS YTURBIDE, « Estudio sobre la " Historia " de Bernal Díaz », in *Memoria del Primer Congreso mexicano-centroamericano de historia*, Mexico, 1972, vol. II, p. 169-189.

— Luis RUBLUO, « Estetica de la " Historia verdadera " de Bernal Díaz del Castillo », in *Memoria del Primer Congreso Mexicano-Centroamericano de Historia*, Mexico, 1972, vol. II, p. 129-152.

— Carmelo SÁENZ DE SANTA MARÍA, *Introduccion critica a la « Historia verdadera » de Bernal Díaz del Castillo*, Madrid, 1967.

— B. Velasco, « Semblanza cristiana del conquistador a través de la cronica de Bernal Díaz del Castillo », in *Revista de Indias*, 1962, p. 369-410.

— Henry R. Wagner, « Bernal Díaz del Castillo. Three Studies on the Same Subject », in *Hispanic American Historical Review*, 1945, p. 155-211.

3. La conquête de Mexico

a) Relations des compagnons de Bernal Díaz

— Hernan Cortés, *Cartas y Documentos*, Mexico, 1963. Edition française : *La Conquête du Mexique*, Maspero, 1979.

— Bernardino Vázquez de Tapia, *Relación de méritos y servicios del conquistador Bernardino Vázquez de Tapia*, Mexico, 1972.

— Francisco de Aguilar, *Relación breve de la conquista de la Nueva España*, Mexico, 1977.

— Andrés de Tapia, « Relación por el señor Andrés de Tapia sobre la conquista de México », in *Coleccion de documentos para la historia de México*, Mexico, 1866, t. II, p. 554-594.

b) Histoires écrites par les contemporains des conquistadores

— Francisco Lopez de Gomara, *Historia de la conquista de México*, Mexico, 1943.

— Gonzalo Fernández de Oviedo y Valdés, *Historia general y natural de las Indias*, Madrid, 1959.

c) Autres histoires de la conquête

— William H. Prescott, *Historia de la conquista de México*, Mexico, 1970 (1re édition, 1843).

— Antonio de Solis y Rivadeneira, *Historia de la conquista de México*, Mexico, 1973 (1re édition, 1684).

— Francisco JAVIER CLAVIJEJO, *Historia antigua de México*, Mexico, 1974 (1ʳᵉ édition, 1780).

— Manuel OROZCO Y BERRA, *Historia antigua y de la conquista de México*, Mexico, 1960 (1ʳᵉ édition, 1881).

d) Etudes générales pour une première approche

— Pierre CHAUNU, *Conquête et Exploitation des nouveaux mondes*, Paris, 1969.

— Francisco MORALES PADRÓN, *Historia del descubrimiento y conquista de América*, Madrid, 1973.

— *Historia general de México*, El Colegio de México, 1976, t. II.

— *Diccionario Porrua de Historia, biografía y geografía de México*, Mexico, 1976, 4ᵉ édition, 2 vol.

4. Etudes sur les conquistadores

Il n'existe pas d'études complètes sur les conquistadores du Mexique ; nous nous limiterons donc, ici, aux études les plus significatives et les moins partisanes.

— R. BLANCO-FOMBONA, *El Conquistador español del siglo XVI*, Madrid, 1922.

— Victor M. ALVAREZ, *Diccionario de conquistadores*, Mexico, 1975.

— José DURAND, *La Transformacion social del conquistador*, Mexico, 1953.

— Mario GONGORA, *Los Grupos de conquistadores en Tierra Firme (1509-1530)*, Santiago, 1962,

— Jacques LAFAYE, *Les Conquistadores*, Paris, 1964.

— Alberto MARIA SALAS, *Las Armas de la conquista*, Buenos Aires, 1950.

— Sergio VILLALOBOS R., *Para una meditación de la conquista*, Santiago, 1977.

— Silvio ZAVALA, *La Philosophie de la conquête*, Paris, 1977.

A ces études, générales le plus souvent, il convient d'ajouter des études plus limitées sur un problème précis ; par exemple :

— Sverker ARNOLDSSON, *La Conquista española de américa según el juicio de la posteridad. Vestigios de la Leyenda Negra*, Madrid, 1960.

— Julio LE RIVEREND, « Los Problemos historicos de la conquista de América », in *Islas*, 1963, p. 77-89.

— Angel ROSENBLAT, *La Primera Visión de América y otros estudios*, Caracas, 1965.

— Silvio ZAVALA, *Los Intereses particulares en la conquista de la Nueva España*, Mexico, 1964.

5. La civilisation aztèque

— Jacques SOUSTELLE, *Les Aztèques*, Paris, 1970.

— Jacques SOUSTELLE, *La Vie quotidienne des Aztèques à la veille de la conquête espagnole*, Paris, 1955.

— Mireille SIMONI-ABBAT, *Les Aztèques*, Paris, 1976.

— Miguel LEON-PORTILLA, *Le Crépuscule des Aztèques. Récits indigènes de la conquête*, Paris, 1965.

— Laurette SÉJOURNÉ, *La Pensée des anciens Mexicains*, Paris, 1966.

Table

Tome I

La nouvelle collection de poche
LA DÉCOUVERTE

Achevé d'imprimer en mars 1980
sur les presses de l'imprimerie
Laballery et Cie a Clamecy
Dépôt légal : 1er trimestre 1980
Numéro d'imprimeur : 19534
Premier tirage : 10 000 exemplaires
isbn 2-7071-1176-7